学校を離れる若者たち

●ヨーロッパの教育政策にみる早期離学と進路保障

園山大祐 編 Daisuke SONOYAMA

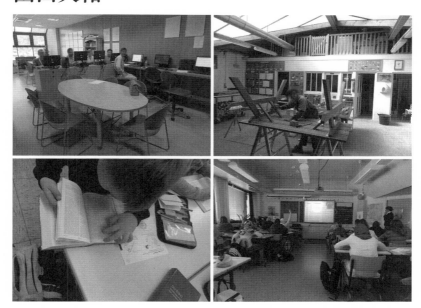

Overcoming Early Leaving
from Education and
Training in Europe

ナカニシヤ出版

はしがき

　OECD は，現社会状況を VUCA（Volatile・Uncertain・Complex・Ambiguous：変わりやすく・不確かで・複雑で・あいまい）と表現している（本書 14 頁，以下同様）。つまり，早期離学の問題は，社会参画への道からの離脱を意味する。したがって，雇用政策（労働政策）としての教育政策という発想が，社会保障政策・福祉政策といった分野を含み込んだものでなければ機能しないということになる。いわゆる格差是正が急務となる（22 頁）。こうして，雇用と教育との結びつけは，一見すると経済構造のなかでの個人の道具化に道を開く要素をもちながらも，政策論として展開させようとすると，人権保障なくしては成り立たないものであることがわかる。このような観点から，「早期離学」研究は，移民排斥や排外主義の台頭と闘うための諸政策の分析とも連動して進められていくことになる（22 頁）。普通教育課程と職業教育課程では入学者の年齢や動機，教育課程の目的や目標が大きく異なっており，これらの成否を国際比較するには困難を伴う。25 歳の時点では早期離学率が高いとしても，25 ～ 34 歳で後期中等教育卒業率に改善がみられる場合，そうした国の政策を評価する複眼的な視点が求められる。

　「早期離学」は，OECD 加盟国それぞれにとって解決すべき課題であることは間違いないが，後期中等教育にどのような役割を期待し，どのようなプログラムを用意しているのか，またどのようなスキルを習得させた若者を労働市場へと送り出そうとしているか（予防），また早期離学に対してどのような対策をとっているのか（介入），さらには一旦労働市場への参入や継続に失敗しても再度参入する道が用意されているのか（補償）を併せてみていくことで，「早期離学」をめぐる政策の成否は明らかになる（30 頁）。資格（取得のための学習）に回収されない学力や能力はないのか，あるとしたらどのようなものなのか。それらを評価したり認めたりするには何が必要で，それができない学校や社会の方に問題があるのではないか。このような問いを持ち合わせておくこともまた必要となろう。これは，資格を取得できない者，労働市場への参入が困難である者を問題視したりかれらの側に責任を負わせたりするのではなく，そうさせてしまった社会や制度の方を問い返していく視点である。早期離学対策の学術的検討の射程として，早期離学者を対象とした検討に加えて，早期離学が「問題」となりうる社会の方を変革する視点も同時にもっておくことが重要である（23-24, 83-84 頁）。

以上が本書の問題意識である。そこで，まず第1章では，学校教育制度においてなぜ早期離学が問題なのか，その必然性を問うことから始めたい。続く第2章（OECD）と，第3章（EU）は国際機関としての政策変遷とその動機について何が課題か整理する。以後，各国編としてコラムを含む10か国とEU新規10か国を並置比較する。各国編では，①早期離学の対象（データ・定義），②1990年前後から2020年までの政策課題の変遷，③予防・介入・補償の政策・数値評価，④その国の特長・課題・問題ほかを網羅するよう記述する。補章は，学校教育以外のオルタナティブな選択についてさまざまな試みが実施されるなか，離学の意味をノンフォーマル教育から問う。終章は，ヨーロッパ諸国の特徴から日本の稀有な同調圧力（画一的な校則，制服，皆勤賞など）がもたらす学校文化について，学校・家庭・地域に根差した新たな生徒−教師−保護者の連携を目指した包括型で多様な学びの場を検討する。

　最後に，本書を手にした読者には，早期離学者対策で考えられている2つのベクトル，つまり学校離れを予防し，学校への愛着や所属意識を強める施策（165−166頁）のように，どの国の教育・訓練政策にもある離学のプッシュとプル要因（たとえば，早期離学のジェンダー差（236−237頁））について，あるいは学校外のノンフォーマル教育を含めて，一緒に考えるきっかけ（材料）と改善に向けた情報を提供できたらと切に願う。

編者　園山大祐

目　　次

序　章

学校から離れる若者，
多様な学び方と教育訓練の場
日欧教育比較

園山大祐

1　はじめに

　学校から離れる不登校や長期欠席，中途退学の要因には，家庭背景による経済的要因（貧困，ヤングケアラー），社会的要因（非行・ギャング，外国人・移民・難民，障害，性的マイノリティ，親・きょうだいの学歴），あるいは心理的要因（家庭内暴力，育児放棄，虐待，ひきこもり），さらには教育的要因（校内暴力，いじめ，あるいは学習困難な若者への対応）があり，それらへの対応が社会格差との闘いとして喫緊の課題となっている。ヨーロッパでは，20世紀末より貧困と社会的排除との闘いとして若者の孤立，社会的紐帯の喪失など長期不安定雇用・失業・ニートといった社会情勢に応じた教育，福祉，労働問題が政策の重要課題とされている。

　本書では，1990年代から欧州連合（EU）を中心に貧困と社会的排除に抗する政策対象とされ，使用されている「早期離学（early school leaving, early leaving from education and training）」，つまり前期中等教育段階を修了あるいは未修了の18から24歳の就労，就学状況にない若者を対象とする（Council of the European Union 2011）（詳細は第3章）。EUでは，2020年までに28か国の平均値が10%未満となることを目標としてきた（10.2%：2019年5月現在）。

　これまで義務教育後の18歳以降（成人）をも対象に学校や雇用に結びつける方策を地方，国，EU，OECDレベルで検討している。本書では，これまで自明とされてきた近代社会の学校教育制度から21世紀の学校教育や職業訓練のあり方を上記の学校から離れる若者を対象に検討することを目標とする。

　日本の学校教育も，学校不適応，不本意進学からの退学，進路変更など，いわゆる隠れ不登校を含めた学校のあり方を再考する時期に来ている。1990年代より格差社会，子どもの貧困など総中流社会から経済格差同様に教育格差も明らかとなった。こうした状況下において就学，通学が自明であった学校教育も，期せずして新

型コロナウィルス禍のなか，デジタル教材の開発，ネット教育の拡大，オンライン授業の普及が否応なく導入され，就学・通学の意味が問われ始めている。こうした教育の産業化，デジタル化は，教師の授業対応力や生徒の学力の格差，デジタルデバイドの拡大を促す可能性もあるため，学校への適応に困難を抱える者や不登校者に適している場合もあるが，注視する必要もある。

　ただ日本でも，ヨーロッパ同様に，学校離れは均しくすべての子どもや若者に起きるのではなく，社会経済的に脆弱な家庭にその症状がみられやすく，同時に世代間連鎖も起きやすいとされているだけに国際比較というマクロな視点が必要である。

　ここで，1つの事件について振り返りたい。編者が大学教員になりたてだったこともあって印象に残った出来事であった。それは 2000 年 5 月 3 日の西鉄バスジャック（ネオむぎ茶）事件である。当時 17 歳の少年による，佐賀から福岡に向かう高速バス乗っ取り事件である。乗客 3 人を切りつけ，2 人が負傷，1 人が死亡した事件である。15 時間半後に少年は逮捕された。少年は中学校でいじめにあっていたものの，当時学校や教育委員会はいじめの事実を認めなかった。高校受験直前にクラスメイトからの挑発を受け，踊り場から飛び降り重傷を負うが高校に合格し，入学する。ただ入学後 9 日で，校風が合わない理由で 5 月に退学している。その後，大学入学検定試験（現高校卒業程度認定試験）を目指すが，インターネット掲示板「2 ちゃんねる」に熱中し，家庭内暴力も悪化していく。精神科医に相談の上，療養所に入院し，安定したために外出許可が認められる。母校の中学校において無差別殺人を計画していたが，ゴールデンウィーク中休校のためにバスジャックへと計画を変更し実行に至った。

　この時に負傷した佐賀市の女性（山口由美子氏）が朝日新聞のインタビューに答えている（2020 年 5 月 3 日付）。山口さんは，「彼だけが悪いのではない。居場所があれば事件は起きなかった」と発言している。自身の長女もいじめが原因で不登校になっているため，少年と長女の姿が重なって見えたという。山口さんは，事件後に子育てに悩む親の会「ほっとケーキ」と不登校の子どものフリースペースを立ち上げた。それはバスジャック事件で亡くなった友人の，元教師で娘の不登校の相談に乗ってくれた塚本達子さんの遺志を継ぐ思いもあったと記されている。

　編者は，学校教育制度の国内外の比較に関心があるが，これまで外国人・移民の教育機会保障や学力保障と補償政策に注目してきた。その研究対象は自然と，庶民階層，貧困層へと広がり，教育制度だけで捉えることの限界も感じていた。学校から離学した青少年を受け入れている多数の居場所がヨーロッパにあり，そうした

場所から国家試験を受験して資格を取得する道も明らかになった。学校がすべてで，教育課程をストレートに卒業しないと就職に不利となる日本とは異なる。多様な学びの保障が社会に用意されていることが，いじめや通学を回避できる積極的な選択として認知される社会に感動し，研究者の道を目指したことを，改めてこのバスジャック事件は気づかせてくれた。一言に，学校教育に不適応を起こすこと，不登校となること，中途退学すること，非行あるいは犯罪に至る事例といってもその内実は複雑でさまざまである。ただ，山口さん同様に「居場所があれば事件は起きなかった」という思いは，私たちがヨーロッパで見聞きした青少年の居場所づくりに通じる。社会適応を困難にする障壁を取り除くこと同様に，孤立させないためのつながりの時空間を用意することが大切となる。すべての人に学校は居心地の良い時空間とはならないとしたら，別の時空間を用意することはできないかと考え，そのモデルのヒントをヨーロッパ社会に見出そうと考えた。

2　日本の教育に照らして

　近年，日本に限ったことではないが，世界経済における貧富の格差，非正規雇用の増大，若者の貧困連鎖，失業，自殺等がクローズアップされる。他方，教育問題も同様に，いじめ，校内暴力，自殺，学力調査（テスト），国際学力調査，教師の働き方やバーンアウト，ブラック化など話題は国際的に共有されることが多々ある。労働市場と同じように，学校現場にも市場原理が持ち込まれ，格付け，点数評価が蔓延し，教師・校長をめざす人が不足するなか教師の早期離職，自殺，精神疾患の数が増えていることは残念なことに国際的な特徴である。また社会的困窮層と学力，学業達成に相関があることは，学校現場から指摘されるところでもあり，研究においても検証されている。特に特定の地区と高校に中退率が集中することは，日本だけではなく，ヨーロッパでも共通した課題で，都市政策としてスラム街や移民街をつくらない施策が必要である。いわゆる地域間格差と経済格差，文化資本の格差が連動しないような校区づくりが教育行政においては求められる。日本の場合は高校入試がもたらす学力の輪切り（階層）によって特定の学校に社会的困窮層が集中する要因でもある。

　本研究の問題認識の背景にある日本の状況を『ドキュメント高校中退』（ちくま新書，2009年）を執筆した元高校教師の青砥恭氏のその後の論稿をヒントに考えてもらいたい。

高校を中退した若者たちの現実の日々は厳しい。労働市場から排除され，半失業か非正規雇用のまま，安定した生活からは程遠い暮らしを送る。社会からほとんど支援のないまま，同じような困難を抱えた若者たちの小さなコミュニティーのなかで生きることになる。中退する生徒たちは，特定の高校から中退する傾向にある。どの地域でも，50％程度が中退する高校から全く中退者が出ない高校まであって，その中退率と低学力，家族の貧困は見事な相関を示していた。中退者は生徒の絶対数の減少に伴い減ってはいるが，「卒業者数／入学者数」という視点から見ると，全国でほぼ毎年，高校進学者の約10％が3年後に卒業せず，在籍もしていない。

　　高校を中退した若者たちを訪ね歩き，話を聞くと，その困難さは複合的で重層的なものだった。幼児期での親の失業と貧困による両親の離婚，家族のDV，ギャンブルやアルコールなどへの依存，親の精神疾患，家族の障がいなど，親たちにもまた支援が必要だった。(青砥 2020)

　日本では生活困窮者自立支援法に基づいて学習支援事業が実施され，学び直しの居場所を確保することも近年定着しつつある。そうした居場所に参加する生徒の特徴として青砥（2020）は不登校体験，被いじめ体験，特別な支援が必要な障害，ひとり親世帯，外国から移住してきた世帯，家庭や周囲におけるロールモデルの不在，学校での低い成績などとしている。居場所カフェの取り組みにもみられるが，実はこうした青少年に必要なのは学習の支援と同時に生活支援でもある。規則正しい生活リズム，食事，就労への導きなど，生活目標を計画することが求められる。先述した西鉄バスハイジャック事件の元少年に象徴されるように，学校，家庭，地域に彼の居場所があり，ロールモデルが存在していたら，違った人生を送っていたはずである。学校現場に競争原理をもたらし，勝敗を付け，学業不振者に敗者のレッテルを貼るのが学校や教師の仕事ではなく，一人ひとりに寄り添った自尊感情を高め，社会のどこかに居場所が見いだせるように導くのが本来の仕事である。

　学校規範には，クラス（class）分けという言葉が象徴するように，テストという1つの尺度を使って画一的に生徒を格付け・順位づける（classify）ことが目的とならないよう注意が必要である。教育社会学研究では，生徒の学業達成に家庭の環境（経済・文化・社会関係資本）が強く影響を与えるとされている。そうであれば，学校はむしろ家庭や地域の格差を縮小する是正策に力を注ぐべきである。

　たとえば，日本は不登校が年々増加する傾向にある。文部科学省の「学校基本調

査」及び「児童生徒の問題行動等生徒指導上の諸問題に関する調査」（以下，「問題行動等調査」という。）においては，「不登校児童生徒」を何らかの心理的，情緒的，身体的あるいは社会的要因・背景により，登校しないあるいはしたくともできない状況にあるため年間 30 日以上欠席した者のうち，病気や経済的な理由による者を除いたものとしている。

　文部科学省の調査によると，国・公・私立の小・中学校で，平成 30（2018）年度に「不登校」を理由として 30 日以上欠席した児童生徒数は，小学生 4 万 4,841 人，中学生 11 万 9,687 の合計 16 万 4,528 人であり，調査開始以来最多となっている。これを全体の児童生徒数との割合でみると，小学校では 144 人に 1 人（0.70%），中学校では 27 人に 1 人（3.65%）となっており，小・中学校の合計では全児童生徒数の約 1.69% を占めている。各教育段階の学年進行とともに不登校者数が増える特徴がある。ちなみに高校では 5 万 2,723 人を数え，1.63% を占めている。高校の特徴は，定時制に多い（1 万 3,883 人，16.3%）ことと，学年進行とともに減少することにある。

　不登校は学業不振になるリスク要因であり，そのまま退学する可能性を高めることにもなる。高校では不登校生徒の中途退学率は 25.4%（1 万 3,387 人）で，原級留置率は 6.9%（3,651 人）である。

　不登校になる主な原因は，小中学校とも「学業の不振」「家庭に係る状況」と「いじめを除く友人関係をめぐる問題」の 3 つである（平成 30 年度「問題行動等調査」：文部科学省）。

　こうした状況に応じて市町村及び都道府県教育委員会は教育支援センター（適応指導教室）が全国約 1,500 か所に設置されている。あるいは民間のフリースクール，IT を使った家庭学習なども校長の判断で出席扱いにできることになっている。

　それでも公式な不登校以外に，「隠れ不登校」（保健室登校や 30 日未満の不登校者）を含めると 40 万人以上が学籍はあっても学校不適応な傾向にある。

　こうした予備軍も含めて義務教育段階（前期中等教育段階まで）の学齢期における不就学，不登校，未修了となる（なった）早期離学者をヨーロッパではどのように対応しているのか，本書では政策次元で比較検討を試みた。

表 1　不登校の主な要因（平成 30 年度）

主要因	小学校	中学校	高　校
学業不振	15.2%	24.0%	17.9%
家庭環境	55.5%	30.9%	15.3%
友人関係	21.7%	30.1%	17.5%

なぜなら，日本同様に，こうした早期離学者の家庭背景には貧困，生活の困窮状態，家庭崩壊，ロールモデルの不在，学習権のはく奪など経済，教育，福祉，医療上の課題が重層化しているためである。日本でも最近になって知られてきたが，子どもの貧困率は OECD でも 23 番目に高く，7 人に 1 人の割合である。またひとり親家庭の母子世帯に貧困率の高さが際立っている。医療面でもインフルエンザのワクチンを受ける割合が低く，病院の受診率が低く抑えられていることが明らかとなっている。貧困の家庭では，学校に必要な制服やジャージ，教材道具など生徒自身が購入しなければならないものが買えない状況も明らかとされ，不登校やいじめの原因にもなっている。すでに教育社会学研究では年収と学力に相関があることは明らかで，日本においてもお茶の水女子大学の研究グループが，収入が低い家庭ほど学力が低く，生活保護の家庭は大学進学率が半減するとしている。貧困の世代間連鎖を考えると，生活習慣，健康管理，学習意欲，教育期待，自己肯定感など学業達成に必要な相乗効果に負の連鎖を与えかねない。内閣府の子どもの貧困対策推進室調査結果においても，男性の大卒の場合，高い割合で年収 500 万円以上を手に入れることができるが高卒だと 55％ で年収が 500 万円未満になることや，女性の場合はもっと厳しく，高卒の場合，60％ が 200 万円未満，大卒の場合，50％ が 500 万円以上とされている。日本でもこうした貧困の世代間連鎖が実証され始めている（内閣府　2019）。

　教育社会学者の舞田敏彦によれば，景気と自殺率には相関があり，近年自殺数は減少しているにもかかわらず，子どもの自殺率は増加傾向にある（舞田 2019）。思春期の 10 代前半をみると，おおむね増加傾向にある。戦後初期からの長期推移を，当該年齢人口で割った自殺率では 2017 年の 10 代前半の 18.4 人となる。子どもの自殺率は戦後最高だとする。

　すなわち，日本にも早期離学状況があるなか，十分な機会保障と教育訓練における補償が施されているとはいえない。

③ 本書の目的

　本書の執筆者は，上記の問題関心を同じくする研究者である。それぞれ研究対象や地域は異なるが，学校教育という時間と空間をより居心地の良いものにしたい。あるいは，学校以外の学びの方法，場所を保障できないか，さらにその時期は生涯をかけて選択できるようにするにはどうしたらよいのか。ヨーロッパにおける早期

離学についての共同研究は，2017 年から取り組み始めた。そもそも執筆者の多くは『岐路に立つ移民教育』（ナカニシヤ出版，2016 年）へ執筆しており，なぜエスニシティによって学業達成には違いがあるのか，一部移民がヨーロッパの学校様式への適応に困難を抱える理由は特別なのか，といった疑問から共同研究は始まっている。移民研究から，「中等教育の生徒が早期離学・中退・進路変更する要因と対策に関する国際比較研究」とテーマを改めて始めた共同研究である。2019 年からは科学研究費基盤研究（A）（19H00618）に採択され，5 年間の国際共同研究となった。その一環で，まずは各国の政策動向をまとめることにした。共同研究の後半では日本を含めたヨーロッパ各国のグッド・プラクティスとされる事業計画，学校，社会復帰に向けた居場所等を比較検討する予定である。

　本書は欧州連合（EU）において，この 20 年間取り組んでいる社会的排除との闘いの中心的課題の 1 つ，早期離学（前期中等教育修了資格以下の若者）対策に注目する。ここでは，一部のヨーロッパ諸国の 20 年あまりの政策実態を基に比較検討することにある。第一に EU の教育政策目標に対して各国の予防，介入，補償がどこまで達成されているか明らかにする。各国政策のみならず，EU と OECD という国際機関の取り組み方針にも注目する。これら早期離学の実態把握を通じて，公教育における課程（修得）主義による資格取得を目指すヨーロッパから，教育と職業訓練の学校教育制度化のメリットと，他方では学校不適応，長期欠席，不登校，不本意入学による進路変更や中退問題等にみる教育訓練の制度化のデメリットとノンフォーマル教育のメリットについて検討する。学校が，労働人材の育成のみに偏らないためにも，多様な教育の場を保障するためにはどのような課題がヨーロッパ諸国ではみられるのか，またその対策はどのように講じられているのか，各国の特長から明らかにしたい。

　ヨーロッパの早期離学に向けた取り組みを予防，介入，補償という 3 つの柱を基に政策や制度比較する。各取り組みを概念図にすると次のようなイメージである（図 1）。

　また，本書の比較考察から早期離学課題を通して学校制度の問題性として新たな学校様式を検討するため，図 2 のような整理が可能と考えている。古くは近代学校の目標は，D 象限にあるフォーマルな画一的な教育管理主義の下に，能力（社会階層）別に学歴授与を目的とする「大量生産の工場」であった。また A 象限のように職業教育も徒弟文化からフォーマルな画一的な教育訓練化が目指された。これら D と A 象限は第 2 次世界大戦後の教育爆発によって中等教育さらには高等教育段

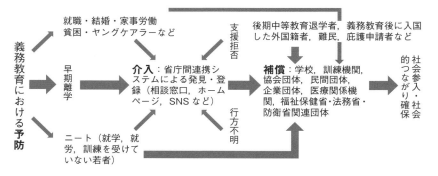

図1　早期離学に向けた取り組み

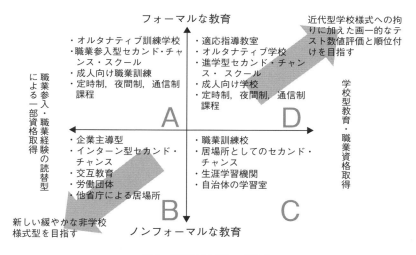

図2　学校様式の新しい考え方

階まで大衆化に成功した。しかし，20世紀末より，不景気対策（若者の失業対策）からも，一定の学歴獲得者の教育制度から中退・離学する若者を社会経済問題として注目することになる。不景気のため，こうした中退や低学歴による離学者が安定した職業に就くことは難しくなっている。それまでの手厚い福祉政策による若年失業者への社会保障問題として支えることも難しくなっていたため，若者の支援政策（社会的排除との闘い）として認識されるようになる。したがって，BとC象限にあるような，ノンフォーマルな（非）学校様式を新たに用意することで，学校文化に

適応困難を抱える青少年，あるいは就労経験のなかでより高度なスキルを獲得する教育訓練機関を必要とする若者，さらにはひきこもりや社会経済的に孤立している若者に対して自立支援のための居場所，すなわち社会的包摂の再チャレンジの時空間として補償することが政策課題となり，ヨーロッパにおける共通した政策として対応が迫られるようになる。

　日本教育学会紀要の特集（第85巻第2号，2018年）が示すように，現在日本の教育学界では学校の正当性，近代型システムの中核としての「一条校」（学校教育法（昭和22年法律第26号）の第1条に掲げられている教育施設：幼稚園，小学校，中学校，義務教育学校，高等学校，中等教育学校，特別支援学校，大学（短期大学および大学院を含む）および高等専門学校）に限定しない「学校」の日本型近代モデルを乗り越えた，多様な主体による公教育システム，教育機会保障のあり方が問われている。各国で政策に違いはあるが，前期中等教育段階は学齢期ということからも何らかの修了資格を獲得できないで退学し，就職できないことは課題である。その意味において，早期離学の要因を分析することは政策・制度上欠かせない。そこからは，退学要因に対応するために学校様式を維持した，個別のニーズに合う方法を実施する場所を新たに設置する代替型（AとD象限）と，非学校型のノンフォーマル教育を目指す方法（BとC象限）に分けられる。今後のサイバー空間（仮想空間）とフィジカル空間（現実空間）を高度に融合させたシステムとして科学技術基本法が提唱する持続可能な創造社会「Society5.0」を前提とするならば，近代型の学校教育の様式のみには限界もあり，さまざまなタイプの学びを保障することが求められていくだろう。既存の学校教育制度を維持しつつも，将来必要とされる仕事や資格には既存の様式では対応できないこともありうる。またデジタル社会やネット社会に応じた新しい教育様式も検討しなければならない。それらは必ずしも公的機関に限定せずに，民間や個人の創造に任されていくことも考えなければならない。いわゆるボーダレスなサイバー空間を活用したホームエデュケーションなども検討する必要がある。少なくとも国家単位では規制できない，自由な発想で教育の場を求める時代になることを想定して，現在の学校様式に不適応を示す人びとも尊重される教育訓練の場を創造提供し，ボーダレスなスキルを公正に評価する方法（職業資格）を検討することの方が肝要といえないだろうか。

　図2は，あくまでも概念図であるため，各国の政策や実態を十分に反映できているとは限らない。読者からの忌憚のない批判を期待し，今後発展させていきたいと考えている。

本研究は発展途上にあるが，これまでに共同執筆者がそれぞれの国や地域に見出している，あるいは今後見出そうとしているセカンド・チャンス教育やオルタナティブ教育には，そうした秘めた可能性があることを念頭におきながら，以下では国際機関と各国の政策と学校制度を中心に検討する。

【引用・参考文献】
青砥　恭（2020）．「格差社会の今，学校と教育は子どもの貧困を克服できるか」『Journalism』2020年3月号，34–41.
内閣府（2019）．『子供の貧困実態調査に関する研究』報告書，令和2年3月
舞田敏彦（2019）．「日本の子どもの自殺率が2010年以降，急上昇している」〈https://www.newsweekjapan.jp/stories/world/2019/03/2010-6.php?utm_source=antenna〉（2020年10月30日確認）
Council of the European Union（2011）. Council Recommendation of 28 June 2011 on Policies to Reduce Early School Leaving（2011/C 191/01）. *Official Journal of the European Union,* 1.7.2011, 1–6.

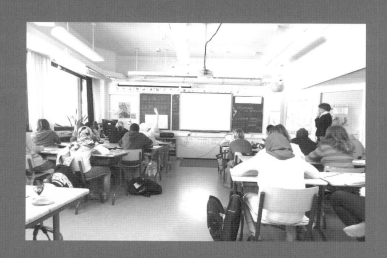

第**1**部
総　　論

第1章 学校教育制度における「早期離学」の問題性認識

池田賢市

1 はじめに

　近代社会における学校という公的機関の目的は，それをどの視点に立って論じるかによって異なる。国家戦略を実現するための手段の1つとして学校を捉えれば，その時々の国内外の政治情勢に応じ，あるときは国民形成を担う機関として，あるいは経済成長を支える人材養成機関として機能していくだろう。またあるときには，軍事的戦略として学校教育が利用されることもあるだろう。

　一方で，このような国家的な観点からではなく，個人の成長といった観点から，教育への権利保障の場として学校を捉えることも極めて重要な視点である。むしろ，こちらのほうが教育論としては賛同を得やすいかもしれない。

　日本国憲法の第26条は，各人の教育を受ける権利を宣言しているが[1]，その教育が特に学校における教育である場合には，学校教育法において学校段階ごとに目的・目標が規定され，学習指導要領において教育の内容・方法等について基準が示されることになっている。つまり，仮に個人の成長といった視点から学校教育の機能をみようとしても，その保障が法的になされるのであるかぎり，その法律を制定する国会という場の政治によって教育の目的・内容・方法が一定の方向性をもって具体化するわけである[2]。

---

1) 「国民」に限定されるような条文になっているが，国際条約などを踏まえれば，国籍に関係なく，教育への権利保障は国の責任においてなされなければならない。
2) このような構造は，人権保障全般にいえることである。人権は個人が一定の政治的状況下にあるということ以前において確認されるべき，生来のゆずり渡せないものだとしても，その人権を保障するためには法律が必要となる。法律は国家的枠組において効力を発揮する。法律があることによって人権の保障を主張できるということになる。つまり，一定の政治状況以前において確認される人権が，ある特定の国家の下で保障されるという現実的な構造のなかで成り立つことになってしまうのである。

　「早期離学」がどのような意味で解決すべき問題なのかということも，この2つの目的（ないし機能）のどちらに重きを置くかによって異なってくる。そして，その問題性をどこに見出すかに応じて，その「解決策」の性質も異なってくる。なお，「早期離学」の「学」は「学校」のことであって，「学び」のことではないことも確認しておきたい。このことは，本書全体で議論していく「早期離学」の何を問題として認識し，それへの対応をどのように考えるかに関連してくる。

　権利とその法定との関係に関して，もう少し述べておきたい。

　「早期離学」に対する解決策の多くは，本書で詳しく論じられるように，「教育政策」として提起される。ここで宗像誠也の定義を想起し，「教育政策とは，権力によって支持された教育理念である」（宗像 1954：1）とすれば，個人の次元での権利保障に関する問題として「離学」問題を捉えたとしても，国家的な観点からの教育政策としてその解決が図られるということになる。また，「現実の教育政策は，必ずしもつねに国民全体の福祉のためにあるのではなく，また社会のあらゆる成員の福祉のためにあるのでもない」（宗像 1961：5）という宗像の分析を再び想起すれば，その政策の結果には，各人の利益になるとは限らない面もあるという含みが伴う。

　では，国家戦略的な目的に照らしたときに，どのような意味において「早期離学」が問題となるのか。次章以降で詳しく論じられる国際機関および各国の事例において，まず，そのことが説明されるだろう。そして，その問題認識に応じてさまざまな解決策が練られていくことになる。

　しかし同時に，教育政策およびその実施過程としての教育行政におけるものとは異なる教育理念から「早期離学」を問題とする視点の存在も確認されなくてはならない。これは，いわば教育運動の存在をどう評価していくかという観点からの問題認識でもある。「早期離学」に迫っていくには，これら2つの問題認識のあり方を関連させていく必要があるだろう。

2 「離学」問題の前提

　学校教育から早期に離脱していくことが「問題」として成立するためには，「早期離学」によって誰か（国や個人）に「困難（困った状態）」がもたらされるという前提が必要である。

　今，子どもたちは「安心して」学校に通えているだろうか。教育を受けることは「権利」，しかも基本的な人権であるといわれているにもかかわらず，もし学校での

生活を緊張感のなかでしか過ごせていないのだとすれば，あるいは学校に行くことを拒否せざるをえない状況（不登校など）に追い込まれているのだとすれば，その目的が国家戦略上のものであっても，また個人の成長といったものであったとしても，いずれにしても学校は機能不全に陥っているといえる。ここで，ひとまず個人の次元に話の舞台を設定して考えてみたい。

　教員から，日々，「これくらいのことができなければ社会に出てから苦労するぞ」などと脅された経験は誰にもあるだろう。しかも，そこで扱われる知識内容は「基礎的」だといわれているのだから，その習得に困難を感じた場合，そしてその習得の道から早期に離脱した場合の絶望感あるいは恐怖感は大きなものとなる。「社会生活するうえで最低限必要な基礎的知識」が習得できないままでは「生きていけない」ことになってしまうのだから。学校で学力を身につけることができるかどうかは，個人にとって死活問題となる。

　最近では，OECD での議論がこのような脅迫的状況に拍車をかけている。つまり，2030 年を迎えるころには，AI などの技術革新が大きく進み，今は存在していない職業に多くの者が就くことになるだろう，逆に，今ある仕事の多くは AI に取って代わられることで存在しなくなる可能性が高いのだから，失業しないように継続的な学習が必要だ，といわれている。OECD は，このような社会状況を VUCA（Volatile・Uncertain・Complex・Ambiguous：変わりやすく・不確かで・複雑で・あいまい）と表現している。

　こうして，人びとはスキル獲得競争に駆り立てられる。単純化して言えば，「不確実な社会」では何が起こるかわからないのだから，今まで以上に「準備」が必要だという話の筋立てなのだが，将来がどうなるかわからないのだから，本来，現時点で何が必要になるのかもわかるはずはない。したがって，「必要だ」といわれれば，とにかくその習得に向けて動くしかない。この状況設定は，教育政策を立案する側からすれば，「なんでもあり」の状態である。どうなるかわからない状況を前にしているかぎり，不要なものなどあるはずはなく，あらゆる状況に対応可能にしておく必要があるのだから，政策立案者が「必要だ」といえば，皆，それに従わざるをえない。人びとは「なんでもあり」のこの状況のなかで勝ち残るための競争に乗ろうとする。「乗らない」ことによる不利益が想像できるからである。

　一方「早期離学」は，国家レベルでの「問題」でもある。なぜなら，国家のあるべき姿に向けて計画的に政策を実行していくためには，人材養成という観点から学校教育を通じて人びとを分類・配置していく必要があるからである。その分類・配

置がなされる前に離脱されては困るのである。訓練とその成果による振り分け機能を果たす学校につなぎとめておかなくてはならない。

　このような国家のなかで生きていかざるをえない個人としては，その分類・配置の機構に組み込まれることで，それぞれの場所を確保していく戦略をとるほかない。個人の権利として教育へアプローチしたとしても，国家戦略の枠内で意味をもってくる状況がつくられていくわけである。

　各国が憲法に謳う権利としての教育保障が，このような「脅迫」的環境において，国家および個人の次元が重なり合って進行していくとすれば，それは深刻な事態として問題視されなければならない。「早期離学」研究は，このような構造的課題についてもメスを入れるものになるはずである。

3　「問題」を支える幻想的現実

　しかし，冷静に考えてみれば，このような「早期離学」問題の前提は，ある種の幻想に支えられている面もあることがわかる。

　たとえば，OECD がさかんに主張する技術革新による労働のあり方の激変予想についても，それほどの危機としてその状況を迎えなければならないのだとすれば，技術革新は自然現象ではないのだから，そのように人びとを競争社会のなかで苦しめることになる状況を回避するよう，技術革新の暴走に歯止めをかければよいだけの話である。非現実的だと思われるかもしれないが，一方で，気候変動，温暖化現象については，その科学的根拠を疑う議論があるにもかかわらず，二酸化炭素の排出量の規制等も含め，国際的な行動が危機感をもって取られようとしている。このことに比べれば，技術革新のあり方などについて抑制的な方向で計画を練り直すことなどはたやすいはずである。しかし，多くの政治家，そして多くの市民が，このような方向で考えない。これこそが課題である。

　また，基礎的知識の習得の必要性に関しても，仮にそれがかなり不十分だと思われる場合でも，現実的にはあまり心配する必要はない。私たちは日常生活のなかで，たとえば，「中学校のときの理科は苦手だった」とか「それ，歴史の授業で習ったかなぁ，覚えてないなぁ」などという会話をごく普通に交わしている。つまり，義務教育段階での学習内容が理解できていなくても，または忘れてしまっていても社会生活を送るうえではまったく問題がないということを私たちは日々確認しながら生きているようなものなのである。少なくとも日本に関していえば，大学での学習に

関しても事情は同じである。部活ばかりしていて大学で何を学んだかについてはまったく印象にない，ということは珍しくない。（それでも，高卒者より大卒者のほうが就職の機会に恵まれ，経済的に有利な状況を獲得しやすい現状は，不思議なことである。）

　このような現実があるにもかかわらず，多くの保護者は，子どもたちに，「最低限の基礎知識」を身につけなければいけないと堂々と言い，点数の上下に一喜一憂している。子どもたちは，学校での学習内容の習得に必死にならざるをえない。今では教育は，学歴獲得のための家庭（保護者）による戦略的投資の対象になっている。本来ならば，学校の中で十分に学習が保証されねばならないのだが，学習塾による補充（むしろこちらの方がメイン）が不可欠になっている。

　しかし，将来の生活にとって学校での知識習得の状況は，その内容そのものに関していえばあまり重要ではないのだから，「早期離学」は問題にするには及ばない，といいたいのではない（特定の資格を要する職に就く場合は別であるが）。たしかに，それが「問題」となる前提が大きく変更されれば，問題の性質も変わってはくるだろう。しかし，それでも「問題」であり続ける。したがって，継続的な対策が求められる。

　このことについて述べる前に，「義務教育制度」のこと，および「基礎的な知識」という考え方について確認しておきたい。

4　義務教育制度の原理

　先にふれたように，日本国憲法第 26 条は，教育を受けることの権利（年齢制限はない）を規定し，これを実現するため，学校教育法は，保護者にその子どもを小学校等に就学させることを義務として課している（第 17 条，就学義務）。この義務を履行しなかった場合には督促がなされ（同条第 3 項），履行しない場合には 10 万円以下の罰金が課せられることになっている（同法第 144 条）。しかし，子ども自身に対しては，学校に通うようにとの義務づけはない。また，小学校等を 12 歳までに終わらないときは 15 歳まで延長しうるとされている（年齢主義）。

　ここで重要な点は，「年齢主義」という原則である。つまり，義務教育は，小・中学校での教育内容の修得（卒業）をもってではなく，15 歳（になる日の属する学年の終わり）をもって終了する，という原則である。もし「修得」が義務教育終了の要件だとすれば，卒業試験のような何らかのハードルがあるはず（課程主義）である。

　義務教育期間が年齢によって決められていることによって，結果として何が起こ

りうるかといえば，中学校（あるいは小学校）を卒業していなくとも義務教育は終了する，ということである。誤解のないように確認しておくと，ここで「終了」する義務とは，保護者の就学義務のことである。学ぶ権利に年齢制限はないのだから，仮に15歳を過ぎていたとしても中学校で学び続けることはできる[3]。

　義務教育期間（6〜15歳）に設定されている学校は小学校と中学校である。小・中学校は法に定められた学校として，それぞれに教育目的・目標および卒業要件が規定されている。しかし，これらの学校を卒業することと義務教育を終了することとはまったく関係がない。義務教育は，あくまでも一定の年齢に達するまで，子どもたちを児童労働による搾取から保護し，教育を受ける権利を保障することがその根本原理である。したがって，知識内容の習得の状態は，義務教育制度の趣旨とは関係がない。そもそも権利行使をしている者に対して，何らかのことがらの習得を義務づけるとしたら，それ自体が問題となる。何を，いつ，どう学ぶかは，本人の権利であり，その学びへの権利はつねに自由として保障されていなければならない。

　このことから，義務教育制度は労働法制と連動することとなる。日本では15歳までは労働者として雇用されてはならないのであり（労働基準法第56条），それを確実に実行するために保護者に対してその子どもについての就学義務を課している，という構造になっている。

　子どもたちが「働いてはいない」ということが制度的な関心事なのであるから，今日大きな社会問題となっている「不登校」についても，学校に来ていないと「労働させられているのではないか」という疑念が生じるから問題なのである。それは，けっして，学校に来なければ知識が習得できず，その後の生活に支障が生じかねないから問題だ，というのではない。

　繰り返すが，学ぶことは権利なのだから，その権利を一定の方向性（つまり学校が用意したカリキュラムに従って学び，期待される成果を上げる）に沿って行使しないと生活に支障が出てしまうようでは，権利とはいえない。したがって，「早期離学」研究においては，学校に来なければ一定の知識が身につかないという状況自体も見直しの対象にしていくことになるだろう。なぜなら，学習が学校に独占されているかぎり，「離学」は，決定的な不利益を子どもたちに与えてしまうからである。もちろん，これを単純化して，学校以外の場での学びを制度化すれば問題は解決されると結論づけてはならない。学校を離れてしまうという現象そのものが，学習への権利

---

3) 長期の入院や海外での生活などを理由に，通常想定される学年と年齢とがずれることはありうる。その場合，たとえば15歳で中学校2年生であるというケースは存在しうる。

侵害として問題にされなくてはならないことは，いうまでもない。もし，特定の者たち（特定の階層や特定の生活背景をもつ者たち）が早期離学せざるをえない状況に追い込まれているとすれば，その要因はすぐに分析されなければならない。

　この点に関し，学校以外の場での教育の制度化を謳っている「教育機会確保法（義務教育の段階における普通教育に相当する教育の機会の確保等に関する法律）」（2016年制定）に期待する声もある[4]。しかし，この法律は，離学を放置する（促す）ばかりでなく，それによる不利益を子ども本人に背負わせるものとなっている。その象徴は，第2条で，「不登校」ではなく「不登校児童生徒」を定義したことにあらわれている。そこでは，「学校における集団の生活に関する心理的な負担」のために相当の期間学校を欠席している者として定義されている。ここには，どんな子どもも排除されることなく学んでいけるように学校の側が変化していくという前提がない。文部科学省は，不登校はどの子にも起こりうるとの認識を示しながら，不登校になるのはその子どもの責任（心理的な問題）だとしている。どの子にも起こりうるのなら，学校に何か原因があるのではないかと考えるのが普通だと思うのだが。この法律は，学校に来られないのであれば他の場所を指定（創設）するからそちらで学ぶように，といういわば排除の論理に貫かれている。来られない状況に追い込んだ要因分析を欠いたところでこの法律は成立している。したがって，早期離学への対策にはなっていない。

　ここであらためて，学校での学習を長く続けてきたかどうかによって生活条件に格差が生じるような状況をどのように説明するのかを考えねばならない[5]。

　そのときに語られる説明原理の1つとして「基礎的知識（基礎学力）」という考え方がある。一般的には，読み・書き・算術がその内容だとされている。ここに，その社会で通用しているさまざまな知識（常識的といわれる内容である場合もあるだろう）が足し算されていき，その習得が生活（特に労働市場）において必要なものとして体系化されていく。しかし，それは極めて相対的なものである。先に紹介した

4）2003年の文部科学省通知では，不登校児童生徒の所在が確認でき，学校外の施設等で学べる状態にあるかどうか，何らかの相談体制のなかにあるかどうかが確認できれば，学籍のある学校での出席扱いとしてよいことが述べられていた。ところが，「教育機会確保法」により，「不登校」の子どもたちを受け入れる新たな学校（あるいはそれに準ずる施設）に行くしかない状況に追い込まれ，これまでのいわば緩衝地帯が失われてしまった。

5）実際にどれほどの格差が生じるかについては諸説あり，また実際の職業によっても異なる。諸外国の事例にもおそらくさまざまなパターンが存在しうると思われる。ただし，ここでは，学校教育での「成功」とその後の職業生活等とが強い影響関係にある（と信じられている）ことが重要である。

OCED の時代認識に立てば，現在学んだ内容もすぐに役に立たなくなるのだから，何が「基礎」なのか，その内容を明示することは難しい。

　だから「基礎的知識」を軽視してよいといいたいのではない。実際問題として，仮にそれが「基礎的」でありえたとしても，では，なぜその知識が「基礎的」と呼ばれるようになったのか，誰にとっての「基礎的知識」なのか，を問うところから「早期離学」解決に向けた課題設定をしていくことが大切なのではないか。

5 労働市場と学校教育

　ここまで，教育制度の諸課題をいわば個人的観点からみてきた。しかし，最初に述べたように，それが制度であるかぎり，国家的観点から教育と個人との関係をみていくことも不可欠となる。特に労働市場に参入していく際の教育（制度）の果たす役割についての検討は，個人が実際に社会生活を送っていくうえでも，現実的な課題として存在している。

　日本においては，先に述べたように，大学も含めて学校での学習内容がそのまま一定の職業に結びつくということは，資格を必要とする職を除けば，あまり一般的に意識されていない。内容ではなく，入試難易度のほうが現実的な意味をもっている。しかし，ヨーロッパをはじめとして諸外国においては，事情は同じではない。むしろ，学校での学びが職業と強く結びつけられている。仮に小学校段階といえども，将来の進路としての職業が意識化されたうえでのカリキュラム設計となっている場合も多い。「早期離学」は，このような制度的前提がある場合に，より深刻な問題となる。

　労働市場への導入経路として学校教育が機能しているとすれば，そこからの早期の離脱は失業を意味する。また，そのような機能を前提とすれば，教育の制度上の運用も，日本の場合とは比較にならないほど，明確な基準をもちうることになる。しかも，その基準は全国的に統一されていなければならない。なぜなら，特に経済活動は特定の地域にとどまるものではなく，内容的にも地理的にも多方面に広がっていくからである。また，そうでなければ，資本主義経済は動かない。

　そのためには，学習評価についての統一基準の作成も必要となる。全国どこでも通用する質の確保がなければ，労働市場と学校教育との連携は成り立たない。

　仕事をすることは，人として確保されるべき権利であるが，国家（財政）的観点に立てば，より多くの人が働き，総体としての富を増殖させ，税金という形で国家財政を潤す，という単純なサイクルが政策として必要となる。つまり教育への財政投入は，

「投資」として成り立つということになる。いかに人びとを働ける状態にしていくか が課題なのである。このことは、個人からみれば、自己実現の可能性の拡大であった り、収入を得ることでの生活の安定であったり、もっと一般的には、社会関係・人間 関係の構築として積極的に評価しうる政策を実現させるものと映るだろう。そして、 国家的な発想に立っても、失業者を多く抱えることのさまざまなリスクを排除できる。

6 国家間の関係

　労働市場と学校教育とを効果的に結びつけていくには、教育内容や学習成果につい ての一定の統一的基準が不可欠であると述べた。これは、たとえば EU にとってはさ らに重要な課題となる。人びとが国境線をこえて自由に行き来し、域内すべてを市場 として、そこに参入していけるようにするためには、教育政策とそれに支えられた教 育内容や資格制度が一国内でしか通用しないのでは意味をなさないからである。国 境を超えた教育政策が模索されなければ、せっかくの市場の拡大も機能しなくなる。

　どこの国で学習しても、域内の労働市場と結びつくように、一定程度の学習成果 が期待できなければならない。そうでなければ、実質的な自由は確保されない。こ れは、いわば雇用政策としての教育政策ということになる。

　もちろん、これは国家間の調整という難しい課題を生むことになる。しかし、今 日、経済自体がグローバル化している現実に立てば、教育政策自体のグローバル化 も、EU に限られた課題というわけではないだろう。OECD 等の国際機関が、各国 の教育政策を調査し、制度改革を求めていくことの理由もここにある。教育・訓練 の成果が国境を超えて承認されるような構造が構築されていなければ、現実的な個 人の移動の自由も、経済活動の自由も確保できないことになる。

　たとえば、欧州資格枠組み（EQF）という EU 域内の労働市場を念頭に置いた職業 訓練資格の相互認定制度の存在、ボローニャ・プロセスによる大学における単位相互 認定制度（ECTS）や教育課程の調整（3-5-8 制）の整備などは、このような現実的要請 にみごとに応えた一例である。これは、同一資格同一賃金システムと結びついて労働 者の域内移動を自由にし、結果として、EU 内の早期離学率を抑えることになったと いえるだろう。自由化を目指すという、いわば同調圧力が働いたのではないかと予想 される。

　このように、現実的な生活条件にかかわる雇用への道筋として教育を位置づける からこそ、早期離学は大きな問題となるのである。雇用にたどり着く前に離学して

しまったのでは，目的は果たされない。したがって，教育政策のなかで早期離学の予防は不可欠ということになる。

　なお，雇用という側面から教育の諸問題が語られるとすれば，社会福祉等の諸施策も，同時に，不可欠なものとなる。離学させないためには，個人を取り巻く社会環境への着目が有効であるだろうということは容易に想像がつく。教育問題をめぐる社会・文化的分析も欠かせない。しかも，これらを国際関係のなかで検討していかなくてはならない。

7　教育と雇用とのマッチング論

　では，より具体的に，どのようにして教育政策と雇用とが有機的に結びつくのか。逆にいえば，失業という現象をどのように説明するか，ということである。端的には，失業率が改善されないのは，労働市場におけるスキルニーズをめぐる使用者と求職者との間にミスマッチがあるからだ，ということになる。この発想に立てば，学校教育に対して，労働市場が求めているスキルを若者たちが身につけられるように改革せよ，と迫るものとなる。

　したがって，カリキュラム等の教育内容にかかわる部分の検討は，労働市場が何を求めているのかを明確化したうえでの作業となる。たとえば，企業の人材を学校教育のなかで活用するという施策をとれば，この点の課題解決に直接的に効果を発揮すると考えられるのも，自然な流れに見えるだろう。これをもっと推し進めれば，民間企業が公教育の分野に積極的に入っていくことを求める，ということになる。公教育の民営化という道も見えてくる。ここには，人間を材料（＝人材）とみて，それに訓練を施すといった人間観と教育観があり，投資の対象としての学校観がある。当然，人権保障の観点からの批判を免れなくなる。

8　社会的排除との闘いとして

　もし，学校教育（公教育）が，個人が自由に学ぶための時間と場所の確保ということのみを実現するために存在しているのであれば，離学は問題にならない。もちろん，学びたいのに何らかの理由でそれが継続できないのであれば，その障害は取り除かれねばならないのは当然であるが[6]。このような意味での権利保障という視点からみれば，雇用政策としての教育政策という発想自体が権利侵害に映る。なぜ

なら，何かの目的（この場合には国家ないし国際関係上の経済的視点から見た目的）のために教育が利用されているからである。何のために学ぶかは個人の自由であり，それぞれに異なっていて問題はないからである。

しかし，現実的な経済生活との関連で雇用と教育との関係を考えるということが，かえって，基本的人権の１つとしての教育保障の実現になっていること，そして，社会的排除との闘いとしての政策につながっていくことを見落としてはならない。

労働（雇用されて働くということのみを意味するわけではない）は社会参画の重要なルートの１つである。そこには，さまざまな社会関係・人間関係のネットワークがある。そこに社会の構成員全員がいるということ（もちろん，国籍など関係なく）は，民主的社会にとっては必須の条件である。いわば社会的インクルージョンの実現がなければ，雇用は保障されない。言い方を変えれば，エクスクルージョンな状況は回避されなくてはならない。つまり，排除，偏見，差別といった現象に敏感になり，それと闘う施策（人権保障）なしには現実的な経済生活は確保できないという，至極まっとうな結論に至るのである。

つまり，早期離学の問題は，社会参画への道からの離脱を意味する。したがって，雇用政策（労働政策）としての教育政策という発想は，社会保障政策・福祉政策といった分野を含み込んだものでなければ機能しないということになる。いわゆる格差是正が急務となる。

なお，この場合，労働市場に参入できない者が多くなれば，福祉政策の充実という観点で，国民全体への税負担が高まってしまうという現在の経済の仕組みも考えざるをえないだろう。経済の論理と教育の論理とをどう接合させていくかという現実的課題も「早期離学」研究の範疇に入ってくることになる。

こうして，雇用と教育との結びつきは，一見すると経済構造のなかでの個人の道具化に道を開く要素をもちながらも，政策論として展開させようとすると，人権保障なくしては成り立たないものであることがわかる。このような観点から，「早期離学」研究は，移民排斥や排外主義の台頭と闘うための諸政策の分析とも連動して進められていくことになる[7]。

「早期離学」について，ここまでは抽象的な言い回しで問題認識を確認してきたが，

6）この場合の取り除かれるべき「障害」のなかには入学試験も含まれる。施設の収容能力という点でなんらかの方法で受け入れ数を絞らねばならないという場合はあるが，受験者数が定員内であれば，不合格者は出すべきではない。

7）園山（2016）などを参照。

具体的にいかなる政策においてその問題に対処するのか，そして，そのことに一定の成果を出してきているさまざまな事例が次章以降で論証されている。それらをみると，日本の教育政策が，個人を取り巻く社会環境や家庭環境に対し，人権論としてアプローチしていないことがわかってくるだろう[8]。

9　おわりに：「早期離学」問題研究の課題

最後に，確認しておきたいことは，早期の離学は生存権の問題と大きく関連しているということである。何らかの「能力」が証明されなければ生きていけない（あるいは生存のあり方に大きな格差が生じてしまう）ようでは，人びとは安心できない。そ

---

8) 2007年度から実施されている「全国学力・学習状況調査」では，子どもたちの家庭での過ごし方（生活習慣）が調査されている。朝食を毎日食べているか，就寝や起床時間の規則性やテレビ等の視聴時間，携帯電話等の利用時間，家族での会話や学校行事等への保護者等の参加に関する質問は，私的領域に属し，自由が保障されていなければならないことがらであるはずなのだが，そこに公的なまなざしが向けられている。ここには，統計化することで個別具体の生活課題を消失させ，かつ，さまざまな生活のあり方を調査項目化することで，生活の特定の部分を全体から切り離せるかの印象を与え，その部分の修正を前提として教育政策が語られていくことになる。

　もし，ある生活習慣が成績と関連させられて統計的に示されれば，成績向上のためにその習慣に修正が求められることになるのではないか。因果関係を示すものではないにもかかわらず，たとえば，朝食に関することやパソコン等の機器の一定の使い方や使用時間等が成績向上と強く結びつけられて喧伝されることで，私的領域（つまり自由の領域）が実に簡単に，しかも統一的に変質させられていく可能性は高いだろう。しかも，「格差是正」や「支援」という言い方でその修正の方向性が提示され，政策化されていくとすれば，文化剥奪の可能性へも道を開いてしまう。

　さらには，家庭内での親子関係のあり方までもが要因として項目化され，修正すべき対象となっていく場合，子どもの出生の瞬間から，あるいはそれ以前から，将来を見越した戦略がとられていくことを促すことになるだろう。これは，優生思想に道を開く発想となる。

9) 競争での勝利（成功）の基準は，そこに参加している者がつくっているわけではなく，あくまでその競争を主催している側にその権限がある。勝ったかどうか，あるいは努力しているかどうかは，けっして自己申告ではない。他者（主催者）からみて「成功」や「努力」とみなされなければ，いくら本人が一生懸命にやったといってみても意味をなさない。つまり，その「成功」等の価値は何によって認められるのかといえば，それは，それを評価しようとする者が何を求めているかによって異なる，ということになる。その要求内容に合致した形で努力し成果を上げた者が評価されるということは，他者の求めに応じて行動する者が高く評価されると一般化して表現することもできるだろう。言い方を変えれば，他者からの評価のまなざしを内面化した者が高い「能力」を示すことができるのである。要求内容が変われば，今まで「能力がある」といわれていた子どもが，逆に「能力に問題がある」といわれはじめることになる。非常に不安な状況に子どもたちを追い込むことになる。そしてこれは，他者依存の学習を習慣化してしまう。教育実践論として，このような状況で学習がなされることは避けなければならないだろう。「能力」をめぐるこのような議論については，池田ら（2020）を参照。

の「安心」を得る手段が，学校での「成功」であるとすれば，ますます不安となる。競争には必ず「敗者」が必要なのであるから，まずは，学校教育環境から競争的要素を取り除いていく施策がなされなければならない。皆が競争に勝ち抜くためにがんばるという仕組みではなく，皆が安心して生きていけるために学校は何をしなければならないのか，ということを極めて具体的に考えていくことが，「早期離学」問題研究の核をなすことになるだろう[9]。安心して生活していける状態を保障していくためには，離学の危険性を早期に感知していけるシステムの構築が求められる。

　生存権問題として「早期離学」を考えるためには，国際関係を視野に入れつつも，同時にそれぞれのローカルな地において，その文化的ネットワークのなかでどう生きていくのかという課題も問われることになる。公教育政策でのみ問題解決を図ろうとするのではなく，いわばフォーマルな形ではない安全弁の構築も，「早期離学」問題研究には不可欠となる。

　本章での問題・課題確認を次章以降の具体的分析と重ねることで，諸施策の構造的なつながりが明らかになっていくはずである。

【引用・参考文献】
池田賢市（2021）．『学びの本質を解きほぐす』新泉社
池田賢市・市野川容孝・伊藤書佳・菊地栄治・工藤律子・松嶋　健（2020）．『能力2040—AI時代に人間する』太田出版
園山大祐［編］（2016）．『岐路に立つ移民教育—社会的包摂への挑戦』ナカニシヤ出版
宗像誠也（1954）．『教育行政学序説』有斐閣
宗像誠也（1961）．『教育と教育政策』岩波書店

第2章 OECD による早期離学の予防・介入・補償政策

斎藤里美

1 はじめに

　本章では，OECD の早期離学政策に焦点をあてることで，以下の３つの問いに答えたい。第一の問いは，OECD は早期離学をなぜどのように問題だと考えているのか，ということである。OECD の早期離学の定義，分析対象，現状分析からこの問いに迫る。第二の問いは，OECD は早期離学をどのように解決しようとしているのか，ということである。OECD の早期離学にかかわる政策目標とそのための予防・介入策を通してこの問いに答える。第三の問いは，OECD の予防・介入・補償政策はどのように評価されているのか，ということである。OECD 自身による評価も含め，分析を行う。

　なお，OECD が取り上げるデータは，基本的には各国のとりまとめたデータに基づくものが多い。その意味で，OECD が取り上げたデータにおいても国によって定義や調査方法が異なる場合があることを含んでおきたい。

2 OECD における「早期離学」への着目：定義，対象，現状分析

　ここでは，OECD が早期離学をなぜどのように問題だとしているのかについて，OECD の早期離学の定義，分析対象，現状分析から考えてみよう。OECD が早期離学を問題として取り上げる文脈はいくつかあるが，ここでは主な２つを取り上げ，それぞれの「早期離学」の定義や対象，現状分析をみてみる。

● 2-1 労働市場参入のバリアとしての早期離学

　第一は，「早期離学」を若者が労働市場に参入する際のバリアとして位置づけ，問題とする視点である。たとえば，OECD（2016a）では Early School Leaving（早期

離学）あるいは Early School Leaver（早期離学者）を「25〜34歳で後期中等教育
を修了していない者（25-to-34 years olds still do not have an upper-secondary schooling
qualification）[1]」と定義している（OECD 2016a：44）。EU 統計局においては，早期離
学者を「学歴が前期中等教育修了もしくはそれ以下であって，現在教育や訓練を受
けていない者」と定義していること，また早期離学率を算出する場合には 18〜24 歳
を対象としていること（European Commission 2013：8）と比較すると，OECD 固有の
視点がここにあることをみてとることができる。たとえば，図 2-1 がその例である。

　ここでは，各国の 25〜34 歳の若者に占める早期離学者の割合を男女別に示して
おり，とりわけ南欧（☞第8章，終章第4節参照）における早期離学率の高さが問題
であると指摘している。また OECD 加盟国全体として 2000 年以降漸減傾向にある
ものの，いまだ高い水準にとどまっていることを問題として指摘している。さらに，
OECD（2016b）では，早期離学がなぜ問題かについて以下のように述べている。

　　多くの OECD 加盟国の教育制度が抱える<u>課題の1つは，生徒が教育制度にな
　　じめずドロップアウトし，後期中等教育修了資格を得ることなく学校教育を終
　　えることである。</u>こうした若年者は労働市場への参入，そして就業の継続に際
　　して非常に厳しい状況におかれることが多い。早期離学は，個人にとっても社
　　会にとっても問題である。生徒の意欲の欠如は学校での成績不振の結果であり，
　　それがまた教育制度からの離脱につながって，悪循環を生むことが考えられる。
　　近年の調査結果は，学校での成績不振のリスクは，生徒の社会経済的，人口学
　　的，教育的背景によって高くなる可能性があることを示している（コラム A2.1）。
　　政策立案者は，早期離学者（後期中等教育未修了者と定義される）を減少させる方
　　法を模索している。後期中等教育を修了する生徒数（それは同時に未修了の生徒
　　数をも示す）について，国際的に比較可能な評価法が見つかれば，その取組に対
　　する一助となるだろう。（OECD 2016b：46-47）（日本語訳および下線は筆者）

　これらのことから，OECD が早期離学を問題とする背景には，早期離学によって
「労働市場への参入および就業の継続に際して厳しい状況におかれること」がある。
また OECD は，後期中等教育の役割を以下のように位置づけている。

1）一般的には「修了（completion）」と「卒業（graduation）」ではその概念が異なる国が多いが，必
　ずしもすべてではないため，国際調査においてこの2つを統一的に区別することは難しく，本章
　ではともに「修了」を用いることとした。

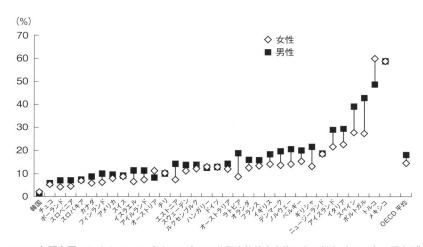

OECD加盟各国における25〜34歳人口に占める後期中等教育未修了者の割合（2014年，男女別）

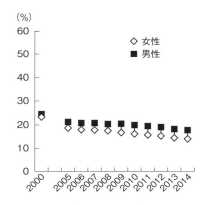

25〜34歳人口に占める後期中等教育未修了者の割合の推移（OECD平均，2000〜2014年，男女別）

※1 「後期中等教育未修了」とは国際教育標準分類（ISCED）においてレベル3Cに満たない水準であることを示す。なお，国際教育標準分類（ISCED）は，2014年に改定されたものを用いている。

図2-1　OECDにおける早期離学の対象と現状分析（OECD（2016a：44）に基づいて筆者作成）

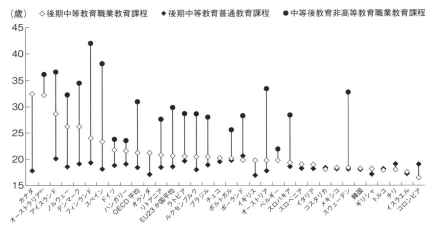

（歳）　◇後期中等教育職業教育課程　◆後期中等教育普通教育課程　●中等後教育非高等教育職業教育課程

図 2-2　各国における後期中等教育および中等後教育修了者の初回修了時平均年齢：教育課程別
（2017 年）（OECD（2019：180）に基づいて筆者作成）

　後期中等教育を修了することの重要性が，すべての国で増している。労働市場で必要な技能が知識基盤型となり，また，急速に変化するグローバル経済の不確実性に適応することが労働者にますます求められるようになっているためである。修了率という指標は，各国の教育制度が労働市場の最低限の要求を満たすべく，生徒にどの程度準備させているかを示す一つの指標とはなるものの，教育成果の質を示すものではない。（OECD 2016b：46）

　このように，後期中等教育の役割を労働市場で必要な技能への準備として位置づける OECD は，中等教育修了率を国際比較するにあたり，25 歳までの若者に限定せず，より幅広く捉えようとする。それを示すのが図 2-2 である。

　図 2-2 によれば，後期中等教育職業教育課程の初回修了者（後期中等教育に初めて入学し，中途退学を経験しないでそのまま修了した者）の平均年齢（2017 年）は，OECD 平均では 21 歳程度となっているが，カナダ，オーストラリア，アイスランド，ノルウェー，デンマークでは 25 歳を超えている。ちなみに，これらの国々における後期中等教育普通教育課程修了者の平均年齢は，データのないオーストラリアを除けばいずれも 20 歳以下となっており，両課程修了者の年齢差が 5〜10 年にも及ぶ。このことは，後期中等教育職業教育課程の入学者および修了者が 5〜10 年にわたる

紆余曲折を経験していることを推測させるものである。したがって，後期中等教育職業教育課程は，単に普通教育課程と並ぶもう1つの選択肢としてあるのではなく，普通教育課程への進学やそこでの成功につまづいた者に対する補償の役割も担っていると考えるべきである。その意味で，年齢を重ねても後期中等教育にアクセスできること，また修了に至る道筋が確保されていることは，教育の1つの成果とみることもできる。

● 2-2　各国の教育成果の指標としての早期離学

一方，OECD のなかには，各国の教育成果を指標によって国際比較するという問題関心もある。この場合，早期離学や中等教育修了率は教育制度による成果を表す指標の1つとみなされる。具体的には，図2-3 がその例である。

図2-3 では，各国の 25 歳未満の若者に占める後期中等教育初回修了者の占める割合が示されている。ここには，25 歳という年齢が各国の後期中等教育の成否を評価する基準年齢として立ち現れている。これによれば，25 歳未満で後期中等教育未修了の若者の割合が OECD 各国平均よりも高い国として，高い順にコスタリカ，メ

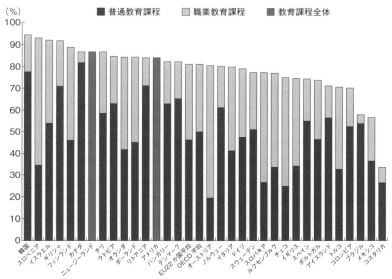

図2-3　25 歳未満の生徒に占める後期中等教育初回修了者の割合：教育課程別（2016 年）
（OECD（2018b：184）に基づいて筆者作成）

キシコ，ブラジル，コロンビア，と中南米諸国が示され，これにトルコ，アイスランド，ポルトガル，スペイン，イギリス等が続いている。

　しかし図 2-2 によれば，これらの国々のうち，アイスランド，スペインについては，職業教育課程の初回修了時平均年齢が高いことから，25 歳未満については離学率が高いものの 25 歳以上に用意されたセカンド・チャンス・プログラムが機能していることが推測される。

　このように，早期離学と中等教育修了をめぐる OECD の分析は，国際比較によって 2 つの問題を浮かび上がらせる。

　1 つは，25 歳未満の後期中等教育初回修了率が高いことが教育政策の成功を意味しているかということである。後期中等教育を 25 歳までに修了する者が多いことは，後期中等教育から高等教育へ，後期中等教育から職業への接続・移行が円滑に行われているようにも見える。しかし，後期中等教育および高等教育修了後の就学・就労状況や生活状況の実際は見えにくい。

　もう 1 つは，後期中等教育に占める普通教育課程と職業教育課程の割合が国によって大きな差があり，後期中等教育の社会的役割が異なるなかで，早期離学を指標にした国際比較が可能かということである。普通教育課程が占める割合の高い韓国，カナダ，リトアニアに対して，職業教育課程が占める割合の高いスロバキア，フィンランド，オランダ等がある。普通教育課程と職業教育課程では入学者の年齢や動機，教育課程の目的や目標が大きく異なっており，これらの成否を国際比較するには困難を伴う。25 歳の時点では早期離学率が高いとしても，25〜34 歳で後期中等教育修了率に改善がみられる場合，そうした国の政策を評価する複眼的な視点が求められる。

　「早期離学」は，OECD 加盟国それぞれにとって解決すべき課題であることは間違いないが，後期中等教育にどのような役割を期待し，どのような教育課程を用意しているのか，またどのようなスキルを習得させた若者を労働市場へと送り出そうとしているか（予防），また早期離学に対してどのような対策をとっているのか（介入），さらには一旦労働市場への参入や継続に失敗しても再度参入する道が用意されているのか（補償）をあわせてみていくことで，「早期離学」をめぐる政策の成否は明らかになる。

3 OECD における早期離学への着目と予防・介入・補償の政策

● 3-1　政策課題としての「早期離学」への着目

　OECD における早期離学への着目は，調査のうえでは 2000 年前後から確認することができる。これは OECD が *Education at a Glance* を刊行し始めた時期と重なっている。また OECD は，2008 年から 2017 年に，早期離学者減少を優先的な政策課題とする共同の取り組みをアイスランド，ポルトガル，スペインの 3 か国と行った（OECD 2018a：100）。最近では，エストニア，イタリア，スロバキア，コロンビアとも同様の取り組みを行っている（OECD 2018a：100）。

　図 2-4 は，OECD が 43 の国・地域を対象に実施した政策調査（Education Policy Outlook）のなかで，2016 年から 2017 年の間にどのような政策課題がどのような国・地域（教育制度）で優先課題として取り上げられていたかを調査した結果である。図中の数値は，優先的な政策課題として取り上げた国・地域の数を示している。それによれば，早期離学率の高さを解決すべき優先課題として取り上げている国・地域（教育制度）の数は 18 にのぼっている。またこれと関連する職業教育課程の充実を優先課題としてあげた国・地域（教育制度）も 18 にのぼっており，早期離学が OECD 加盟国共通の重要課題とされていることがわかる。

　さらに，早期離学率の減少を優先課題として挙げた国・地域にどのようなとこ

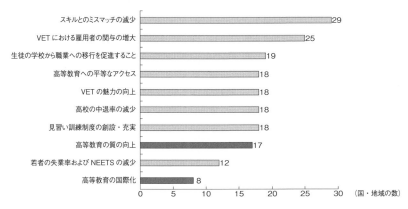

※1　濃い色のグラフはその課題をとりあげた国・地域が増加していることを示す。また薄い色のグラフは，過去の各国の報告書や OECD の報告書と比べて取り上げた国・地域の数に変化がないことを示す。また優先課題は，上からその数が多い順に並んでいる。

図 2-4　教育政策上の優先課題とそれを取り上げた国・地域の数

（Education Policy Outlook による）（OECD（2018a：98）に基づいて筆者作成）

表 2-1　早期離学の解決を政策課題にあげた国・地域（教育制度）

表 2-1　早期離学の解決を政策課題にあげた国・地域（教育制度）

（OECD（2018a：101）に基づいて筆者作成）

OECD の調査結果				OECD の調査に対する各国の回答 （2013 年および 2016〜2017 年）			
政策課題	行動方針※1	取り上げた国・地域 （教育制度）※2	小計	政策課題	教育制度として取り上げた国・地域	小計	合計
高い早期離学率の減少	・学習が遅れがちな生徒に対して、より早い段階から手厚い個人的サポートを行うこと。 ・学業生活後の職業生活でドロップアウトした者に対して雇用の機会と収入面での支援を行うことは、教育制度の充実よりも多くのコストを払うが、より少ない効果しか得られないこと。 ・生徒が学校に戻ることを奨励する政策をとること。	ベルギー（フラマン語圏，フランス語圏，ドイツ語圏），チリ，ドイツ，エストニア，フランス，イスラエル，イタリア，ラトビア，メキシコ，ポルトガル，スロバキア，スロベニア，スペイン，スウェーデン コロンビア	17	早期離学率の減少	ベルギー（フラマン語圏，フランス語圏），ドイツ，フランス，イタリア，ラトビア，ノルウェー，ポルトガル，スペイン，スウェーデン	10	18

※1　行動方針は，OECD 等の外部機関がこの分野における国際的データに依拠して推奨しているものである。
※2　太字で示された国・地域は，EPO2016-2017 調査もしくは EPO2017 各国報告書のいずれかにおいて，OECD および該当国・地域の教育制度の双方が優先的な政策課題であると認めたことを示している。

ろがあるかを示したのが表 2-1 である。ここには，ベルギー，ドイツ，フランス，イタリア，ラトビア，ポルトガル，スペイン，スウェーデン等があげられている。また OECD（2018a）は，早期離学率減少のためには，職業教育課程を充実させること，さらに後期中等教育への公平なアクセスを保障すること，などを提言している（OECD 2018a：96）。

● 3-2　ハイリスクグループへの着目と早期離学への介入

　OECD の早期離学への関心は，早期離学のハイリスクグループへの着目にも及んでいる。図 2-5 は，各国の後期中等教育（普通教育課程，職業教育課程それぞれ）の修了率を親が高等教育を修了しているか否かで比較したものである。それによれば，親のいずれかが高等教育を修了している場合は，そうでない場合に比べて普通教育課程，職業教育課程のいずれにおいても修了率が高いことがわかる。ただし，親が高等教育を修了している場合とそうでない場合との差は国によって異なり，ノルウェーでは，いずれのプログラムにおいても約 10 ポイントもの差になる。親のいずれもが高等教育を修了していない場合は，子どもの後期中等教育修了にマイナスの影響があることを推測させるデータである。OECD の調査には，こうしたハイリスクグループへの着目によって各国の政策に早期離学への介入を促す働きがある。

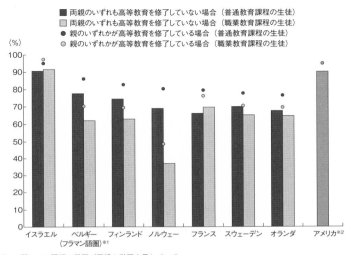

■ 両親のいずれも高等教育を修了していない場合（普通教育課程の生徒）
□ 両親のいずれも高等教育を修了していない場合（職業教育課程の生徒）
● 親のいずれかが高等教育を修了している場合（普通教育課程の生徒）
○ 親のいずれかが高等教育を修了している場合（職業教育課程の生徒）

※1　ベルギーに関しては両親の学歴が母親の学歴を示している。
※2　アメリカのデータは，普通教育課程と職業教育課程の区別がなく両者が合計されたデータである。

図 2-5　各国における後期中等教育の修了率と親の高等教育修了との関係（2015 年）
（OECD（2018b：187）に基づいて筆者作成）

● 3-3　各国における早期離学減少のための施策（OECD のまとめ）

　OECD（2018a）によれば，後期中等教育の修了者を増やすための，言い換えれば早期離学者を減らすための政策は，2008 年から 2017 年の 10 年間，多様な領域にまたがって展開されている。表 2-2 は OECD がそうした各国の多様な施策を，①政策の基本方針，②カリキュラムや資格制度，③特別施策の 3 つの観点からまとめたものである。

　表 2-2 から各国の施策をみると，オーストリア，ドイツ（☞第 6 章参照），スペイン（☞第 8 章参照）においては，職業教育訓練を視野に入れた施策が進められていることがわかる[2]。この 3 か国はいずれも，図 2-3 において 25 歳未満の生徒にみられる後期中等教育初回修了率が OECD 平均を下回った国々である。しかし，これと軌を同じくするように OECD は，早期離学者の減少に向けて職業教育訓練（見習い訓練を含む）に着目し，提言を進めている。以下，その具体例をみてみよう。

───────────

2）この調査の性格上，表 2-2 に掲載されている国々がこうした政策を実施している国のすべてではない。したがって，この表に掲載されていない国の政策については，各章を参照されたい。

表 2-2　各国における後期中等教育修了促進のための政策（2008〜2017 年）

（OECD（2018a：115）に基づいて筆者作成）

総合的政策			対象を絞った施策		
ガバナンス・一般的施策			ドロップアウト対策		
分類	国・地域	政　策	分類	国・地域	政　策
S	オーストラリア	STEM 教育の充実・強化（2014〜2026）	R	オーストリア	18 歳までの見習い訓練制度（2017）
R	ベルギー（フランス語圏）	卓越した指導のための協定（2015〜2030）	S	ベルギー（フラマン語圏）	中等教育マスタープランおよび早期離学者減少のための政策（2013）
R	フランス	移民支援のための全国アクションプラン（2017）	SM	ベルギー（フラマン語圏）	早期離学をともに解決（2015），早期離学に関するアクションプラン（2013）等
S	ドイツ	教育充実のための資格制度改革（2008）	R	ベルギー（フラマン語圏）	早期離学モニター調査（2016）
S	アイスランド	教育改革に関する白書（2014）	S	カナダ（ケベック州）	学校戦略への関心（2009）
S	イタリア	後期中等教育改革（2010〜2015）	S	フランス	ドロップアウト防止のための連帯（2014）
R	イタリア	すぐれた学校改革（2015）（学習権に関する法令第 63 号を 2017 年 4 月に施行）	SM	ドイツ	キャリア支援のための教育連携プログラム（2010）
S	メキシコ	後期中等教育の義務教育化（2012）	S	ドイツ	Ver.A プログラム（2010-2020）
R	メキシコ	新教育モデルの採用（2017）	R	ドイツ	キャリアオリエンテーションプログラム（2016），難民のための教育プログラムの一部

内　容				R	ハンガリー	公教育架け橋プログラム（2016）
カリキュラム・資格制度				R	ハンガリー	職業教育訓練架け橋プログラム（2016）
分類	国・地域	政　策		SM	ラトビア	社会的排除のリスクを抱えた生徒への支援（2007〜2013，2014〜2020）
R	ベルギー（フランス語圏）	中等教育 3 年次に就労経験を義務づける法令（2016）		S	ラトビア	欠席・不登校生徒のための規則（2011）
S	カナダ（オンタリオ州）	テクノロジーと学習のための基金（2014-2017）		S	ラトビア	教育改革のためのガイドライン（2014-2020）
S	アイスランド	後期中等教育の改革（2011）		R	ラトビア	全国改革プログラム（2016）
R	アイスランド	全国統一の学校教育資格枠組み（2016）		SM	メキシコ	自分自身を構築する（2008）
R	アイルランド	学校のためのデジタル戦略（2015〜2020）		S	メキシコ	ドロップアウトを防ぐ運動（2013〜2014）
S	日本	高校学習指導要領の改訂（2009）		S	ニュージーランド	学習の定着と移行のためのプログラム（2013），若者の保証（2010）
S	ニュージーランド	全国統一高校教育認定資格および試験（NCEA）（2009），ニュージーランド資格枠組み（NZQA）		S	スロベニア	CroCooS（早期離学を防止するための分野横断的協力）（2014〜2017）
S	ノルウェー	「実践証明書」制度（2008）		S	スペイン	教育・訓練における早期離学を減らすプログラム（2014〜2020）

※1　分類欄の記号は以下のように説明されている。
　　S：2015 年以降継続されている施策
　　R：2015 年以降始まった施策
　　M：途中で他の施策に変更された施策

4 OECD における「早期離学」解決に向けた政策とその評価：質の高い職業教育訓練の推奨

　OECD（2016a）は，早期離学および NEET の解決にあたって，普通教育・職業教育にかかわらず若者全体を対象とした全体的施策と対象を絞った個別施策の両面から政策提言を行っている。たとえば，全体的な施策については，①登校状況の把握，②ハイリスクグループの生徒および家族に対する総合的支援，③学習環境や指導方法，クラスサイズの多様化，④課外活動，学校外活動の充実などを挙げている。また対象を絞った個別施策については，質の高い職業教育訓練（VET）をあげ，これに多くの頁を割いて論じている（OECD 2016a：50-59）。

　ただしこの問題の背景に，国によって後期中等教育における職業教育課程の占める割合や社会的位置づけに大きな差があることを指摘することができる。図 2-6 は，各国の後期中等教育に占める普通教育課程と職業教育課程それぞれの割合である。図 2-6 からは，同じく後期中等教育でありながら，職業教育課程の占める割合は，チェコやオーストリアが約 70% であるのに対し，アイルランドや韓国においては 20% に満たない。OECD（2016b）は以下のように述べている。

　　多くの OECD 加盟国では，職業教育訓練（VET）が後期中等教育の重要な部分
　　を占めており，若年者が，就業のための準備をする，成人としてのスキルを習
　　得する，労働市場の需要に応える上で，中心的な役割を果たしている（インディ

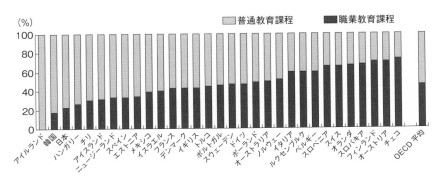

※1　カナダ，ギリシャ，アメリカについてはデータがない。

図 2-6　後期中等教育普通教育課程と職業教育課程に在籍する生徒の割合（2013 年）：
各国間にみられる差（OECD（2016a：50）に基づいて筆者作成）

ケータ A1 参照）。だが国によっては，普通教育がますます重視される中で VET の存在感が薄くなり，政策論議の中で軽視されたり過小評価されたりしている場合も少なくない。しかし，良質の初期職業教育訓練が経済的競争力の向上に大きく貢献していることを認識する国も増えている（OECD，2015）。これは，2005 年から 2014 年の間に，後期中等教育段階職業教育課程の修了率が上昇している原因の一つである。（OECD 2016b：49）（日本語訳及び下線は筆者）

　また，OECD（2016b）は，後期中等教育の職業教育訓練についても次のように評価している。

　　高度な職業教育訓練（VET）は，それがなければ後期中等教育の修了資格を取得できないであろう生徒が，技能を取得して，労働市場への円滑で適切な移行を果たす上で，有効な手段となる場合が多い。最終学歴が後期中等教育の場合，普通教育課程よりも職業教育課程の修了者の方が就業率が高く，非労働力人口の割合が低い。（OECD 2016b：59）（筆者訳）

　その OECD が推奨しているのが「見習い訓練（apprenticeship）」である。OECD（2016a）はこう述べている。

　　見習い訓練制度によってよい結果が生まれている。特に，オーストリア，ドイツ，スイスなどこれまで充実した見習い訓練制度を継続してきた国々では若者の労働市場に好ましい結果が表れている。多くの国の政府は長いあいだ職業教育課程にあまり目をむけず，質の高い労働と雇用のためには普通教育課程が望ましいと考えてきた。また多くの国の職業教育課程も魅力を欠き，職業教育課程は普通教育課程に進むことに失敗した若者のための選択肢とみなされてきた。見習い訓練制度の実施は全体としてはまだ少数であるが，徐々に魅力を増し，参加者が増えつつある。ドイツにならってイタリアやスペインも職業教育の改革に取り組んでいる。韓国もドイツ，イギリス，オーストラリアの制度に触発された見習い訓練制度を 2014 年に導入している。（OECD 2016a：51）（筆者訳）

　このように，OECD は職業教育訓練の充実を政策立案者に推奨している。また，見習い訓練への期待と評価も高い。

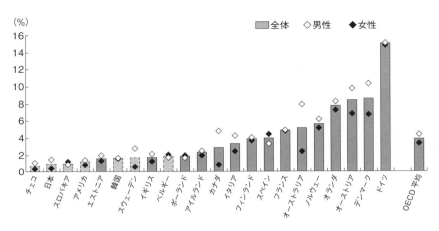

※1　図の中で破線で囲まれたグラフの値は，男女合計で 30 以下，男女別では 15 以下の標本数に基づいて算出されたものであるため，解釈には留意が必要である。

図 2-7　見習い訓練制度導入の状況：各国の 16～29 歳の若者に占める見習い訓練制度参加者の割合（2012 年）（OECD（2016a：51）に基づいて筆者作成）

5　おわりに：OECD における「早期離学」政策の課題

　これまでみてきたように，OECD は早期離学の解決策として職業教育訓練の充実に大きな期待を寄せているが，ことはそう単純ではない。OECD が推奨する早期離学解決策としての職業教育訓練にもいくつかの課題が示されている。たとえば，後期中等教育において職業教育訓練が充実しているといわれるノルウェー（☞第 10 章参照）についての報告には次のような課題が示されている。

　・生徒は，労働市場のニーズに合う適切な職業教育訓練プログラムを選ぶことができない。
　・ドロップアウトが多い。
　・指導員が高齢化しており，新規指導員の採用が間に合わない。
　・職業教育訓練プログラムの質の保証が困難である。
　・訓練指導員やカウンセラーの資格に関する基準がない。
　・必要なデータが不十分である。
　・PISA によれば，職業教育課程に進む生徒の基本的スキルが弱い。
　　（OECD 2015：61）（筆者訳）

これに対して OECD（2015）は，生徒が質の高いキャリアガイダンスを受け，十分な資格をもった指導員に指導を受けられるようにすること，また就学前教育の充実や指導の多様化などによりドロップアウトを防ぐことなどを提言している。ただし，「早期離学」の問題は，前期中等教育段階までの成績不振や学校適応の問題，社会統合の問題とも関連しており，職業教育訓練の問題に収斂させていくことがかえって補償への道を見えにくくする可能性もあり，このこと自体を課題として指摘しておく必要があるだろう。

【引用・参考文献】

European Commission（2013）. *Reducing Early School Leaving: Key Messages and Policy Support, Final Report of the Thematic Working Group on Early School Leaving, November 2013.* Luxembourg: Office for Official Publications of the European Communities.

OECD（2015）. *OECD Reviews of Vocational Education and Training: Key Messages and County Summaries.* Paris: OECD Publishing.

OECD（2016a）. *Society at a Glance 2016: OECD Social Indicators.* Paris: OECD Publishing.

OECD（2016b）. *Education at a Glance 2016: OECD Indicators.* Paris: OECD Publishing.

OECD（2018a）. *Education Policy Outlook 2018: Putting Student Learning at the Centre.* Paris: OECD Publishing.

OECD（2018b）. *Education at a Glance 2018: OECD Indicators.* Paris: OECD Publishing.

OECD（2019）. *Education at a Glance 2019: OECD Indicators.* Paris: OECD Publishing.

第3章 EU による早期離学に関する教育訓練政策の展開

小山晶子

1 はじめに

　ヨーロッパでの地域統合を進めるなかで，職業訓練や高等教育に関する施策はそれ以前にも展開されてきたが[1]，マーストリヒト条約（1993 年）に教育に関する条項（第 126 条）が初めて設けられたことにより，EU による共同体の活動についての法的基盤が明記された。とはいえ，教育政策に関する EU の権限は，補完性の原理に基づいて，加盟国が実施する活動を支援し補充するための協力の域を出ない[2]。早期離学に関する問題は，EU の教育訓練政策のなかでも，その重要性が早い段階で認識されたといえる。それは，2003 年 5 月に掲げられた教育訓練に関する達成目標のなかに，早期離学に関する達成評価基準（以下，ベンチマーク）が明記されたことからもわかる。その後 2020 年に向けた教育訓練に関する達成目標においても，早期離学のベンチマークは据え置かれたため，過去 20 年に渡り加盟国が取り組むべき優先課題とされた。

　本章は，EU による早期離学に関する教育訓練政策の展開を，「教育と訓練 2010」のベンチマークとして設定されるに至る背景（1995 年から 2003 年），達成状況と経済危機を踏まえて新たな改善策が検討された時期（2003 年から 2011 年），2020 年に向けた制度改革とその評価（2011 年から 2020 年）の 3 つの時期に分けて考察する。早期離学に関する教育訓練政策の展開を振り返ることによって，加盟国がその主な権限を有しているはずの教育訓練政策領域において，雇用政策と社会政策の両者に関わる政策課題として，EU の提言や指針による加盟国への影響力が高まっていることを明らかにする。

---

1) EEC 設立以降における職業訓練と高等教育分野にみられたヨーロッパレベルの取り組みについては，坂本・園山（2013）に詳しい。
2) EU 運営条約第 165 条。坂井・八十田（2020）の V -11「教育」86-87 頁を参照。

2　EU の教育訓練政策のアジェンダとなった早期離学

● 2-1　リスボン戦略に至るまで

　早期離学については，さまざまな議論が展開されており，ラヴレイズンとニケーズ（Lavrijsen & Nicaise 2015）は，その主な要因を教育制度や就学過程にみる側面と社会経済的な文脈の2つに分けて考察している。彼らの考察によると，離学の要因として，学校教育で積み重ねた経験に帰結した場合の選択という側面と，家庭環境をはじめとする社会的背景による合理的選択としての側面については，早期離学がEU のアジェンダとして取り上げられる以前から議論されていた。それでは，なぜ早期離学がEU の教育訓練政策の優先課題として取り上げられたのか。リスボン戦略（2000 年）に至るまでの政策文書を辿ることで，早期離学は，雇用政策と社会政策において取り組むべき課題とされ，さらに両者が直接結びつけられることにより，主要な教育訓練政策のアジェンダとなった過程を明らかにする。

　ドロール欧州委員長が1993 年に発表した白書「成長，競争力，雇用白書」（European Commission 1993）には，経済成長，域内市場統合，雇用戦略についての挑戦が述べられており，雇用を促進する鍵として教育訓練を挙げている。当白書を受けて，異なる政策領域で取り組むべきテーマや課題が共有された。1994 年の欧州社会政策白書「連合へ向かう道」（European Commission 1994）では，ヨーロッパ社会モデルを持続可能とするための最重要課題として雇用と訓練を掲げ，EU の競争力向上と社会的結束を実現するために教育訓練への投資の必要性を唱えた。基礎的なスキルを修得せずに離学した若者は長期的な失業に陥る可能性が高いという記述から，早期離学と若者の問題を関連づけていることがわかる。

　翌年の1995 年に発表された教育訓練白書「教えることと学ぶこと―学習社会へ向けて」（European Commission 1995）においても，労働市場の需要と若者のスキルあるいは資格のミスマッチを解消すべく，個人に責任を負わせるのではなく，ヨーロッパレベルの制度的な施策の必要性が唱えられている。当教育訓練白書は，生涯学習をテーマとして掲げた欧州年（1996 年）につながる議論を提案することとなった。欧州生涯学習年に，ユネスコ，OECD，欧州評議会などの国際機関が生涯学習の重要性と認知度を高め，EU は生涯学習戦略の枠組みを提案した（Council of the European Union 1997）。適格な資格を取得せずに離学する人びとが，安定的な職に就けないことで社会への積極的な参加から排除されていることを背景に，学校と職業訓練機会をつなぐ移行期としての生涯学習についても触れている。

　1997年のアムステルダム条約では，雇用の章ができ，同年には欧州雇用戦略
（European Commission 1997）が発表された。当戦略文書では，雇用につながるスキ
ルの欠如を改善するための生涯学習をはじめとする教育訓練制度の改革を唱えた。
さらに，労働市場から排除されている人びとの社会保障を制度化し，政府とソーシャ
ル・パートナーの社会的対話を促進し保障の対象を拡大する試みに触れた。この
ように当戦略文書では，雇用創出のために，「低学歴・非熟練労働者のスキル向上
やこれまで雇用という局面で弱者に回った人々を就労へ向けさせるという，就労支
援・就業能力支援」への取り組みが表明された（井上 2020：55）。

　欧州雇用戦略を具体的に実現するにあたり，欧州委員会から「雇用を助成するた
めの共同体の政策」（European Commission 1999）が提案された。当文書は，中途退
学（dropouts）[3] の問題はフォーマルな教育制度改革の下で取り組まれている，と述
べている。また，新規加盟国による EU 市場拡大を目前に，生涯学習へのアクセス
を拡充することが，労働力の有効活用をもたらすとも述べている。雇用政策を推し
進めつつ，社会的包摂のために生涯学習が果たす役割を明確にし，社会的格差の是
正を目指すことが期待された。

　1990年代後半には，EU において社会政策と雇用政策を直接結びつける動きがみ
られ（網谷 2008：67），それは，雇用を推し進める政策内容が，社会政策，生涯学習，
職業訓練，若者といった異なる政策領域を包括するような施策の提案であることか
らもみてとれる。1990年代半ばから，イギリス，フランスで相次いだ政権交代とと
もに，ヨーロッパ各国でも中道左派・社会民主主義勢力が伸張していたことが，EU
の雇用政策においても社会政策との兼ね合いを重要視する推進力の背景になったと
いえる。

　このような政治的文脈のなかで，早期離学は，1990年代後半には，すでに雇用政
策，社会政策，教育，職業訓練，若者といった複数の政策領域における課題として
捉えられていた。前述した政策文書のなかで，離学者は，若者のなかでも傷つきや
すい人びとであり，労働市場へのアクセスが断たれている失業者と同様に社会的弱
者として捉えられていく。このように，早期離学は，1990年代半ば頃から EU が最
優先課題として掲げた雇用戦略を実現するための教育訓練政策のなかでも，社会的
排除に抗うための課題として，複数の政策領域に渡り取り組まれるべき対象となっ

3）早期離学「early school leaving」が後期中等教育に該当する教育あるいは訓練を修了する以前に
　教育および訓練から離れた状態を指す一方で，「school drop-outs」は，在籍する教育あるいは訓
　練課程の中断を指す。European Commission（2011b）を参照。

たのである。

● 2-2　リスボン戦略から「教育と訓練 2010」（Education and Training 2010）まで

　新規加盟国の拡大を直前に控え，さらなる雇用と社会的結束を生み出すことで持続可能な経済成長を実現し，競争力の高い知識基盤型経済となるための新たな戦略目標（次の 10 年）が設置された。それが 2000 年 3 月の欧州理事会で提案されたリスボン戦略である。当戦略は，経済成長に伴う雇用政策に限らず，社会的排除と闘うための社会保障や包摂に関する目標も掲げた。特に知識基盤型社会と質の高い雇用に求められる教育および訓練制度の重要性を唱え，若者や失業者に適格な学習および研修の機会を提供すべきであると述べている。経済成長戦略を通して，積極的な雇用を生み出しつつ社会的格差を是正するための教育および訓練制度の改革が求められたのである。

　リスボン戦略の画期的な側面は，加盟国に権限がある雇用や教育における政策領域において，加盟国間の政策の収斂を促すための裁量的政策調整方式（Open Method of Coordination：OMC）が提案されたことである。リスボン戦略で掲げられた目標を達成するために，その過程における進展をモニタリングおよび評価するための指標（indicators）が，4 つの領域（雇用，イノベーション，経済改革，社会的結束）において提案された。2000 年 9 月に欧州委員会から提案された 27 の指標のうち 3 つが教育・訓練に関するものであった（European Commission 2000）。早期離学[4] はその 1 つであり，社会的結束に関する政策領域の指標として挙げられた。

　2002 年に閣僚理事会と欧州委員会によって作成された教育訓練制度の戦略目標に関する共同報告書では，2010 年までに達成すべき 3 つの戦略目標（① EU における教育訓練制度の質と効率の向上，②すべての人に教育訓練制度へのアクセス，③教育訓練制度をより広い世界へ向けて公開）と，それに付随する 13 の目標を挙げ，それらに関する取り組みをフォローアップするための時期，評価のための指標，グッド・プラクティスの共有や意見交換の手法などが提案された（Council of the European Union , 2002）。リスボン戦略でも触れられた 18〜24 歳の前期中等教育修了資格のみで教育訓練に従事していない若者の数を削減する目的は，戦略目標 2 に付随する第三の目標である「アクティブ・シティズンシップ，機会均等，社会的結束」のなか

4）当文書における早期離学に関する指標は，18〜24 歳までの前期中等教育修了資格しかもたずその後の教育あるいは訓練から遠ざかっている若者の割合を指し，このような若者を 2010 年までに全体の半分以下に減らすことが目標とされた。

で言及されている。さらに当報告書は，2000 年時点のこのような若者の割合を参照資料に記載しており，EU 平均の 17.8％に対して，英国を除く加盟国の上位 3 か国平均は 7.8％であった。

　教育訓練政策において 2010 年までに達成すべき目標（「教育と訓練 2010」）・ベンチマークとして，教育と訓練への投資，早期離学，理系学位取得者，後期中等教育修了資格者，キー・コンピテンシー，生涯学習などが，2002 年 11 月に欧州委員会によって提案され，翌年 5 月の閣僚理事会において具体的な数値目標として掲げられた 5 つのベンチマークのうち早期離学は，EU 平均で 10％以下の達成が設定された（Council of the European Union 2003）[5]。

3　早期離学問題の共有と取り組み：OMC の活用

● 3-1　OMC と早期離学

　裁量的政策調整方式（Open Method of Coordination）の「Open」とは，加盟国が任意にまた選択的に関与するその結果に関する制裁がない，という意味が含まれており，EU が補充的役割を担う分野や加盟国の権限分野において，EU レベルの立法によらない政策の調整方式を指す（庄司 2013：35）。OMC は，マーストリヒト条約以降に経済政策領域に導入され，2000 年のリスボン欧州理事会にて，教育訓練政策にも適用されることとなった。

　OMC の調整手段として，①短・中・長期設定目標を達成するための特定のタイムテーブルと組み合わせた EU のためのガイドライン設定，②ベスト・プラクティスを比較するための手段として異なる加盟国や部門の必要に応じて作成される量的・質的指標およびベンチマークの確立，③国家間・地域間格差を考慮した特定目標の設定とその手段の採用を通してヨーロッパガイドラインを国内・地域政策へ翻訳，④相互学習プロセスとして構成される定期的なモニタリング，評価，ピア・レビューが主なものとなっている（European Council 2000）。このような原則に基づき，政策目標や手段を欧州委員会が提案し閣僚理事会が設定する一方で [6]，目標達成のために拘束力のある法律が制定されるのではなく，ナショナルな目標の設定や政策の執行方法について，加盟国に裁量を残す OMC が，EU の教育訓練政策において

5）当文書での早期離学の定義は，18 〜 24 歳の前期中等教育修了資格あるいはそれ以下の資格のみ保有し教育および訓練に従事していない者の割合。

6）EU の政策過程について，佐藤（2020）第 6 章を参照。

も適用されている。

OMC は，隣国の政策を学習する手段であり，参加者間による相互の評価や学習を通して，ベスト・プラクティスなどの新たな情報や知見が得られた際に，政策に修正や変更を施すことができる。このような政策比較，情報共有，相互学習を通して，欧州委員会の意図する方向性が，加盟国の教育政策に反映されることが期待される（Alexiadou 2014）。2006 年には，各国の政策を共有し学習するための 8 つのクラスターが設置され，欧州委員会（教育・文化総局）と複数の加盟国からの参加者によって構成された[7]。

加盟国は，相互学習を目的とするピア・ラーニング活動（以下，PLAs）のなかでも関心のあるものを選択して参加できる。活動の開催国となる加盟国は，取り上げるテーマへの関心が高く，積極的に取り組んでいる。欧州委員会は，PLAs の運営や企画に関わる。PLAs の活動報告は，政策提案型文書として，欧州委員会に参照されることもある（Alexiadou 2014：128）。早期離学は，「アクセスと社会的包摂」のクラスターによって，学習のための訪問（Study Visit）をはじめとする活動が実施され，2006 年から 2010 年の間に 17 の加盟国から実践者および政策関係者が参加した（European Parliament 2011）。

政策学習の過程については，EU の教育訓練政策領域における OMC の影響を分析している先行研究はいくつか挙げられる（Gornitzka 2006；Alexiadou 2007；Grek et al. 2009）。政策の相互学習過程を定性的実証調査に基づいて分析したものにラングとアレクシァドウ（Lange & Alexiadou 2010）があり，教育政策の OMC にみる学習過程を，いくつかの類型に分けて考察している。そのなかで早期離学は，競争的な政策学習を促す類型とされている。早期離学に関する政策学習に参加する加盟国の動機は，離学率を低く抑えることが，若者の失業率抑制を暗示し，国際的な競争力としてアピールできることである。加盟国にとって，国際的な競争力を保持することが，政策の学習過程に参加する動機となっている。

しかし，このようなプレッシャーが，どの加盟国にも同様に作用するわけではない。その効果は，早期離学のベンチマーク達成度と政策レベルの対応に加盟国間の相違がみられることから明らかである。加盟国ごとの対応の違いについては，各章にその詳細を委ねることにして，ここでは，なぜ早期離学が競争的な政策学習の類型に該当するのかについて，ラングとアレクシァドウ（Lange & Alexiadou 2010）

---

7) ピア・ラーニング活動については，Lange & Alexiadou (2010)，Alexiadou (2014)，European Parliament (2011) を参照。

の比較考察から明らかにする。競争的政策学習とは異なる他の類型として，相互的な学習や勢力拡張的な政策学習の過程などが挙げられている（Lange & Alexiadou 2010）。相互的な学習の類型は，ほぼすべての教育政策に関するテーマが該当し，たとえば「数学，科学，技術」の教育などが挙げられる。当類型に該当する課題は，相互学習の成果を評価する必要性に迫られていないものが多い。他方の勢力拡張的な学習の類型とは，取り上げられるテーマについて，特定の加盟国が強い権限をすでに有するもので，たとえば職業訓練に関するオーストリアとドイツが果たすコーディネーターとしての強い役割が挙げられている（Lange & Alexiadou 2010 : 455）。

　他の政策学習過程の類型と比較すると，競争的政策学習の特徴がより明らかとなる。相互学習のテーマと比較すると，競争的な政策学習における指標やベンチマークは，特定の国の教育政策文化から切り離されたものとなっており，その成果や評価についても学習過程における議論に委ねられている。競争的な政策学習のテーマに関するベンチマーク，指標，到達目標は，欧州委員会がその設定に多大な権限を保持している一方で，その学習過程は，加盟国ごとに収集された量的なデータ分析の比較に基づいているため，抑圧的なものとならない。このことは，2010 年までに早期離学率 10％以内を達成できた加盟国の半数が，中東欧の新規加盟国であった事実にも支えられている。

　OMC の主な手法である政策学習過程において，早期離学は，加盟国に競争的な政策学習を促したテーマであったことがわかった。それは，各加盟国の教育政策文化とある程度切り離して議論が可能なテーマであり，自国の社会福祉制度が評価に晒される圧力や，国際的な市場における経済的競争力の維持という動機に関連づけられることで，加盟国の競争を促すことができた。その競争の根拠として収集されたデータの比較やベスト・プラクティスが参照されたことから，早期離学は，OMC がベンチマーク達成を促すためにある程度効率的に機能したといえる政策課題であったのではないか。

● 3-2　「教育と訓練 2010」の評価と 2020 年に向けての改善

　2005 年の欧州理事会で，リスボン戦略の見直しが話し合われた。目標達成に向けて遅れを取り戻すために，成長と雇用を重視することが再確認された（European Council 2005）。「教育と訓練 2010」についても，2004 年から 2 年毎の経過報告となる中間報告書が，閣僚理事会と欧州委員会によって 2006 年に作成された（Council of the European Union 2006）。当報告書では，教育および訓練制度を通して，経済政策

と社会政策の相乗性を追求することが明記された。「教育と訓練 2010」の数値目標に照らし合わせた場合，早期離学率は，2000 年の EU25 か国平均が 17.7％であったのに対して，2004 年の 15.6％，2005 年には 14.9％と段階的な改善がみられるが，目標達成のためにはさらにその速度を上げる必要性が強調された。

　2009 年 5 月の閣僚理事会において，さらなる 10 年後を見据えた戦略的目標となる「教育と訓練 2020」（Education & Training 2020：ET2020）が設定された（Council of the European Union 2009）。早期離学については，ベンチマークとして数値も据え置かれたが，生涯学習の参加率については 12.5％から 15％へとより高い目標が設定され，新たに就学前教育や高等教育修了率についてのベンチマークが追加された。当理事会では，さらに OMC の効率を高める手段として，過程と成果を評価する期間を区切り，相互学習や PLAs の成果を共有し，進展を報告することで，モニタリングを制度化することが提案された。

　「教育と訓練 2020」が提案された翌年に，「雇用とスマートで持続可能かつ包摂的な成長」を新たな戦略として掲げた「欧州 2020」（Europe 2020）が発表された（European Commission 2010）。「欧州 2020」は，知識とイノベーションに基づいた「スマートな成長」，より環境に配慮した経済の「持続可能な成長」，高い就業率と社会的結束を促す「包摂的な成長」の 3 つの政策課題を挙げた。早期離学の問題は，スマートかつ包摂的な成長の妨げとなるという前提から，早期離学率を 10％に抑える目標は，「欧州 2020」のヘッドライン・ターゲットとしても同時に設定された。

　2011 年 1 月には，早期離学に関するデータや PLAs の資料に基づいたワーキング・ペーパーが欧州委員会から提出され，同年 6 月に閣僚理事会の勧告において早期離学抑制のための行動計画の指針となる，包括的な政策措置が加盟国に対して提案された（Council of the European Union 2011）。まずは，要因の特定と分析，さらに施策の評価と政策の調整が挙げられる。早期離学の要因は，個人的なものから社会的な背景によるものと多岐に渡ることから，それを特定するための情報収集が必要となる。早期離学に直接かかわるデータと，その後の就労や経歴などの社会経済的な文脈を示す情報を分析し，すでに実施されている施策の効果を評価することで，新たな政策の展開へとつなげる。つぎに，政策枠組みとして提案された 3 つの施策（予防措置，介入措置，補償措置）である。予防措置は，特に不利な状況に置かれた子どもに有効であると想定される就学前教育の保障（☞コラム 2，127 頁），さらに義務教育年齢以後における教育訓練機会の提供といった制度的な措置を指す。介入は，学校や訓練組織レベルで行われるものと，離学のリスクを抱えた個別の生徒を支援す

るものとに分けられた。補償とは、すでに離学している若者に対して、セカンド・チャンス・プログラムの提案、教育訓練のメインストリームへの復学、個人に焦点をあてた金銭的・教育的・社会的・精神的な側面に配慮した包括的なサポートの提供などを指す [8]（☞コラム 3, 153 頁）。このような早期離学を削減するための包括的な政策措置の提案は、2006 年から継続して実施してきた PLAs 活動の結集ともいえる。

　欧州委員会から提出されたワーキング・ペーパーでは、早期離学の社会的コストという側面が強調された。早期離学と失業の関連性は、従来から指摘されていたものの、就業した場合でも相対的に不安定な職、低賃金となるリスクや、貧困・社会的排除に陥るリスク、社会保障費への依存傾向などを挙げている。早期離学者 1 名により、個人および社会に生じうるコストについては、各国で計上された数値も参考にしつつ、数十万ユーロ（European Commission 2011b）、100〜200 万ユーロ（European Parliament 2011）と述べられている。同年に発表された欧州議会の調査報告書は、早期離学に伴う社会的コストから、早期離学率を削減しなければ、ヨーロッパ地域のみならず国際的な競争力も衰え、スマートで持続可能かつ包摂的な成長は実現できないとし、「早期離学は経済成長の妨げである」と両者の直接的な関連性を明記している。

4 「教育と訓練 2020」と早期離学の抑制

● 4-1　ヨーロッパ・セメスター（European Semester）と教育訓練モニター（Education and Training Monitor）の導入

　2000 年代末に生じた経済危機による影響を克服し、「欧州 2020」で掲げた戦略目標を実現するために、加盟国間の経済的ガバナンスの強化が必要とされた。国内の予算、経済成長、雇用政策に関わる目標を達成するための過程とその行程を同調させ、マクロ経済政策の監視と調整の領域を広げるために、2010 年 10 月の欧州理事会ではヨーロッパ・セメスターを翌年から始動させることに合意した。ヨーロッパ・セメスターは、EU 経済の安定と成長を実現するための制度やプログラムが設定され、6 か月ごとのセメスターで構成されている。

　ヨーロッパ・セメスターに導入された施策として、欧州委員会が作成する年次成長概観（Annual Growth Survey）がある。2011 年 11 月に発表された年次成長概

8）欧州委員会のワーキング・ペーパーで提案された案は、ほぼ同様の内容が理事会勧告（Council of the European Union 2011）に反映された。

観 2012 のなかで，経済危機による社会的影響と雇用に取り組むための施策が重要視され，その 1 つとして若者の雇用支援を掲げている（European Commission 2011a）。2008 年から 2010 年までに 25 歳以下の失業者数が 100 万人単位で増加したことから，欧州委員会は若者の雇用創出のための教育訓練支援を加盟国に促した。また，ヨーロッパ・セメスターは，EU レベルの決定が加盟国内の政策決定に迅速に遂行されるための制度となる必要性が強調された。

「欧州 2020」の実現を支える目的で，「教育と訓練 2020」についても新たなガバナンスとツールが提案された（Council of the European Union 2012）。たとえば，ヨーロッパ・セメスターのなかで欧州委員会から出される国別勧告案（Country Specific Recommendations）によって改善が求められる施策について，「教育と訓練 2020」に向けた PLAs を通して，問題点や解決策を学習し共有することが可能であるとした。さらに，「欧州 2020」のヘッドライン・ターゲットや「教育と訓練 2020」のベンチマークの達成状況に関する新たな調査書となる教育訓練モニターが提唱された。

教育訓練モニターとは，加盟国のベンチマーク達成状況をエビデンスに基づいて共有し比較する分析ツールであり，加盟国が抱えている課題を簡潔かつ明瞭に誰もが把握することが可能な情報を提供している。グッド・プラクティスや政策の遂行状況を示す複数の文書と共に（European Commission 2012b），「教育と訓練 2020」のベンチマーク達成度に関する加盟国ごとのデータや分析を集約した教育訓練モニター 2012 は発表された（European Commission 2012a）。教育訓練モニターは，ヨーロッパ・セメスターの国別勧告の参照資料となっている。

教育訓練モニター 2012 [9] では，早期離学と失業の関係性を文書の冒頭で取り上げ，早期離学者の約 54.8 %（2011 年）が失業あるいは無業であり，そのうち約 70 % が就労を希望していると述べている。性別や出生地別（国内か外国）の早期離学率が表示され，男性や外国生まれの移民背景をもつ個人に早期離学のリスクが高い傾向を示している。加盟国のベンチマーク達成状況を比較した場合に，到達目標には遠い

9）教育訓練モニター 2012 にもあるように，Early leavers from education and training（ELET）と ESL は同義で使用されている。ただし，ELET は Early leavers from formal education（ELFE）と区別されており，ELET の指標の方が，中等教育制度の成果よりも労働市場（若者の失業）に関わる側面を反映している。De Witte et al.（2013：334-335）を参照。当文書による早期離学者の定義は，①教育あるいは訓練の最終修了資格が ISCED のレベル 0，1，2，3c short のどれか，②調査から遡ること 4 週間以内に教育あるいは訓練に従事していないこと，これら両者に該当する 18 ～ 24 歳の割合を指す。ただし，Eurostat による 2014 年以降の早期離学者（ELET）の資格に関する定義は，中等教育の最終修了資格が ISCED2011 のレベル 0 ～ 2 である者とされている。

が改善がみられた加盟国として，マルタ（33.5%），スペイン（26.5%），ポルトガル（23.2%）を挙げている。到達目標にはより近づいているものの，経年的な早期離学率削減の状況があまり芳しくない加盟国は，ルーマニア（17.5%），フランス（12.0%），ベルギー（12.3%）などが該当した。また，2000年から2011年までの早期離学率の削減割合では，2020年までに目標達成が困難であることも，統計グラフを用いて指摘している。最後に，早期離学に関して特定の改善を求められた加盟国は，デンマーク，ハンガリー，イタリア，ラトビア，マルタ，スペインの6か国であった一方で，すべての加盟国に対して，主に3つの側面（包括的施策の欠如，エビデンスに基づいた政策決定の欠如，不十分な予防および早期介入措置）についての改善が求められた。

● 4-2　EUによる早期離学抑制のための包括的政策措置とその評価

　欧州委員会より提案された早期離学を抑制するための包括的政策措置（2011年）のインパクトとその評価について，2019年7月に調査会社より欧州委員会に提出された報告書（European Commission 2019a）に基づいてまとめる。早期離学率については，2002年の17%から2018年には10.6%と削減され，目標の10%到達まであと僅かとなった。このことは，28加盟国のうち20か国においてその割合が減少したことにも支えられている。早期離学抑制のための3つの政策措置についてであるが，補償措置は，「セカンド・チャンス」教育や進路指導を提供することによって大半の加盟国において実施された。介入措置については，学校内での措置が多くを占めた一方で，学校外の主体とのネットワーク構築をはじめとする構造的なインフラの必要性が指摘された。予防措置は，ロマ，移民の子ども，社会経済的に不利な状況にある家族など，早期離学のリスクが高いとされる対象を特定した施策が主に実施された。

　2011年当初から早期離学に取り組むための包括的な戦略を国内で導入してきた加盟国は8か国で，2018年度の早期離学率は，オーストリア7.3%，ベルギー8.6%，ブルガリア12.7%，フランス8.9%，ギリシャ4.7%，ハンガリー12.5%，マルタ17.5%，ルーマニア16.4%となっている（European Commission 2019b）。これらの加盟国は，予防・介入・補償措置の政策枠組みも同様に活用していた。その一方で，何らかの措置を実施したものの，EUから提案された戦略とは異なる施策を遂行した加盟国が大半であった。包括的な戦略を導入するにあたり，そのインパクトに関わる要因として，報告書では，早期離学の構造的な要因と，提案された施策の遂行可能性の2つを挙げた。前者は，雇用政策，政治的リーダーシップ，公的予算，公

教育制度の法的側面といったものが挙げられた。後者は，包括的な政策調整のメカ
ニズム，政策遂行計画，国内予算と EU 予算の相乗性，制度的なモニタリングとい
うように，早期離学を効率的に抑制するためには，構造的なインフラを支える施策
と包括的な政策を潤滑に遂行するためのメカニズムの両者が必要となることが指摘
された。

　EU によって提案された政策ツールの効用は，モニタリングと報告のメカニズム
を挙げている。早期離学は，達成状況のモニタリングとヨーロッパ・セメスターを
通した国別勧告案によって加盟国に課された挑戦が，その効用を高めたといえる
（小山 2017）。OMC のツールとして，2011 年以降も早期離学に関するワーキング・
グループが継続して実施されたことの意義は大きい。早期離学については，ワーキ
ング・グループを通して，特に予防措置に関するグッド・プラクティスを共有する
ことが主な目的とされた。ワーキング・グループの主な成果は，参加後の国内での
実行性によるところが大きく，政策決定に直接関わる主体の参加や，比較的小規模
の PLAs による成果が確認された。オンライン上で学校に向けて提供されたツー
ルキットについても，複数の加盟国で早期離学に関する施策のガイドラインとして
参照された事例もみられ，セカンド・チャンス教育をはじめとするグッド・プラク
ティスに関する情報源として大いに有効活用された。

5 おわりに

　早期離学は，失業に陥りやすく社会的排除の対象となる傾向にある若者に対す
る雇用政策と社会政策に関連づけられることによって，EU の教育訓練政策のなか
でも優先的課題として取り上げられてきたことが明らかとなった。OMC を通した
政策学習では，早期離学率の抑制が，経済的な比較優位性を維持するための動機と
して作用した加盟国の事例もみられたことから，ベンチマークの達成を促すツール
としてソフトな拘束力が機能したといえる。さらに，モニタリング，加盟国別勧告，
年次成長概観といった経済成長戦略のための制度に，早期離学のベンチマークも組
み込まれたことによって，加盟国内における包括的な政策を導入するための構造的
かつ実践的な両側面が，目標達成には欠かせないことが強調された。

　他方で，早期離学率を削減するために必要となる包括的な政策について，複数
の政策領域に及ぼす成果やそのインパクトを評価するための仕組みが欠如している。
政策領域を横断する EU の施策を考察する 1 つの手法として，欧州構造投資基金の

使途と評価が挙げられる。本章においては，紙面の制限から早期離学に関わる EU の重要な施策の１つである構造基金について触れることはできなかったが，たとえば欧州社会基金は，若者の就労につなげるための職業訓練に多大な資金を投入している。このような構造基金によって支援された活動と，早期離学の対策としての予防・介入・補償措置の関連性を考察することによって，異なる政策領域の相乗性とそのインパクトを分析することが可能となる。

　最後に，「教育と訓練2020」の目標達成年を迎え，EU 平均がその目標数値に限りなく近づいているが，今後この数値を維持していくための持続可能な制度が必要となる。特に，早期離学が次期ベンチマークに設定されない場合には，加盟国ごとにどのような取り組みを維持するための制度が残されるのかについて，注視していく必要がある。

【引用・参考文献】

網谷龍介（2008）．「第 2 章「社会モデル」言説の定着とその制度的基盤」平島健司［編］『国境を越える政策実験・EU』東京大学出版会，61-94.

井上　淳(2020)．『はじめて学ぶEU』法律文化社

小山晶子(2017)．「EUの教育政策にみるガバナンスの展開と課題」『東海大学教養学部紀要』48, 57-74.

坂井一成・八十田博人（2020）『よくわかるEU 政治』ミネルヴァ書房

坂本　昭・園山大祐（2013）．「ヨーロッパ教育の形成と発展過程」近藤孝弘［編］『統合ヨーロッパの市民性教育』名古屋大学出版会，20-40.

佐藤俊輔（2020）「第 6 章　EU の政策過程」池本大輔他著『EU 政治論』有斐閣ストゥディア，129-140.

庄司克宏（2013）『新EU 法─基礎編』岩波書店

Alexiadou, N. (2007). The Europeanisation of Education Policy: Researching Changing Governance and 'New' Modes of Coordination. *Research in Comparative and International Education*, 2(2), 102–116.

Alexiadou, N. (2014). Policy Learning and Europeanisation in Education: The Governance of a field and the Transfer of Knowledge. in A. Nordin, & D. Sundberg (eds.), *Transnational Policy Flows in European Education: The Making and Governing of Knowledge in the Education Policy Field*. Oxford: Symposium Books, 123–140.

Council of the European Union (1997). Council Conclusions of 20 December 1996 on a Strategy for Lifelong Learning (97/C7/02). *Official Journal of the European Union*, 10.1.1997, 6–12.

Council of the European Union (2002). 'Detailed Work Programme on the Follow-Up of the Objectives of Education and Training Systems in Europe' Jointly Adopted by the Council and Commission on 14 February 2002 (OJ C142, 14.6.2002). *Official Journal of the European Communities*, 14.6.2002

Council of the European Union (2003). Council Conclusions of 5 May 2003 on Reference Levels of

European Average Performance in Education and Training (Benchmarks) (2003/C 134/02). *Official Journal of the European Union*, 7.6.2003, 3–4.

Council of the European Union (2006). 2006 Joint Interim Report of the Council and of the Commission on Progress under the 'Education & Training 2010' Work Programme (2006/C 79/01). *Official Journal of the European Union*, 1.4.2006, 1–19.

Council of the European Union (2009). Council Conclusions of 12 May 2009 on a strategic Framework for European Cooperation in Education and Training ('ET 2020') (2009/C 119/02). *Official Journal of the European Union*, 28.5.2009, 2–10.

Council of the European Union (2011). Council Recommendation of 28 June 2011 on Policies to Reduce Early School Leaving (2011/C 191/01). Official Journal of the European Union, 1.7.2011, 1–6.

Council of the European Union (2012). 2012 Joint Report of the Council and the Commission on the Implementation of the Strategic Framework for European Cooperation in Education and Training (ET 2020) (2012/C 70/05). *Official Journal of the European Union*, 8.3.2012, 9–18.

De Witte, K., Nicaise, I., Lavrijsen, J., Van Landeghem, G., Lamote, C., & Van Damme, J.(2013). The Impact of Institutional Context, Education and Labour Market Policies on Early School Leaving: A Comparative Analysis of EU Countries. *European Journal of Education*, 48(3), 331–345.

European Commission(1993). *Growth, Competitiveness, Employment: The Challenges and Ways Forward into the 21st Century*. Luxembourg: Office for Official Publications of the European Communities.

European Commission (1994). *European Social Policy: A Way Forward for the Union*. Luxembourg: Office for Official Publications of the European Communities.

European Commission(1995). *White Paper on Education and Training -Teaching and Learning-Towards the Learning Society*. Luxembourg: Office for Official Publications of the European Communities.

European Commission (1997). *Employment in Europe*. COM(97)479 final. Luxembourg: Office for Official Publications of the European Communities.

European Commission (1999). *Community Policies in Support of Employment*. Luxembourg: Office for Official Publications of the European Communities

European Commission (2000). *Structural Indicators*. Luxembourg: Office for Official Publications of the European Communities

European Commission (2002). *European Benchmarks in Education and Training: Follow-up to the Lisbon European Council*. Luxembourg: Office for Official Publications of the European Communities.

European Commission (2010). *EUROPE 2020, A Strategy for Smart, Sustainable and Inclusive Growth*. Luxembourg: Publications Office of the European Union.

European Commission (2011a). *Annual Growth Survey 2012*. Luxembourg: Publications Office of the European Union.

European Commission(2011b). *Reducing Early School Leaving*. SEC(2011)96 final. Luxembourg: Publications Office of the European Union.

European Commission (2012a). *Education and Training Monitor 2012*. Luxembourg: Publications Office of the European Union.

European Commission (2012b). *Rethinking Education: Investing in Skills for Better Socio-

Economic Outcomes. Luxembourg: Publications Office of the European Union.

European Commission（2019a）. *Assessment of the Implementation of the 2011 Council Recommendation on Policies to Reduce Early School Leaving. Final report.* Luxembourg: Publications Office of the European Union.

European Commission（2019b）. *Education and Training Monitor 2019.* Luxembourg: Publications Office of the European Union.

European Council（2000）. Presidency Conclusions, Lisbon European Council, 23 and 24 March 2000, para 37.

European Council（2005）. Presidency Conclusions, 23 March 2005.

European Parliament（2011）. *Reducing Early School Leaving in the EU.*

Gornitzka, Å.（2006）. The Open Method of Coordination as Practice: A Watershed in European Education Policy? *ARENA Working Paper*, 16, 1–58.

Grek, S., Lawn, M., Lingard, B., Ozga, J., Rinne, R., Segerholm, C., & Simoka, H.（2009）. National Policy Brokering and the Construction of the European Education Space in England, Sweden, Finland and Scotland. *Comparative Education*, 45（1）, 5–21.

Lange, B., & Alexiadou, N.（2010）. Policy learning and governance of education policy in the EU. *Journal of Education Policy*, 25（4）, 443–463.

Lavrijsen, J., & Nicaise, I.（2015）. Social Inequalities in Early School Leaving: The Role of Educational Institutions and the Socioeconomic Context. *European Education*, 47（4）, 295–310.

第
1
部

第
2
部

第 2 部
各 国 編

第4章 イギリスにおける早期離学への対応とニートへの支援

菊地かおり

1 はじめに

　本章では，イギリス（連合王国／ United Kingdom：UK）[1] における早期離学（Early School Leaving：ESL）への政策的対応について検討する。イギリスにおける早期離学への対応は，欧州連合（European Union：EU）の取り組みと足並みをそろえておらず，独自の対応を行っていることが特徴的である。イギリスにおいては EU の早期離学の定義への言及はみられるものの，政策立案の枠組みとしては用いておらず，その状況把握（モニタリング）も行っていない。その代わりに，ニート（Not in Education, Employment or Training：NEET）等の指標を用いた対応がなされている。イングランドでは，ニートの減少に向けて，義務教育終了後も教育及び訓練への参加を 18 歳になるまで義務づける政策を打ち出し，社会に出る前に一定のスキルを身につけ，資格を得るように促している。

2 イギリスにおける早期離学とニート

● 2-1　早期離学の定義

　イギリスにおいては，早期離学の割合を 10% に抑えるという EU の目標について，次のようにその定義に言及している。

　　<u>18 歳から 24 歳のうち</u>，前期中等教育のみを修了しているか，あるいはそれ以下（中等教育修了一般資格（GCSE）[2] 試験の成績が C 未満[3]）であり，かつ，教育

---

1) 本章においてイギリスという場合，連合王国（UK）全体を指す。その構成地域（constituent countries）に言及する場合は，イングランド，スコットランド，ウェールズ，北アイルランドの名称を用いる。

及び訓練を受けていない者（HM Government 2014：20，下線筆者）

しかしながら，政策上，この定義が用いられているわけではなく（Janmaat et al. 2015：458），早期離学に焦点化したデータ収集やモニタリングも実施されていない。この点にも関連して，イギリスは EU のなかで「教育と訓練 2020（ET2020）」に基づく早期離学に関する国別の達成目標を設定していない唯一の国となっている（Eurocultura et al. 2015：2）。イギリス政府が国別の目標を設定しない理由は，「第一に，国別目標の設定はイギリス政府の政策と一致しないこと，そして第二に，国家の権限（national competence）である領域の目標を EU が設定したり，モニターしたりするのは適切ではない」という認識があるからである（HM Government 2014：32）。つまり，早期離学等の教育訓練の領域における EU による目標設定及びモニタリングは，その権限を超えるものであると考えられている。

政策上，早期離学の代わりに用いられているのは，「ニート（NEET）」及び「ネット（Not in Education or Training：NET）」「16 歳から 18 歳の教育・訓練・雇用への参加（Participation）」といった指標である（Eurocultura et al. 2015：44, 73）[4]。早期離学とニートの違いは，前者が教育達成に条件づけられる一方で，後者は雇用状況に条件づけられることにある（Eurocultura et al. 2015：74）。すなわち，早期離学が一定の教育水準を達成したかどうかという点に着目する一方で，ニートは若者が現在，教育・訓練を受けるか，仕事をしているかどうかという点に着目する指標であるといえる。

● 2-2　ニートの定義

2013 年になって初めて，イギリス国家統計局（Office for National Statistics：ONS）

---

2) 正式名称は，General Certificate of Secondary Education。義務教育終了時の 16 歳時点で受験する。
3) 中等教育修了一般資格（GCSE）試験の成績は，A* から G までの 8 段階で評価される。C 以上の成績を取ることが，高等教育への進学の資格条件の基礎となっている（古阪 2014）。なお，イングランドにおいては 2017 年以降，GCSE 試験の成績を 1 から 9 までの 9 段階（9 が最高）で評価する新しい枠組みへと段階的に移行した。この枠組みでは，C 以上の評価（A*-C）は 4 以上の評価（9-4）にあたる。
4) イギリスの各構成地域は分権化されており，それぞれに政策上の優先事項を掲げている。イングランド，ウェールズ，北アイルランドにおいて，教育及び訓練からの早期離脱は，ニート（NEET）及びネット（NET）として区分されている。ニート及びネットのデータは 16 〜 24 歳を対象として収集されている。スコットランドでは，ニートは MCMCs（More Choices, More Chances）と呼ばれている。対象となるのは 16〜19 歳である（Abusland 2014：1）。

はイギリス全体のニートの数値（概算）を公表した。2013 年以前から構成地域ごとにニートの統計は存在していたが，対象地域や年齢層が異なっており，既存のデータからイギリス全体のニートの数や割合を算出することはできなかった[5]。ONS の統計では，ニート（NEET）は「<u>16 歳から 24 歳のうち，教育，雇用，訓練の状況にない者</u>」を指す（Office for National Statistics 2013：1, 下線筆者）。ただし，次の場合は教育や訓練を受けているとみなされる。

> 見習い生である（doing an apprenticeship）／政府の雇用・訓練プログラムを受講している／資格取得に向けて取り組んでいる／4 週間以内に職業に関係した研修や教育を受けた／教育に関するコースを受講し，出席しているか，新しい学期が始まる前である

　なお，イギリスにおいては，構成地域ごとに義務教育の終了年齢（離学年齢）が異なっている。スコットランド，ウェールズ，北アイルランドにおいては，16 歳の時点で教育及び訓練からの離脱が可能である。イングランドにおいては，教育及び訓練への義務的な参加年齢が，2013 年からは 16 歳から 17 歳に，2015 年からは 18 歳までに引き上げられた。16 歳から 17 歳の場合，教育あるいは訓練の場が保障されることになる。スコットランドとウェールズでは，希望すれば，教育あるいは訓練の場が 19 歳まで延長して保障される。北アイルランドでは，16 歳から 17 歳で離学して無職の場合，訓練の場が保障されることになっている（Abusland 2014：1）[6]。

3　データからみる早期離学とニートの現状

● 3-1　イギリスにおける早期離学率の推移

　EU が公表しているイギリスの早期離学のデータは，労働力調査（Labour Force Survey：LFS）のデータから算出されている[7]。2010 年以降の EU とイギリスの早

---

5) たとえば，各構成地域において下記のデータが公表されている（Office for National Statistics 2020）。
  ・イングランド：NEET Statistics Annual Brief, Participation in Education, Training and Employment
  ・スコットランド：Annual Participation Measure Report
  ・ウェールズ：Young people not in education, employment or training（NEET）
  ・北アイルランド：Labour Market Report

表 4-1　教育及び訓練からの早期離学（総計／%）（Eurostat 2020）

	2010	2011	2012	2013	2014	2015	2016	2017	2018	2019
EU-28	13.9	13.4	12.7	11.9	11.2	11.0	10.7	10.5	10.5	10.3
UK	14.8	14.9	13.4	12.4	11.8	10.8	11.2	10.6	10.7	10.9

表 4-2　教育及び訓練からの早期離学（出身別／%）
（European Commission（2018：3；2019：3）を参照し，筆者作成）

	2014			2017			2018		
	計	国内	外国	計	国内	外国	計	国内	外国
EU-28	11.2	10.4	20.2	10.6	9.6	19.4	10.6	9.5	20.2
UK	11.8	12.2	9.4	10.6	10.8	9.5	10.7	11.0	8.9

期離学率の推移を示したものが表 4-1 である。2019 年のイギリスの早期離学率は
10.9％である。2017 年までその割合は減少傾向にあったが，2018 年以降は増加傾向
に転じている。また，地域ごとの差もみられ，ロンドンの割合が一番低く（6％），ミ
ッドランド西部，ヨークシャー・ハンバー，イングランド東部の割合が高くなって
いる（European Commission 2018：5）。

　イギリスにおける早期離学の特徴として挙げられているのは，イギリス国内で生
まれた生徒よりも外国生まれの生徒の方が，早期離学率が低くなっていることであ
る（European Commission 2015：4）。近年の EU とイギリスの出身別の早期離学率を
示したものが表 4-2 である。まず，イギリスについては，2014 年には両者の差が 2.8
ポイントあり，2017 年には 1.3 ポイントまで差は縮まったが，2018 年には再び 2.1

6) 各構成地域の離学年齢の詳細は以下の通り（GOV.UK n.d.）。
　・イングランド：夏季休暇の終わりまでに 16 歳になる場合，6 月の最終金曜日に離学できる。その
　　後，18 歳まで次のうちのどれかを行わなければならない。カレッジなどでフルタイムの教育
　　を受ける／見習い生や訓練生になる／パートタイムの教育や訓練を受けながら，週 20 時間以上，
　　仕事かボランティアを行う。
　・スコットランド：3 月 1 日から 9 月 30 日の間に 16 歳になる場合，その年の 5 月 31 日以降に離
　　学できる。10 月 1 日から 2 月末日の間に 16 歳になる場合，その学年度のクリスマス休暇が始
　　まるときに離学できる。
　・ウェールズ：夏季休暇の終わりまでに 16 歳になる場合に限り，6 月の最終金曜日に離学できる。
　・北アイルランド：学年度（9 月 1 日から 7 月 1 日）の間に 16 歳になる場合，6 月 30 日以降に離
　　学できる。7 月 2 日から 8 月 31 日の間に 16 歳になる場合，次の年の 6 月 30 日になるまで離学
　　できない。
7) EU 加盟国は各国の統計情報を EU 統計局（Eurostat）に提出することが求められており，イギリ
　ス国家統計局（ONS）も労働力調査（LFS）のデータを提供している（標本抽出，4 半期ごとに作
　成）（Eurocultura et al. 2015：45）。教育及び訓練からの早期離学（Early Leaver from Education
　and Training：ELET）の算出方法については，Eurostat（2019）を参照。

ポイントまで差が拡大している。一方，EU をみると，外国生まれの早期離学率が20% 前後で推移しており，国内生まれと比べるとおよそ 10 ポイント程度の差があることがわかる。

　他の EU 諸国との比較において，イギリスにおけるこの状況は例外的である。多くの場合，移民やエスニック・マイノリティの背景をもつ生徒は教育上の不利益を被っており，その結果，早期離学のリスクが大きいからである。ただし，移民といっても新規入国者か，第二世代かによってもその状況は異なり，後者は前者よりも学校での成功を経験することが多い。また，エスニック集団によっても相違がみられ，イングランドの学校修了率のデータをみれば，中華系やインド系の生徒はアフリカ系カリブ人，パキスタン系，バングラデシュ系，ロマやトラベラーよりも成績がよい。イギリスのデータが示しているのは，もし移民やエスニック・マイノリティの背景をもつ生徒に適切な支援がなされれば，平均よりもよい成績を収めることができるということである（European Commission/EACEA/Eurydice/Cedefop 2014：39–40）[8]。

● 3-2　イギリスにおけるニートの現状

　イギリス国家統計局（ONS）が公表しているデータによると，イギリスでは 2019年 10 月から 12 月の間で 76 万 3,000 人の若者がニートであったと推計されている（イギリスの若者人口の 11.1%）。2018 年 10 月から 12 月と比較すると，2 万 6,000 人減少しており，割合としては 0.3% の減少である。ニートの若者のうち 39.6% は求職中であり，雇用に向けた準備状態にあるため，失業者（unemployed）として区分される。残りの若者は求職中ではないか，あるいは職に就くことができないため，経済的な活動をしていない（economically inactive）と区分される（Office for National Statistics 2020）。

　また表 4-3 に示すように，教育省（Department for Education：DfE）によるイングランドの年齢別のニートの割合をみると，16〜17 歳のニートの割合はここ数年増加傾向にあるものの，それでも 18〜24 歳のニートの割合の約 3 分の 1 となっている。この点について，2013 年からの教育及び訓練への参加年齢の段階的な引き上げが，16 歳から 17 歳のニートの減少に影響しているという指摘がみられる（Department

---

8）移民やエスニック・マイノリティへの教育的支援については，園山（2016）の第 5 章，第 11 章，第 15 章を参照。

表 4-3　イングランドにおける年齢別のニートの割合（2017〜2019 年，10〜12 月）
（Department for Education（2020：3, Table 1）を参照し，筆者作成）

学齢（8/31 時点）	2017 年 10〜12 月	2018 年 10〜12 月	2019 年 10〜12 月	2018 年から 2019 年への変化
16〜17 歳	3.6%	4.2%	4.5%	0.3 ポイント
16〜18 歳	6.2%	7.0%	7.5%	0.5 ポイント
16 歳	2.7%	4.8%	4.3%	-0.4 ポイント
17 歳	4.5%	3.6%	4.7%	1.1 ポイント
18 歳	11.1%	12.5%	13.1%	0.7 ポイント
18〜24 歳	12.9%	13.1%	13.0%	-0.1 ポイント
19〜24 歳	13.2%	13.2%	13.0%	-0.2 ポイント
16〜24 歳	11.0%	11.3%	11.3%	0.0 ポイント

for Education 2020：3）。その一方で，2012/2013 年度の入学生から年最大 9,000 ポンドまで学費を引き上げるという決定が，高等教育への進学者数を大幅に減少させるという否定的な影響をもたらした（Janmaat et al. 2015：466, 468）。

● 3-3　ニートのリスク要因

　ニートの背景にある要因として，以下の点が挙げられている。たとえば，家族が不利な立場や貧困状態にある，失業中の（両）親がいる，失業率が高い地域に居住している，エスニック・マイノリティ集団の一員である，慢性的な病気や障害，および／または特別な教育的ニーズをもっていることである（Coles et al. 2002：26）。その他にも，リスク要因として，以前に一度ニートになったことがある，妊娠・育児，少年少女非行対策チームの観察のもとにおかれている，薬物依存，ケアに携わっていることなどが挙げられている（Powell 2018：12）。

　また，家庭の背景，教育制度，労働市場，雇用者などの相互作用による機会構造（opportunity structure）に着目し，ニートになるリスク要因が実際の生活においてどのように機能しているのかについて質的調査を行った研究もある（Thompson 2017）。ニートのリスク要因は，社会・経済的に不利な状況にあることを示すさまざまな指標と結びついているという。たとえば，低い学業達成，社会経済的に不利な状況，保護者の状況（低い教育レベル，公営住宅での生活，ひとり親家庭），ジェンダー，保護を受けている（in care）ことなど，いくつかのリスク要因が存在するとニートになる可能性が高くなるという（Thompson 2017：751–752）。

4 イングランドにおける早期離学／ニートをめぐる政策的対応

これまで述べてきたように，イギリス（UK）においては政策上，早期離学ではなくニートがその中心的な論点となってきた。ここでは，イングランドを事例として早期離学との関連からニートへの政策的対応をみていきたい。

イングランドにおける若者政策はニートに焦点をあてている一方で，早期離学の削減については教育改革の目的として明示的に掲げられることはなく，また政策言説においてもめったに早期離学に言及されることはないという。ニートが政策上の焦点となる理由として，イギリスの政策言説において教育の役割が主として労働市場の観点から理解されていること，そして，労働市場における成果という観点から「問題のある若者」を定義する傾向にあることが指摘されている。しかし，早期離学の課題は無視されているわけではなく，異なる用語のもとで取り組まれている。特に，イングランドにおける教育及び訓練への参加年齢の引き上げが，早期離学の問題に取り組むための主要な政策と解釈することができるという（Timmerman & Willems 2014：23）[9]。ただし，イングランドにおける若者政策は，16歳から18歳という年齢層を主たる対象としていることに留意が必要である（Janmaat et al. 2015：466）。以下では，教育・訓練への参加を促す予算措置と参加年齢引き上げ政策に着目して整理する。

● 4-1 教育・訓練への参加を促す予算措置

ニートの減少に向けた取り組みは，継続的な就労のための支援や就労可能性の促進，就労のための助言など雇用に着目したものがみられるが，16歳以降の教育・訓練への参加にかかわる重要な取り組みとしては，① 2004年に導入された「教育維持手当（education maintenance allowance：EMA）」，及び，② 2007年から実施された「9月の学びの場を保証する（September Guarantee）」が挙げられる（Powell 2018：13-14, Maguire 2013：64, Nevala & Hawley 2011：80, 214, 253, 258）。

まず，①の「教育維持手当（EMA）」は低所得家庭の若者への財政支援を行い，後期中等教育の継続や到達度向上の意欲を向上させることをねらいとした（Janmaat et al. 2015：465）。2011年9月以降，この枠組みは「16歳から19歳のための奨学基

9）欧州連合理事会は早期離学への包括的な政策的対応として，予防（prevention），介入（intervention），補償（compensatory measures）を提案した。イングランドにおける参加年齢引き上げ政策は，予防措置に位置づく（Council of the European Union 2011：4-5）。

金（16 to 19 Bursary Fund）」に移行している。これは，16歳から19歳になるまでの若者に対して，義務教育終了後の16歳以降も教育を受けられるよう，図書費や交通費など教育関連の経費を支給するものである（Powell 2018：14）。また，②「9月の学びの場を保証する」は，まず16歳に対して実施され，2008年には17歳まで延長された。すべての16歳及び17歳の若者は，適切な教育や訓練の場の提供を受ける権利があるというものである。地方当局がこれらの機会を提供する義務を負っており，教育省がその取り組みをモニターしている（Powell 2018：14）。

● 4-2　参加年齢引き上げ政策

イングランドでは2013年9月から教育及び訓練への参加年齢引き上げ（Raising the Participation Age：RPA）政策が実施された。2007年3月に緑書『期待は高く―16歳以降の教育及び訓練の継続』（Department for Education and Skills 2007）が公表され，すべての若者が18歳の誕生日が来るまで教育あるいは訓練に参加すべきであるという提言がなされた。翌年に成立した「2008年教育とスキル法（Education and Skills Act 2008）」の第1部では，イングランドにおける教育あるいは訓練への参加の義務について規定されており，第1条において，第1部の適用範囲が次のように説明されている。

> 第1条　イングランドに居住する，次にあてはまる個人に適用される。（a）義務教育年齢ではなくなったが，（b）18歳に達しておらず，（c）レベル3の資格[10]を取得していない。

ここでいう参加は，フルタイムの教育に限られず，見習い生や訓練生，パートタイムの教育や訓練を受けながら，週20時間以上就労するか，あるいは週20時間以上ボランティア活動を行ってもよいとされている（GOV.UK 2015：Appendix 3）。

10）レベルは入門レベル1～3及び1～8まである。レベル3は大学入学資格であるGCE・Aレベル（General Certificate of Education, Advanced level）の資格取得等，レベル2は中等教育修了一般資格（GCSE）試験における9-4（A*-C）の成績評価等にあたる（レベル1はそれ以下の成績評価等）。なお2015年以降，イングランド及び北アイルランドでは，従来の「共通資格枠組み（National Qualifications Framework：NQF）」（1996年～），「資格単位枠組み（Qualifications and Credit Framework：QCF）」（2008年～）に代えて，「規定資格枠組み（Regulated Qualifications Framework：RQF）」が導入されている（Office of Qualifications and Examinations Regulation (Ofqual) and Council for the Curriculum, Examinations and Assessment（CCEA）2019）。

その後，2009 年から 2013 年にかけて 4 回にわたり試行的に事業が実施され，その結果，18 歳まで参加年齢を引き上げる際に地方当局が考慮すべき点として次の 6 点が指摘された。それは，①キーステージ 3（11〜14 歳）における支援の重要性，②ニートになるリスクを早期発見するシステムの開発及び学校教育段階におけるターゲットの把握，③若者の支援にあたるアドバイザーの人材育成・確保，④訓練を伴わない流動的な仕事に就く者への助言及び継続的なフォロー，⑤雇用者やボランティア組織，地域内の機関を含めた地域のパートナーとの関係構築，⑥実施計画も含めて 2013 年から 2015 年の実施を軌道に乗せるような方向性をもつことである（植田 2016：5-6）。

2012 年 7 月には，ガイドラインとして『参加年齢引き上げ（RPA）規則』（Department for Education 2012）が公表され，2013 年 9 月から参加年齢が 17 歳に引き上げられた。2014 年 9 月には『教育・雇用・訓練への若者の参加―地方当局のための法定ガイダンス』（Department for Education 2014）が公表された（植田 2016：7）。2015 年には参加年齢が 18 歳まで引き上げられ，2016 年 9 月には改訂版のガイダンス（Department for Education 2016）が公表されている。

近年のイングランドにおける教育あるいは訓練への参加状況は表 4-4 の通りである。フルタイムの教育への参加に着目すると，16〜18 歳の 2018 年末の参加は，前年より 0.8 ポイント上昇して 71.9％ となっている。これは，1994 年に統計を取り始めて以来，最も高い水準であるという。また，年齢間の差は大きいが，各年齢層に着目するとそれぞれ割合は前年に比べて高くなっている（Department for Education 2019b：4）。

以上，イングランドを事例として早期離学との関連からニートへの政策的対応を整理してきた。そのなかでも，教育及び訓練への参加年齢引き上げ（RPA）が，早期離学（ニート）の問題に取り組むための主要な政策とみなされていた。しかし，そ

表 4-4　イングランドにおける 16〜18 歳の教育あるいは訓練への参加

（Department for Education（2019b：4, Table A）を参照し，筆者作成）

	16 歳（%）		17 歳（%）		18 歳（%）		16〜18 歳（%）	
	2017年末	2018年末	2017年末	2018年末	2017年末	2018年末	2017年末	2018年末
フルタイムの教育	87.2	87.9	77.5	78.4	49.6	50.5	71.1	71.9
パートタイムの教育	3.0	3.0	3.2	3.0	4.9	4.5	3.7	3.5
見習い生	3.5	3.3	6.7	6.5	8.4	8.3	6.2	6.1
教育と見習い生	93.6	94.1	87.1	87.6	62.7	63.1	80.8	81.3
教育と訓練	96.0	96.1	91.5	91.9	71.0	71.1	85.9	86.1

れ以前からも16歳以降を対象とした予算措置がなされてきており，その土台のうえにRPA政策が導入されたと考えられる。また，16歳から17歳への対応が中心となっていることもイングランドにおける取り組みの1つの特徴といえるだろう。

5　若者の教育・訓練への参加を促すための支援

　教育及び訓練への参加年齢引き上げ（RPA）政策の実施に先立って，教育省の研究チームによる調査が行われ，その結果が報告書『16歳以降の学びへの参加―学校における効果的な実践』（DfE Effective Practice Team 2012）にまとめられた。

　この調査では，社会・経済的に不利な地域に位置している14校の中等教育学校における事例が検討された。これらの学校の取り組みに共通していたのは，関与（engagement）と包摂（inclusion）が実践を支える原則となっていたことである。また，すべての学校において生徒に高い期待が示され，16歳以降の進路についても高い目標をもたせることが優先事項となっていた（DfE Effective Practice Team 2012：3）。この調査を通じて，見出された9つの鍵となるアプローチは表4-5の通りである。

表4-5　9つの鍵となるアプローチ（DfE Effective Practice Team 2012：6–23）

1. 生徒を知るためにあらゆる方法・データを駆使する
2. 不利な状況におかれた生徒を早期に特定する
3. 関係する教員間でのコミュニケーションを促進する
4. 学習のための基盤を保障する
5. 移行に向けて困難な状況にある生徒を支援する
6. 生徒を学習に向かわせる
7. 仕事につながる移転可能スキルと選択による自立を促す
8. すべての機会において保護者の関与を促す
9. 進学や就職に向けての道標を示す

表4-6　早期離学後の教育への再統合

（Day et al. 2013：Annex Two：41–48；Nevala & Hawley 2011：Annex 6：297–344）

セカンド・チャンス教育の提供
・代替教育機関（Pupil Referral Units：PRUs）
ホリスティックな再統合のプログラム
・フェアブリッジ・センター（Fairbridge Centres） ・ラスボーン若者セクター（Rathbone Youth Sector Organisation） ・キッズ・カンパニー（Kids Company）等

学校における取り組みに加えて，早期離学後の教育への再統合の例として，表4-6のような機関・プログラムが挙げられる。

6　おわりに

　イギリスにおいては，EUとは異なるアプローチが採られており，早期離学よりもニートに政策上の力点が置かれ，その減少に向けた取り組みが行われてきた。本章で着目したイングランドでは2013年9月から教育及び訓練への参加年齢引き上げ（RPA）政策が実施されるなど，16歳から17歳に焦点を当てた取り組みが推進されてきた。一方で，18歳以降を対象とした取り組みは十分ではなく，ニートの割合は高いままである。

　イギリスにおいては早期離学ではなくニートに着目することによって，一定の教育水準の達成よりも，雇用や市場を意識した取り組みがなされてきた。ただし，ニートの「問題」は雇用や市場の状況によって作り出されるものであるという点に留意が必要である。仕事を得られるかどうかのみに着目するのではなく，若者に意味のある学びの機会を提供するという観点からのさらなる検討が必要である。

【引用・参考文献】
植田みどり（2016）.「イギリスにおける「離学年齢」引上げに関する政策の特徴」『国立教育政策研究所紀要』145, 59–71.
岡部善平（2016）.「イギリスにおける職業教育から高等教育への移行─職業教育の「アカデミック・ドリフト」か」『教育学研究』83(4), 448–460.
園山大祐［編］（2016）.『岐路に立つ移民教育─社会的包摂への挑戦』ナカニシヤ出版
古阪　肇（2014）.「英国独立学校と大学進学─「グレート・スクールズ」を中心に」『早稲田教育評論』28(1), 161–181.
Abusland, T. (2014). *Early Leaving from Vocational Education and Training: United Kingdom.* Cheltenham: UK NARIC, ECCTIS.
Council of the European Union. (2011). Council Recommendation of 28 June 2011 on Policies to Reduce Early School Leaving (2011/C 191/01). *Official Journal of the European Union,* 1.7.2011.
Coles, B., Hutton, S., Bradshaw, J., Craig, G., Godfrey, C., & Johnson, J. (2002). *Literature Review of the Costs of Being "Not in Education, Employment or Training" at Age 16-18.* London: Department for Education and Skills.
Day, L., Mozuraityte, N., Redgrave, K., & McCoshan, A. (2013). *Preventing Early School Leaving in Europe: Lessons Learned from Second Chance Education: Annex One: Case Study Compendium.* Luxembourg: European Commission.
Department for Education and Skills (2007). *Raising Expectations: Staying in Education and*

Training Post-16. Norwich: The Stationery Office.

Department for Education（2012）. *Raising the Participation Age（RPA）Regulations: Government Response to Consultation and Plans for Implementation*. London: Department for Education.

Department for Education（2014/2016）. *Participation of Young People in Education, Employment or Training: Statutory Guidance for Local Authorities*. London: Department for Education.

Department for Education（2019a）. *Destinations of Key Stage 4 and 16-18 Students, England, 2017/18*, London: Department for Education.

Department for Education（2019b）. *Participation in Education, Training and Employment by 16-18 Year Olds in England: End 2018*. London: Department for Education.

Department for Education（2020）. *NEET Statistics Annual Brief: 2019*. London: Department for Education.

DfE Effective Practice Team（2012）. *Participating in Learning Post-16: Effective Practice in Schools*. London: Department for Education.

Eurocultura, Mazowiecki Kurator Oświaty, Sysco Business Skills Academy, & Sysco Polska（2015）. *Early School Leaving Monitoring and Prevention Solutions: Monitoring systems*.

European Commission（2015）. *Education and Training Monitor 2015: United Kingdom*. Luxembourg: Publications Office of the European Union.

European Commission（2018）. *Education and Training Monitor 2018: United Kingdom*. Luxembourg: Publications Office of the European Union.

European Commission（2019）. *Education and Training Monitor 2019: United Kingdom*. Luxembourg: Publications Office of the European Union.

European Commission/EACEA/Eurydice/Cedefop（2014）. *Tackling Early Leaving from Education and Training in Europe: Strategies, Policies and Measures*（Eurydice and Cedefop Report）. Luxembourg: Publications Office of the European Union.

Eurostat（2019）. Glossary: Early Leaver from Education and Training. Statistics Explained. 〈https://ec.europa.eu/eurostat/statistics-explained/index.php?title=Glossary:Early_leaver_from_education_and_training〉（Last modified: 2019/01/15）（最終確認日：2020 年 5 月 1 日）

Eurostat（2020）. Early Leavers from Education and Training. 〈https://appsso.eurostat.ec.europa.eu/nui/show.do?dataset=edat_lfse_14&lang=en〉（Last Update：2020/04/21）（最終確認日：2020 年 5 月 1 日）

GOV.UK.（n.d.）. School Leaving Age. 〈https://www.gov.uk/know-when-you-can-leave-school〉（最終確認日：2020 年 5 月 1 日）

GOV.UK.（2015）. Policy Paper: 2010 to 2015 Government Policy: Young People. 〈https://www.gov.uk/government/publications/2010-to-2015-government-policy-young-people/2010-to-2015-government-policy-young-people#appendix-3-raising-the-participation-age〉（Updated: 2015/05/08）（最終確認日：2020 年 5 月 1 日）

HM Government（2014）. *Review of the Balance of Competences between the United Kingdom and the European Union: Education, Vocational Training and Youth*. London: HM Government.

Janmaat, J. G., Hoskins, B., & Franceschelli, M.（2015）. Early School Leavers and NEETs in the UK: Trends, Consequences and Policies. *Scuola Democratia*, 2/2015, 455–470.

Maguire, S.（2013）. Will Raising the Participation Age in England Solve the NEET Problem? *Research in Post-Compulsory Education*, 18（1–2）, 61–76.

Nevala, A.-M., & Hawley, J.（2011）. *Reducing Early School Leaving in the EU*. Brussels: European Parliament.

Office for National Statistics (2013). *UK Estimate of Young People Not in Education, Employment or Training*. London: Office for National Statistics.

Office for National Statistics (2020). Young People Not in Education, Employment or Training (NEET), UK: February 2020. 〈https://www.ons.gov.uk/employmentandlabourmarket/ peoplenotinwork/unemployment/bulletins/youngpeoplenotineducationemploymentortraining neet/february2020〉(Release date：2020/02/27)（最終確認日：2020 年 11 月 10 日)〉

Office of Qualifications and Examinations Regulation (Ofqual) and Council for the Curriculum, Examinations and Assessment (CCEA) (2019). *Referencing the Qualifications Frameworks of England and Northern Ireland to the European Qualifications Framework*. Coventry: Office of Qualifications and Examinations Regulation.

Powell, A. (2018). *NEET: Young People Not in Education, Employment or Training* (House of Commons Library Briefing Paper, SN 06705). London: House of Commons Library.

Thompson, R. (2017). Opportunity Structures and Educational Marginality: The Post-16 Transitions of Young People Outside Education and Employment. *Oxford Review of Education*, 43(6), 749–766.

Timmerman, C., & Willems, R. (2014). *Policies on Early School Leaving in Nine European Countries: A Comparative Analysis*. Belgium: Reducing Early School Leaving in Europe (RESL).

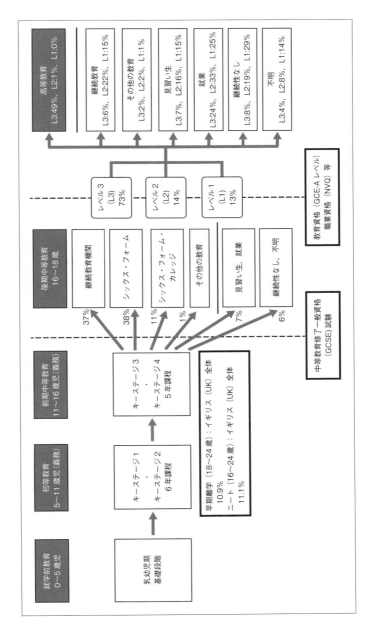

図　イングランド教育制度（パーセントは同一年齢に占める比率、2017/2018 年度）
(Department for Education (2019a). Eurostat (2020). Office for National Statistics (2020) より筆者作成)

第5章　フランスにおける早期離学対策の多様性とその課題

島埜内恵

1 はじめに

　フランスの早期離学率は減少傾向にあり，欧州連合（European Union：EU）が掲げる 10％目標を達成するなど，数値上は「優秀」な国の 1 つとして位置づく。国内の具体的な施策としても多岐にわたるものが用意されており，その網羅性も比較的高いといえる。最新の動向として，2019 年の新教育基本法では，それまで 6 歳以上 16 歳未満であった義務教育の開始年齢を 3 歳以上に引き下げることに加え，義務教育の対象を外れる 16 歳以上 18 歳未満の者に職業訓練を義務化するなど，その改革が進められている。

　本章では，フランスにおける早期離学対策の対象やその現状（第 2 節），早期離学対策に位置づく施策や取り組みをその変遷とともに整理し（第 3，4 節），今後の方向性やフランスの特徴を示したうえで（第 5 節），早期離学を「問題」と認識する前提を批判的に検討する（第 6 節）。

2 早期離学の現状

● 2-1 早期離学の定義

　フランスにおいて，早期離学，あるいは早期離学者に関する用語は，いくつか存在する[1]。より古くは「無資格離学（sorties sans qualification）」が使用されていたが，現在は，主として「早期離学（décrochage）」「早期離学者（décrocheurs）」が使用されている[2]。フランスにおいて 1990 年代以降使用されるようになったこの表現は，英語の「drop-out」の訳語としてケベックで使用されていたものである（Bernard

---

1）その整理や概要は，Charrière et Roger（2020：118–119）を参照。
2）関連する用語やその概念については，園山（2015：130–131）を参照。

2015：35)。早期離学者には,「普通バカロレア,あるいは教育水準分類の第Ⅴ,あるいは第Ⅳ水準[3]に位置づく職業免状(職業適格証,職業教育免状,職業教育上級証書[4]など)相当の資格水準に到達しないまま初期教育(formation initiale)制度[5]を離れている,職業教育課程に登録されている 15 歳以上の若者」(Charrière et Roger 2020：118)が該当する。また,EU への報告は,「学校教育を離れた若者で,低い学業水準にあり,教育を受けていない者」となり,フランスにおいては,「CAP,BEP,それ以上の免状をもたず,また直近 4 週間で職業教育を受けていない,18 歳から 24 歳の者」である「早期に離れる者(sortants précoces)」の数が報告されている。

　これらの定義からも窺えるように,対象を定義する基準として,資格や免状の水準が重要となる。資格社会ともいわれるフランスにおいては,「学校教育において修了した課程の水準に沿って職業資格がレベル分けされ,その保有する資格が労働者のキャリア形成を決定づけることになる。すなわち,学校教育の修了年次によって取得できる学位や職業に関する職業資格のレベル分けが明確になっており,その水準に応じて就職(再就職)可能性を決定づけることになる」(労働政策研究・研修機構 2017：79)。職業資格の取得は労働市場への参入のために非常に重要な意味をもち,それを取得することなしに学校教育制度を離れることは,労働市場への参入に困難を生じさせる可能性が非常に高いことを意味する。

● 2-2　早期離学者の数[6]

　2019 年現在,フランスの 18 歳から 24 歳の早期離学率は 8.2% である。おおむね減少傾向にあり,10% 以下という EU の目標値は,2013 年に達成している。男女間では,女性(6.9%)に比して男性(9.6%)の方が早期離学の割合が高い。また,フラ

---

3) 職業能力水準として,第Ⅵ水準から第Ⅰ水準まであり,数字が小さくなるごとに水準が上昇する。詳細は,労働政策研究・研修機構(2017：87)などを参照。

4)「職業適格証(Certificat d'aptitude professionnelle：CAP)」は,中等教育水準の職業教育を修了したことを示す資格である。「職業教育免状(Brevet d'études professionnelles：BEP)」は,職業教育を修了したことを示す中等教育水準の資格であり,CAP がより具体的な職種に紐づいたものであるのに対して,BEP は「1 つの職業領域内の複数の職務活動あるいは複数の職業領域に共通する機能への十分な技能的・一般的能力」に関するものである。CAP と BEP は,いずれも第Ⅴ水準となる。「職業教育上級証書(Brevet professionnel：BP)は,「熟練労働者資格の一種で,就業中の労働者の昇進を促すための資格」であり,第Ⅳ水準となる。以上の説明部分については,労働政策研究・研修機構(2017：88-90)を参照した。

5) 小学校,中学校,高校段階の学校教育での教育を指し,ここでは高校段階が想定されているといえる。

6) INSEE(2020)を参照。

ンス生まれの者（8.4%）と外国生まれの者（15.0%）との間では，倍近くの差がみられる（European Commission 2019：99）。ただし，「同一社会背景においては，移民の出自をもつことはなんらリスクを高めるものではない」（園山 2015：134）。この早期離学率は，都市部と農村部，本土と海外県・海外領土等，地域間でも差がみられる。

3 早期離学に関する政策の変遷 [7)]

　フランスでは教育義務制をとっており，多くが学校で教育を受けるものの，ホームスクーリングも認められている。1959 年の教育改革により，義務教育年限が 2 年延長され，6 歳以上 16 歳未満の 10 年間が義務教育期間となった。若者の労働市場への参入に向けてもさまざまな改革が進められてきており，たとえば 1989 年教育法 [8)] 第 3 条では，「今後 10 年間で，同一年齢人口のすべての者を最低 CAP，あるいは BEP の水準に，また同一年齢人口の 80％をバカロレア水準に到達させること」という数値目標が示された。また，2013 年教育法 [9)] 第 14 条および同法の付属報告書では，早期離学率の高さに対する問題意識とともに，免状や第 V 水準の職業に関する資格取得の必要性が示されている。

　1980 年代以降，無資格で教育訓練機関を離れる状況がより進行した。この間，特に若者の間で失業率が上昇しており，15 歳から 24 歳の者の失業率は，1980 年の10％から 2015 年の 25％へと，15 ポイントの上昇がみられた。

　フランスの早期離学対策の起点となった報告書に，1981 年の『若者の職業・社会参入』がある。本報告書では，その方策について，16 歳から 18 歳までのすべての若者に対する職業・社会資格の保障（第 1 章），参入プロセスへの国民役務（service national）の統合（第 2 章），18 歳から 21 歳の若者が経済・社会活動にアクセスする機会の補強（第 3 章），若者による都市の生活への参加と新たな生活環境の創出（第 4 章）などが示されている（Schwartz 1981：35-123）。本報告書はその後，雇用から遠ざかっている 16 歳から 26 歳の若者への総合的方策として，若者の支援を行う地域の組織であるミッション・ローカルや，のちにミッション・ローカルに統合される「受け入れ・情報・進路窓口（Permanences d'Accueil, d' Information et d'Orientation：

---

7) 本節において，特に注釈や出典のない場合は Charrière et Roger（2020：19-20）を参照している。
8) Loi d'orientation sur l'éducation n° 89-486 du 10 juillet 1989.
9) Loi n° 2013-595 du 8 juillet 2013 d'orientation et de programmation pour la refondation de l'école de la République.

PAIO）」の設置につながった。また，国民教育省[10]は1986年に，「若者の参入措置（Disoisitif d'Insertion des Jeunes）」を設置している。これらがフランスにおける具体的な早期離学対策の始まりとなる。

　その後，1990年代には，EUでのこの問題への注目とともに早期離学対策が進行し，さまざまな受け入れの場や相談の場が設置されることとなる。それと同時に，早期離学者の把握についても取り組みが進められ，プラットフォームや省庁間連携システム等の設置，充実が図られている。

　フランスにおける近年の動向として重要なのは，2019年の新教育基本法「信頼ある学校のための法（2019年7月26日付第2019-791号）」[11]である。同法第11条では，これまで「6歳以上16歳未満」とされていた義務教育[12]を，「3歳以上16歳未満」と改めた（☞88頁，学校系統図）。本法の目玉となるこの改革とともに第15条で提示されたのが，義務教育年限以上にあたる16歳から18歳の者への教育・訓練（formation）の義務化である。この義務化は2020年度9月以降，2004年度入学者で，2020年度に16歳になる者より適用となった[13]。連帯・保健省[14]による特設ウェブページにおいては，この義務化は「貧困への予防」であり，「教育・訓練制度における最も脆弱な若者を決して生み出さないため」のものとして位置づけられている。そこでは，「2020年度からは，どの若者も，学業，雇用，職業訓練のいずれの状況にもない，ということはない」というメッセージが示されている（Ministère des Solidarités et de la Santé 2019）。

　この教育・訓練の義務化に関して中心的な役割を担うのは，フランスにおける早期離学対策の起点の1つとして上述した，「ミッション・ローカル（Missions Locales：ML）」[15]である。ミッション・ローカルは，「16歳から25歳までのすべ

---

10) 現在の正式名称は，「国民教育・青少年・スポーツ省（Ministère de l'Éducation nationale, de la Jeunesse et des Sports：MEN）」である。日本の文部科学省に相当する。

11) La loi n° 2019-791 du 26 juillet 2019 pour une école de la confiance.

12) 「6歳以上16歳未満」は，小学校入学以降，高校1年生までに相当する。しかしながら，フランスにおいては学校段階ではなく年齢で義務教育を設定し，かつ「原級留置（redoublement）」や「飛び級（saut）」が認められている。これらのことから，同一年齢の者が同一学年にいるとは限らず，何歳でどの学年にいるかは人によって異なる。

13) Décret n° 2020-978 du 5 août 2020 relatif à l'obligation de formation des jeunes de seize à dix-huit ans.

14) 「連帯，社会的結束，公衆衛生，健康関連の制度」等がその管轄領域となる（Ministère des Solidarités et de la Santé 2015）。

15) ミッション・ローカルについては，労働省によるウェブページを参照した（Ministère de Travail 2020）。

ての若者に対して，職業や社会への参入を妨げる困難を乗り越えることを可能とする」ための組織であり，上述の報告書を背景として1982年に設置された。それぞれの地方自治体において，2017年現在で439施設が設置されており，年間約130万人の若者が利用しているという（Délégué Ministériel aux Missions Locales 2019：104–106)。「雇用，訓練，進路，移動，住居，健康，文化や余暇へのアクセス」などについて相談を受けたり助言をしたりするなどの支援業務を中心とし，企業や雇用に関する情報の提供や情報収集の補助，メールの書き方支援，履歴書の添削等，その支援は細部に及ぶ。

　雇用されておらず職業教育・訓練も受けていない者の数は，15歳1万6,000人，16歳2万3,000人，17歳3万6,000人，18歳6万7,000人となる[16]。新教育基本法における教育・訓練の義務化は，義務教育該当年齢以上の個人への保障を意味し，義務教育の実質的延長とも捉えられる。このような制度整備からは，この領域での政策や取り組みをさらに推し進めようという姿勢が窺える。

4　多岐にわたる対策 [17]

　フランスの早期離学対策には，さまざまなものがある。「予防・介入・補償」の枠組みに関して，早期離学者の対象年齢となる18歳から24歳を対象とした対策では介入と補償が，それより前の段階での対策では予防が中心となる。以下では，早期離学者の対象年齢以前と対象年齢とに分け，それぞれの対象への取り組みを示す。

● 4-1　早期離学者の対象年齢以前への対策：予防

　「早期離学予備軍」となることを防ぐためには，早い段階から学校や学びに親近感をもたせること，あるいは拒否感を取り除くことが重要となる。早期離学につながりうる事象として「原級留置（redoublement）」とともに着目されるのは，いわゆる不登校にあたる「欠席（absentéisme）」[18]である。2017-2018年度の中等教育段階の公立学校における欠席率は，5.6%である。より詳細にみると，中学校3.8%，普通高校と技術高校で6.8%であるのに対して，職業高校ではその割合が18.3%と3倍

16）年齢別人口は，15歳84万5,000人，16歳86万人，17歳81万8,000人，18歳80万8,000人である。数値はいずれもCharrière et Roger（2020：122）を参照。
17）本節で取り上げる施策や取り組みは，ディジョン大学区のウェブページに掲載されているものをベースとしている（Académie de Dijon n.d.）。

近くとなる[19]。欠席対策で重要となるのは，「学習を再開させるための各児童生徒の状況の理解」と「児童生徒の進路への付き添い」とされ，特に後者は「予防」の観点からも重要となる。早期離学者の対象年齢以前の「予防」を見据えた具体的な取り組みを，①個別の学習支援と②受け入れ措置に分けて以下に示す。

①個別の学習支援

　フランスの学校では，学習に遅れのみられる児童生徒を中心に，学校のなかで個別の学習支援が行われている。その中心となるのが，「教育成功個別プログラム（Programme Personnalisé de Réussite Éducative：PPRE）」である。フランスでは，義務教育修了時にすべての生徒が身につけることが求められる教育内容が「共通基礎（socle commun）」[20] として設定されており，その習得に困難のある者を対象に行われる個別指導が本プログラムである。対象となる児童生徒の学級担任や教科担当の教師が実施し，年間を通してその必要性が生じた際に行われる。より集中的な学習支援としては，小中接続に関わる小学校第4，5学年や，中学校第1学年を対象としたものがある。前者を対象としたものとしては，春季休暇や年度終了直前の7月の第1週，あるいは年度開始前の夏季休暇の最終週等に1週間行われる，フランス語と算数を中心とした学習支援がある（MEN 2020c）。

　国民教育省が運用する，教育施策や教育関連情報の提供を行うウェブサイト「éduscol」[21] では，このプログラムについて，児童生徒，教師，および保護者の三者それぞれにとってのプログラムの目的が，各5項目，計15項目示されている。そこには，「離学することを回避する」（児童生徒），「児童生徒の欠席と離学を予防する」（教師），「子どもの原級留置を回避する」（保護者）とあり（MEN 2020b），「教育成功個別プログラム」が，早期離学への予防における重要な取り組みとして位置づくことが窺える。

---

18) 算出の基準となるのは「半日（demi-journées）」であり，カウントされるのは，「1か月のうち少なくとも4半日以上の正当な理由のない欠席」である。また，「重大な欠席（absentéisme lourd）」や「出席の欠如の持続（persistance du défaut d'assiduité）」とみなされるのは，10回の半日の欠席である。これ以降の欠席率も含め，DEPP-MEN（2019a）を参照した。

19) フランスの高校は，普通高校，技術高校，職業高校にわかれており，中等教育段階修了と大学入学資格を兼ねる国家資格であるバカロレアも，普通バカロレア，技術バカロレア，職業バカロレアにわかれている。

20) 個別プログラムと共通基礎は，2005年の教育法で同時に規定された。

21) 〈https://eduscol.education.fr/〉（最終確認日：2020年11月6日）

②受け入れ措置

普通職業適応教育科 (Sections d'Enseignement Général et Professionnel Adapté : SEGPA) [22]　①の個別支援は，学校で行われるより一般的な措置といえ，早期離学につながるリスクとみなされる学業困難への対応となる。同じ学業困難について，予防策や支援，援助等を講じることのできない，甚大かつ継続的な状況にある生徒を対象として中学校に付設されているのが，「普通職業適応教育科」である。これは，「適応教育 (enseignement adapté)」とされ，共通基礎の習得とともに，職業能力水準の第Ⅴ水準を目指した職業教育が行われる。その教育においては，「包摂 (inclusion)」が重要視され，同じ学校内での活動における生徒間の交流や通常授業への部分的な参加等が求められている。

復帰準備中継措置 (Dispositifs Relais) [23]　学校生活への困難（しばしば学業困難を伴う）により着目した措置として，「復帰準備中継措置」がある。この措置は，理由のない欠席や振る舞いに問題がある，学業から離脱する危険性のある生徒等を対象とする。義務教育段階にある生徒の学校や社会での周縁化を防ぎ，無資格での，あるいは早期での離学を減らすことが目指されるとともに不登校対策の一環でもある。主として一部の中学校の一角に設置され，例外的ではあるが寄宿制を採る場合もある。この措置で受け入れる生徒数は最大12名とし，障害のある者，フランス語を第一言語としない者，および適応教育の対象となる者を受け入れる措置ではない。共通基礎の習得に向けた教育とともに，学校や社会生活で求められる一般的な規則の獲得に向けた教育が，少人数のグループで行われる。期間は生徒によって数週間から数か月と幅があるが，いずれの場合も，あくまで一時的な措置であり，物理的にも制度的にも孤立することは避けられるべきことが強調される。ここで過ごしたのち，もともとの在籍校やその他のより適当とみられる学校に「復帰」するが，そこで終わるのではなく，この措置を経由して復帰していった生徒が，その後どのように過ごしているかを定期的に調査することで，離学につながらないよう工夫がなされている。

22）MENESR-DGESCO A1-3（2015）を参照。
23）MEN（2014）を参照。

● 4-2　早期離学者への対策：介入，補償

　続いて，早期離学者を対象とした対策では，まずそれが「複雑な現象」であり，かつ早期離学にいたるまでには「多様な要因」があることを理解することが必要とされる（Académie de Dijon n.d.）。この点を踏まえたうえで，①実際に生徒や離学者を受け入れて教育や職業訓練を行う教育・訓練機関や活動，②早期離学に関する相談や支援等を担う窓口，③早期離学対策に欠かせない情報収集・共有システム，および④①～③を包括的に含むネットワークの4つにわけて，具体的な施策や取り組みについて示す。

①教育・職業訓練機関や活動 [24]

　まずは，早期離学者を対象とした教育・訓練機関である。

セカンド・チャンス・スクール（Écoles de la Deuxième Chance：E2C）[25]
職業資格や免状を取得することなく教育制度から数か月以上離れている16歳から25歳の若者を対象としている。フランス全土に133校設置されており，生徒数は，2004年の約1,500人から2019年の約1万5,000人へと，15年で約10倍となっている。若者の労働市場への参入を第一の目的とした学校で，4か月から18か月の間で在籍し（平均在籍期間は6.1か月），個人の置かれた環境や事情等に合わせて個別化された教育が行われている。校内での座学と企業研修とを交えて実施するなど，就職や職業資格取得に向けた，より実質的な支援が行われる。

ミクロ・リセ（Micro Lycées）　　「リセ」は高校を意味する。その名の通り小規模の高校であり，生徒数は20名から100名程度である。少なくとも6か月以上高校から離れており，高校に籍のない25歳までの者を対象としている。セカンド・チャンス・スクールが具体的な職業教育によって労働市場への参入を目指すのに対して，ミクロ・リセは主としてバカロレアの取得を目的としており，勉学への意欲が

---

24) 上述のディジョン大学区のウェブページ（Académie de Dijon n.d.）に加え，ONISEP のウェブページに掲載されている施策や取り組みを総合して取り上げている（ONISEP 2020）。それぞれの説明については上述の2つのウェブページ以外にも参照している場合は，各項目に参照したウェブページや資料等の出典を示している。

25) Réseau E2C France のウェブサイト〈https://reseau-e2c.fr/〉を参照した。また，関係する法令が以下にまとめて掲載されている。〈https://reseau-e2c.com/wp-content/uploads/2017/04/Textes-de-lois-1.pdf.〉（最終確認日：2020年11月6日）

あることが重要となる。普通，技術，職業バカロレアのうち，どのバカロレア取得を目指せるかは各ミクロ・リセによって異なり，1年，ないし2年でバカロレア取得に照準を合わせて準備を行う。各生徒に合わせた時間割や教育計画によって教育が行われる。

リセ・ド・ラ・ヌーベル・シャンス（Lycées de la Nouvelle Chance：LNC）

「新しい機会の高校」を意味し，全国に9校設置されている。少なくとも1年以上学校から離れている求職中の18歳から26歳までの者，少なくとも6か月以上学校から離れている復学を希望する17歳から24歳の者など，その受け入れの基準は各学校で異なっている。教育内容も多様であり，職業，技術，普通バカロレアのいずれかに向けた準備をしながら将来の職業計画を作成し，1週間のうち3日間の学校での座学と2日間の企業での実習を組み合わせた教育が行われている。

以上の3機関以外にも，たとえばパリ大学区の「革新的高校（Pôle Innovant Lycéen：PIL，2000年設置）」や，グルノーブル大学区の「すべての者のためのエリート中学・高校（Collège-Lycée Élitaire Pour Tous：CLEPT，2000年設置）」等，全国に多様な学校が存在している。

以上に示してきた教育・訓練機関は，いずれも「学業復帰機関（Structure Publique de Retour à l'École：SRE）」に位置づく。これらの学校は，教育制度の革新を目的として国民教育省が2000年に設置した「学業達成と革新委員会（Conseil National de l'Innovation pour la Réussite Scolaire：CNIRS）」を契機として，全国的に設置されていくこととなった[26]。共通するのはいずれも，「学校」という枠組みや形態は採用しながらもこれまでの伝統的な学校観にとらわれることなく，カリキュラムや時間割，企業での実習等を柔軟に設定し，早期離学に至った各自の理由や背景等をふまえたより個別化された教育を行い，革新的な教授法や形態を導入するなどしている点であるといえる。

以上の教育・訓練機関とは性質の異なる活動が，以下の2つである。

雇用参入のための機関（Établissement Pour l'Insertion Dans l'Emploi：EPIDE）

防衛省が管轄するものであり，職業資格もなく，雇用されてもおらず，学業に困難を

26）詳細は，園山（2020：116）を参照。

もつ18歳から26歳までの若者を受け入れている。期間は8か月から10か月で，寄宿制で共同生活における日常的な仕事を行い，その間手当を受ける。「職業資格がない」「雇用がない」という事実だけではなく，家族の分離や機能不全，教師との関係構築の困難，就職時の差別等の，「社会的な結びつきの欠如」（EPIDE n.d.）に困難をもつというその背景にも目が向けられている。具体的な活動内容は，①基本的な身なり，②市民性や振る舞いに関する教育，③雇用促進に向けた地域企業との協議による職業教育の3点に集約され，社会のルールを守る，他者を尊重する等，社会のなかで生きていくための基本的な事項を集中的に身につけるための活動といえる。

海外県・海外領土での軍隊奉仕活動（Service Militaire Adapté en outre-mer：SMA）
海外県や海外領土において，職業資格をもっていないか低い水準のものであるなどにより労働市場への参入が難しい18歳から26歳の者を対象とする。活動は6か月から1年の間で行われ，上記の「雇用参入のための機関」と同様に，寄宿制で手当を受ける。市民性教育，救護，学校で学ぶ一般的な教育内容，および職業訓練の4分野を含み，最後は修了証書が授与される。これと同主旨のフランス本土版に，「自発的軍隊奉仕活動（Service Militaire Volontaire：SMV）」がある。

②相談や情報提供の窓口

　①で示したのは，対象となる者に対して教育や職業訓練を行うという，より直接的な対策である。一方，①へのアクセスを支えるものとしてより間接的な対策に位置づくのが，以下の相談業務や情報提供等の支援窓口である。

ミッション・ローカル（上述）
早期離学対策窓口（Mission de Lutte contre le Décrochage Scolaire：MLDS）[27]
　上述した1986年設置の「若者の参入措置」をその前身とする「早期離学対策窓口」は，早期離学の対策や防止に関する相談窓口であり，早期離学の予防，免状や資格への取得促進，および進路に安心感を与えることへの貢献を主たる目的としている。活動には2つの軸がある。1つは予防的観点であり，意欲のなさや欠席等，早期離学につながりうる事象を把握し，それらの解消に向けた支援をすることである。もう1つは改善的観点であり，さまざまな組織や情報機関と連携しながら，教育・訓

27）リール大学のウェブページを参照（Académie de Lille n.d.）。

練機関や雇用の獲得へとつながるよう支援することである。

③多様なデータの把握と情報交換
　①で示した教育・訓練機関や活動と②で示した支援窓口をより有益に運用し，早期離学者をよりよい進路や労働市場への参入へと導くためにフランスが力を入れているのが，情報の収集・管理・活用である。早期離学対策の一環として，以下に示すようにデータの収集や情報の交換・共有のためのシステムが構築されている。

省庁間情報交換システム（Système Interministériel d'Échanges d'Informations：SIEI）　2011年，「省庁間情報交換システム」によって，資格なしに教育システムを離れる若者を，国家レベルで把握・識別することが可能となった。各教育機関，「見習い職業訓練センター（centre de formation d'apprentis：CFA）」，およびミッション・ローカル等のデータベースを基に基礎的な情報を収集し，省庁間での情報交換を行っている。このシステムによって，どの学校教育・訓練課程にも属さず，それ以外の機関やコースの対象からも漏れ，またミッション・ローカルによる支援対象ともなっていない可能性のある早期離学者，すなわちあらゆる支援の網から漏れ落ちてしまっている者のリストが作成される。このリストは，年に2回，④で示す「早期離学者への調査・支援プラットフォーム」の代表者あてに共有されることで，かれらを支援につなぐことが目指されている。

④ネットワーク
　以上の①～③を包括するものとして，以下のネットワークがある。

教育訓練・資格・雇用ネットワーク（Réseau Formation Qualification Emploi：FOQUALE）[28]　②で示した「早期離学対策窓口」は，「教育訓練・資格・雇用ネットワーク」という枠組みの一部として位置づいている。このネットワークは，さまざまな機関や施設，窓口等のつながりを保つこと，雇用を保障するために，各個人のニーズに応え，また各地域における雇用状況等を加味した教育や職業訓練に関する解決策を提案すること等を目的としたものである。2013年以降は，欠席や早期離学の割合が高い，あるいはその危険性の高い中等教育段階の学校内にも設置され，

28）MEN-DGESCO A1-4（2013）を参照。

その対策として教師や教育チーム，カウンセラー等を結集したり，生徒が学校教育の場に戻るのを促進したりしている。

　具体的には，次に示す「早期離学者への調査・支援プラットフォーム」での個別連絡を通して，進路面や心理面のカウンセラーや「早期離学対策窓口」の職員によって，対象者のニーズや能力，学業水準等を盛り込んだ文書が作成される。その後，革新的なタイプの教育機関や「見習い職業訓練センター」等の，教育や職業訓練の場に戻るための解決策が提案される。場合によっては，国民教育省以外の管轄となる措置や社会団体との連携等が提案されることもある。その後，国民教育省管轄のチューターが教育・訓練期間中に対象者を支援するとともに，状況が確認される。対象者とその家族，およびチューターとの間で「教育訓練・資格・雇用」契約が結ばれ，この契約によって教育・訓練への復帰に向けて実際に動き始めることとなる。

早期離学者への調査・支援プラットフォーム（Plates-Formes de Suivi et d'Appui aux Jeunes Décrocheurs：PSAD）　　資格をもたず，雇用されていない16歳から18歳までの若者を追跡する義務が行政当局には課されており，職業訓練や雇用獲得へ向けた参入，支援システムの外にかれらを置くことはできない。このプラットフォームは，それらの支援に向けた関係施設の連携を促しながら，教育・訓練等の方策や労働市場への参入等を提案するために構築されている。プラットフォームを構成する組織は大小合わせて360にも及び，上記に示してきた教育・訓練機関や窓口，地方自治体等もそこに位置づく。

5　早期離学対策の今後の方向性とその特徴

● 5-1　今後の方向性

　2019年法によって義務化された教育・訓練に関する報告書『16歳から18歳までの義務教育・訓練―形式的な権利から実質的な権利へ』では，30の勧告が示されており，さらにそのうちの10が重点勧告とされる（Charrière et Roger 2020：8-11）。そこでは，「教育訓練・資格・雇用ネットワーク」（第4節2項④）とミッション・ローカル（第4節2項②）との「共同の土台」の構築や「早期離学者への調査・支援プラットフォーム」（第4節2項④）のより効率的な利用，「学業復帰機関」（第4節2項①）等の枠組みを活用しながらの16歳から18歳の若者の組織的受け入れの拡大等，すでにある資源をより有効に活用していこうという方向性がみられる。それ以外に

も，ミッション・ローカルに対する直接的な資金提供や若者への現物での支援に充てられる「16歳から18歳の夢基金」の実施や，地域での若者にまつわる連携体制を強化するための新たな決定機関として，首長や各地方自治体間の代表者への交付金の設定を目的とした「若者のための地域委員会（Comité Local pour la Jeunesse：CLJ）」の設置等が推奨されている。

　以上に示してきたさまざまな施策や取り組み等について，その有効活用や質の担保を図るうえで重要となるのは，個の尊重と連携の2点であると考えられる。

● 5-2　個の尊重

　離学の背景や理由，離学の時期，離学する／したことに対する受け止め方等は多様である。早期離学者が早期離学者となったことの背景や理由がそれぞれ異なること，1つではなくいくつかの要因が絡み合っての結果としての早期離学という事象であること等を，関係者は意識しておく必要がある。早期離学の理由や背景として「学業失敗（échec scolaire），不測の事態，奪われた進路」（Charrière et Roger 2020：25）が予想され，離学者本人の意思だけでなく，家族の意思や置かれた状況等も関わってくる。

　この点をふまえると，それぞれの原因，現在の状況や学業状況，および将来像等を組み合わせ，それに合った対策が必要となる。その意味では，「学業復帰機関」として示したいくつかの教育機関は，個人にあったカリキュラムや時間割の作成，生徒―教師関係等に関して，それを可能とするような方向性をもっているといえる。また，「早期離学者への調査・支援プラットフォーム」や「省庁間情報交換システム」（第4節2項④，③）は個別の状況の把握を可能とし，進路や職業，資格等の多様な情報を得られる環境が整っている。このことで，無数の組み合わせの可能性があるそれぞれのニーズに適した支援体制が可能となっていると考えられる。

　多岐にわたる対策や取り組みのどれが最適なのかを見極め，将来を見通したうえでそれぞれのケースに合わせてカスタマイズして実施していくことが重要となり，そのためには，困難を抱えている早期離学者の存在と個別のニーズの把握が早期離学対策の出発点となる。その把握のためのスキルや各対策や取り組みに関する知識，早期離学への意識を支援者や教師が高めておく必要がある。

● 5-3　連　　携

　この個を尊重した支援を目指すために重要となるのが，連携である。連携には，

人と人，人と組織，人とネットワーク，組織とネットワーク等，さまざまな形態が想定される。いつ，誰が，どの機関が，どの情報が必要になるかは，早期離学の支援対象者を目の前にして初めて確定することのできるものであり，その支援の質の向上には日ごろからの密な連携が必要となる。各機関や組織，ネットワーク等がそれぞれただ設置されて存在するのでは十分ではなく，相互連携，相互参照が可能な状態で存立していること，そして個別のニーズに合わせてさまざまな関係者，機関，システム，ネットワーク等の多様な資源を十分に活用できることが重要となる。

　その1つとして，「省庁間情報交換システム」（第4節2項③）に代表されるような省庁間連携は象徴的である。本章の執筆にあたっても，国民教育省だけでなく，労働省，連帯・保健省，および防衛省による情報を参照してきたように，早期離学という事象は教育の領域にとどまるものではない。労働や貧困，健康，社会保障等のさまざまな領域にまたがるものであることを考えると，いわゆる縦割り行政を越え，早期離学に立ち向かうために省庁の枠を超えた連携は必須となろう。

6　早期離学を「問題」とみなす前提の問い直し

　以上みてきたように，フランスにおける早期離学対策は，教育・職業訓練に加えてその支援体制や情報システム，ネットワークにいたるまで多岐にわたるものであり，その多様性はフランスの特長であるとともに，一定程度評価できる。一方で，対策は多様に用意されてはいるものの，資格取得へと，そしてそれに欠かせない学校教育や職業教育・訓練へと戻る回路として設定されているといえる。それは離学を「問題」として把握するものであり，それが「問題」であるがゆえに「対策」が上記のようなかたちで導かれることとなる。

　フランスの学校教育の領域においては，「学業失敗」という言葉で問題が把握，認識されるのと同時に，学校，ひいては社会での「成功」が目標として設定される。それは，労働市場それ自体が資格や免状等を基準に設計され，それらの取得と教育制度や学校との親和性が非常に高い社会であり，その内部には，教育制度や学校から離れることが，そのまま労働市場への参入を困難にしている現実がある。それは，学校教育の内容や方法，評価の基準や方法がその子どもに合わなかっただけかもしれないことを，それ以上の意味があるように受け取ってしまう，あるいはそれ以上の意味を付与してしまう教育制度や社会であるといえる。

　たしかに学業の，あるいは学校での成功はその後の将来を安定化させうるといえ

るが，それがすべてではないはずである。学校教育内で学業に「失敗」したとしても，それがすべてではないという視野を確保し，かつそこを切り分けて考えられるような余地を残しておくことが重要なのではないか。それはすなわち，教育制度や学校，および学校的なもの（教師，学力，評価等）から距離をとることが，そのまま労働市場からも距離をとることを意味しない制度や社会である。本来的には「離学」という事象だけではそれが即座に「問題」であるとは判断できないはずであるが，現実においては，教育制度を離れたということ，それ自体が何らかの，多くの場合否定的なメッセージを発していることに，自覚的になる必要がある。

その際重要となるのは，資格が労働市場への参入や社会生活における基準となる社会，それ自体の問い直しである。資格で評価することに慣れてきた社会，すなわち資格以外の基準による個人の評価や受容の術をもたない社会で，資格取得というかたちでは発揮されない子どもや若者の資質や能力をどのように評価していけるのか。資格（取得のための学習）に回収されない学力や能力はないのか，あるとしたらどのようなものなのか。それらを評価したり認めたりするには何が必要で，それができない学校や社会の方に問題があるのではないか。このような問いを持ち合わせておくこともまた必要となろう。これは，資格を取得できない者，労働市場への参入が困難である者を問題視したりかれらの側に責任を負わせたりするのではなく，そうさせてしまった社会や制度の方を問い返していく視点である。早期離学対策の学術的検討の射程として，早期離学者を対象とした検討に加えて，早期離学が「問題」となりうる社会の方を変革する視点も同時にもっておくことが重要である。

とはいえ，現実的には資格社会である現実と折り合いをつけながら，社会に参入，参画していく方向性を模索することも必要となる。早期離学の領域では，問題としての「離脱（décrochage）」と，改善の方向性や目標としての「復帰（raccrochage）」が対となって示されることも多い。忘れてはならないのは，離脱－復帰の二項対立ではないということ，あるいは二項対立であったとしても，その「復帰」の内実が多様に設定されている必要があるということであり，さらに，それを当事者が自身の状況や希望に合わせて選択できることが重要となろう。

---

29) Le Monde, Aides financières et contrats d'insertion: le détail du plan jeunes de 6,5 milliards d'euros. 〈https://www.lemonde.fr/politique/article/2020/07/23/plan-pour-les-jeunes-jean-castex-annonce-une-enveloppe-globale-de-6-5-milliards-d-euros-sur-deux-ans_6047076_823448.html〉（最終確認日：2020 年 11 月 6 日）

7 おわりに

　以上，フランスの早期離学対策を整理・検討してきたが，最後に，COVID-19（新型コロナウィルス感染症）下での早期離学対策について触れておきたい。

　フランスでは 2020 年 10 月 30 日より二度目の外出制限措置が敷かれたが，2020年 3 月 17 日からの一度目とは異なり，学校は開講している（大学は原則として遠隔開講）。早期離学関連では，7 月に総額が 65 億ユーロに及ぶ若者を対象とした雇用促進政策が発表されている[29]。また，国民教育省が COVID-19 に関する早期離学者への対応として示しているのは，学校や支援へのつながりの保持，これまでの支援の内容，支援の水準，教育・訓練機関の見直しや変更，新たなチューターの配置等であり，COVID-19 の影響を受けた個人の状況や意向をふまえたものとすることの重要性が示されている（MEN 2020a）。

　COVID-19 下でなくとも離学状態にある若者にとっては，現況下ではさらに甚大な影響を受けているものと予測される。本章で示してきたプラットフォームやネットワーク，そして情報の共有等は，この状況下では平時よりさらに重視され，活用の余地が拡大するものといえよう。

【引用・参考文献】

園山大祐（2015）．「フランス教育制度における周縁化の構造─早期離学者にみるエリート主義の伝統からの離脱・抵抗」中野裕二・森千香子・ルバイ，H.・浪岡新太郎・園山大祐［編］『排外主義を問いなおす─フランスにおける排除・差別・参加』勁草書房，127–150.

園山大祐［編］（2016）．『教育の大衆化は何をもたらしたか─フランス社会の階層と格差』勁草書房

園山大祐［編］（2018）．『フランスの社会階層と進路選択─学校制度からの排除と自己選抜のメカニズム』勁草書房

園山大祐（2020）．「第 5 章　外国の教育から学ぶ」『シリーズ人間科学 4　学ぶ・教える』大阪大学出版会，97–123.

労働政策研究・研修機構（2017）．「第 4 章 フランス」『資料シリーズNo.194 諸外国における教育訓練制度─アメリカ，イギリス，ドイツ，フランス』，79–120.〈https://www.jil.go.jp/institute/siryo/2017/documents/194_05.pdf〉（最終確認日：2020 年 11 月 16 日）

Académie de Dijon（n.d.）. Lutte contre le décrochage.〈http://www.ac-dijon.fr/pid29494/lutte-contre-le-decrochage.html.〉（最終確認日：2020 年 11 月 6 日）

Académie de Lille（n.d.）. Mission de lutte contre le décrochage scolaire.〈http://www1.ac-lille.fr/cid84311/la-mission-de-lutte-contre-le-decrochage-scolaire.html.〉（最終確認日：2020年11月6日）

Bernard, P.-Y. (2015). Le décrochage scolaire: La construction d'un problème public. *Les Cahiers Dynamiques*, 63, 34–41.

Charrière, S., et Roger, P. (2020). *Formation obligatoire des 16-18 ans: Passer d'un droit formel à*

un droit réel. Rapport remis le 13 Janvier 2020. 〈https://solidarites-sante.gouv.fr/IMG/pdf/
rapportformationobligatoiredes16-18ans.pdf〉（最終確認日：2020 年 11 月 16 日）

Christophe Guitton, C., Kornig, C., et Verdier, É.（2019）. Prévenir le décrochage: Une comparaison
entre lycées professionnels et CFA. *Bulletin de Recherches Emploi Formation,* 380.〈https://
www.cereq.fr/sites/default/files/2019-09/Bref380-web.pdf〉（最終確認日：2020 年 11 月 16 日）

Conseil National de l'Innovation Pour la Réussite Scolaire（2001）. *Rapport au Ministre de l'
Éducation Nationale.* 〈https://www.vie-publique.fr/sites/default/files/rapport/pdf/014000518.
pdf〉（最終確認日：2020 年 11 月 16 日）

Délégué Ministériel aux Missions Locales（2019）. Bilan d'activité des Missions Locales 2017.〈https:
//travail-emploi.gouv.fr/IMG/pdf/bilan_activite-ml-2017.pdf〉（最終確認日：2020年11月16日）

DEPP-MEN（2019a）. *Note d' information* n° 19.04–Mars 2019.〈https://www.education.gouv.fr/
media/20081/download〉（最終確認日：2020 年 11 月 6 日）

DEPP-MEN（2019b）. *Repères et références statistiques*（RERS）.〈https://www.vie-publique.fr/
sites/default/files/rapport/pdf/144000708.pdf〉（最終確認日：2020 年 11 月 6 日）

EPIDE（n.d）. L'insertion sociale et professionnelle.〈https://www.epide.fr/a-propos/
missionsetambitions/linsertion-sociale-et-professionnelle/〉（最終確認日：2020 年 11 月 6 日）

European Commission（2019）. *Education and Training Monitor 2019 Country Analysis.* 〈https://
ec.europa.eu/education/sites/education/files/document-library-docs/volume-2-2019-education-
and-training-monitor-country-analysis.pdf〉（最終確認日：2020 年 11 月 16 日）

European Commission/EACEA/Eurydice（2019）. *Structural Indicators for Monitoring Education
and Training Systems in Europe – 2019: Overview of Major Reforms since 2015. Eurydice
Report.* Luxembourg: Publications Office of the European Union.

INSEE（2020）. Indicateurs de richesse nationale: Sorties précoces du système scolaire.〈https://
www.insee.fr/fr/statistiques/3281681?sommaire=3281778〉（最終確認日：2020 年 11 月 6 日）

MEN（2014）. Dispositifs relais.〈https://www.education.gouv.fr/bo/14/Hebdo14/REDE1406108C.
htm〉（最終確認日：2020 年 11 月 6 日）

MEN（2020a）. La lutte contre le décrochage scolaire.〈https://www.education.gouv.fr/la-lutte-
contre-le-decrochage-scolaire-7214〉（最終確認日：2020 年 11 月 6 日）

MEN（2020b）. Les programmes personnalisés de réussite éducative.〈https://eduscol.education.
fr/cid50680/les-programmes-personnalises-reussite-educative.html#:~:text=Un%20programme
%20personnalis%C3%A9%20de%20r%C3%A9ussite,des%20comp%C3%A9tences%20du%20
socle%20commun〉（最終確認日：2020 年 11 月 6 日）

MEN（2020c）. Les stages de réussite.〈https://eduscol.education.fr/cid49814/les-stages-de-
reussite.html.〉（最終確認日：2020 年 11 月 6 日）

MEN-DGESCO A1-4（2013）. Circulaire n° 2013-035 du 29-3-2013, Réseaux Formation Qualification
Emploi（FOQUALE）, NOR: MENE1306159C.〈https://www.education.gouv.fr/bo/13/
Hebdo14/MENE1306159C.htm〉（最終確認日：2020 年 11 月 6 日）

MENESR-DGESCO A1-3（2015）. Circulaire n° 2015-176 du 28-10-2015, Enseignements adaptés:
Sections d' enseignement général et professionnel adapté, NOR: MENE1525057C.〈https://
www.education.gouv.fr/bo/15/Hebdo40/MENE1525057C.htm〉（最終確認日：2020 年 11 月 6
日）

Ministère de l'Éducation nationale, de l'Enseignement supérieur et de la Recherche.（2014）.
Evaluation partenariale de la politique de lutte contre le décrochage scolaire: Rapport final.
〈https://www.vie-publique.fr/sites/default/files/rapport/pdf/144000708.pdf〉（最終確認日：

2021 年 3 月 6 日）

Ministère des Solidarités et de la Santé（2015）. Missions du Ministère des Solidarités et de la Santé. 〈https://solidarites-sante.gouv.fr/ministere/missions-du-ministere/article/missions-du-ministere-des-solidarites-et-de-la-sante.〉（最終確認日：2020 年 11 月 6 日）

Ministère des Solidarités et de la Santé（2019）. Obligation de formation jusqu'à 18 ans. 〈https://solidarites-sante.gouv.fr/affaires-sociales/lutte-contre-l-exclusion/lutte-pauvrete-gouv-fr/la-mise-en-oeuvre/accompagner-vers-l-emploi-et-l-autonomie/article/obligation-de-formation-jusqu-a-18-ans〉（最終確認日：2020 年 11 月 6 日）

Ministère de Travail（2020）. Missions locales. 〈https://travail-emploi.gouv.fr/ministere/service-public-de-l-emploi/article/missions-locales〉（最終確認日：2020 年 11 月 6 日）

ONISEP（2020）. Lycéens décrocheurs: Les établissement pour reprendre des études. 〈http://www.onisep.fr/Choisir-mes-etudes/Au-lycee-au-CFA/Dispositifs-specifiques/Lyceens-decrocheurs-les-etablissements-pour-reprendre-des-etudes 〉（最終確認日：2020 年 11 月 6 日）

Schwartz, B.（1981）. *L'insertion professionnelle et sociale des jeunes. Rapport au Premier Ministre, Population.* 〈https://www.vie-publique.fr/sites/default/files/rapport/pdf/174000666.pdf〉（最終確認日：2020 年 11 月 6 日）

フランス教育制度（パーセントは同一年齢に占める比率、2019 年度）（DEPP-MEN（2019b）より閻山大祐作成）

就学前教育
3〜5 歳児（義務）

保育学校
3 年課程

初等教育
6〜11 歳児（義務）

小学校
5 年課程

前期中等教育
12〜15 歳児（義務）

中学校
4 年課程

無資格中退率 2%未満（推定値）
※原級留置のため、義務教育年齢満 16 歳に到達した生徒による退学

DNB のみ離学（6%）

中学校修了試験（DNB）
高校入試なし

後期中等教育
16〜18 歳

職業高校 3 年課程
バカロレア取得率
22%

技術高校 3 年課程
バカロレア取得率
16%

普通高校 3 年課程
バカロレア取得率
42%

高校 2 年課程
BEP/CAP 取得率
10%

無資格中退 8%

バカロレア取得率（80%）

高校修了試験
バカロレア
国家統一試験

高等教育

（独立選抜試験）BTS
2 年課程

（独立選抜試験）DUT
3 年課程

（独立選抜試験：
CPGE：2 年課程
グランゼコール：
2〜3 年課程

大学（非選抜）
学士：3 年
修士：2 年
博士：3 年

30%
40%
8%
12%
10%
12%
6%
19%
52%

88

コラム **1**　フランスの障害児における就学，進路変更，復学の課題

　　フランスにおいては 2005 年 2月11日の法律（loi n° 2005-102 du 11 février 2005 pour l'égalité des droits et des chances, la participation et la citoyenneté des personnes handicapées）によって，障害のある子どもを学校教育のなかに包摂することとなった。今日，学校教育の枠組みのなかで学んでいる障害のある生徒数は年々増加しており，2018 年度には障害のある生徒のうち，83%が学校教育の恩恵を受けているとされる（Ministère de l'Éducation nationale, de l'enseignement supérieur et de la recherche 2019a）。しかし普通学校から厚生省管轄の医療社会施設に完全に移籍（国民教育省管轄の機関から離学）する生徒も少なくない。本コラムでは障害のある生徒の就学動向に着目する。

　障害のある生徒が就学しうる場は，通常学級に合わせて，国民教育省管轄の学校に設置された包摂のための教育単位（Ulis）や中学校内の普通職業適応教育科（SEGPA）である。これらに加えて生徒個人に合わせた教育を提供するために遠隔教育センター（Cned）や厚生省管轄の医療社会部門の施設・サービス（ESMS）を利用する他，院内学級への教員派遣が行われる。したがって障害のある子どもの就学状況は多様であり，生徒が辿る就学経路は複層的である。

　その複層さを増長する要因として，フランスには障害のある生徒を対象とする統一的な教育を行う場やカリキュラムが存在しないということが挙げられる。障害のある子どもたちは県障害者会館（MDPH）に就学申請をし，個別に調整された個別就学計画（PPS）を立てることによって教育の場をどこにするか，個別に大人の付き添いがいるかどうかなどを決定する。この PPS は専門家が同席する会議によって決定され，少なくとも 1 年に 1 回はこの会議において再検討される。あらゆる資源を用いて生徒への教育が調整されるため，生徒によって時間割の内容や教育を受ける場はさまざまである。

　では，障害のある生徒の就学動向について概観したい。図 1 は 2018 年度における障害のある在学生徒数である。小学校入学以後，増加傾向にある生徒数は中等教育以後は徐々に減少していることがわかる。最も生徒数が多い 10 歳時点を 100%とすると，12 歳，14 歳，16 歳時点での減少率は 8%，26%，62%であり，義務教育年齢まで学校教育を受けている生徒数は 10 歳時点の生徒数の 3 分の 1 程度である。生徒たちはどのような就学経路を辿っているのだろうか。

　図 2，図 3 はそれぞれ 12 歳，16 歳の生徒がどの学校教育機関・施設において教育を受けているかを障害別に示したものである。障害の種類によって，偏りがみられることがわかる。共通点として，身体に関係する障害（視覚，聴覚,運動など）や言語障害の場合には普通教育の場で教育を受けることのできる割

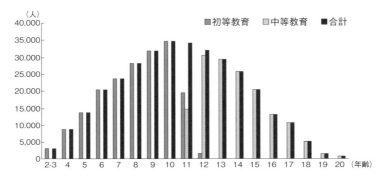

図1　障害のある子どもの就学者数（2018 年度）（Ministère de l'Éducation nationale, de l' Enseignement supérieur et de la Recherche 2019a：23）

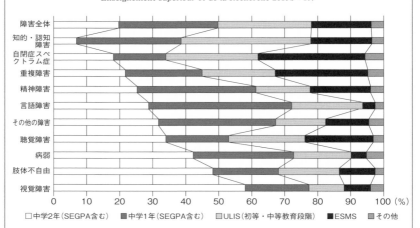

図2　12 歳時点における障害のある生徒の就学場所（Ministère de l'Éducation nationale, de l' Enseignement supérieur et de la Recherche 2019b：19）

合が多く，精神障害や知的障害といった学業に支障が出やすい障害の場合には
そうではないという点がある。身体に関する障害あるいは言語障害の場合には
学校教育の範疇で教育を受ける生徒の割合がほとんど変わらないが，他の障害
においては ESMS の割合が高くなる。障害によって就学に差があるこの状況は
ベルザン（Berzin 2007）が 10 年以上前に指摘した状況となんら変わっておらず，
障害種別は子どもの就学に大いに影響を与えるものであるとともに，働きかけ
が難しい部分であることがいえる。
　さらに，身体に関する障害・言語障害のある生徒の保護者は精神障害・知的
障害・重複障害のある生徒の保護者に比べて，子どもの受けている教育への満

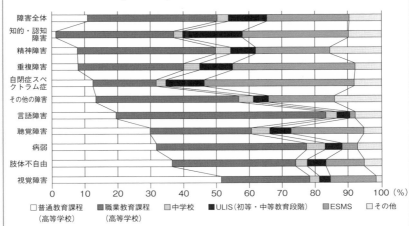

図3　16歳時点における障害のある生徒の就学場所（Ministère de l'Éducation nationale, de l' Enseignement supérieur et de la Recherche 2019b：19）

足度が高く，子どもの PPS の内容の把握および理解をしている割合が高いということが明らかになっている（Le Laidier 2015）。加えて，後者の障害のある子どもをもつ家庭は前者に比べて，社会的に恵まれないカテゴリーに属している家庭の割合がより高く，特に知的障害のある生徒の家庭がそれに属している割合は6割に達する。このように障害種別による差は子どもの就学先に対して大きな影響を与える他，こうした差は家庭の社会階層にまでみられる。

　進路指導にも課題が残る。第一に，生徒の障害を考慮した進路指導のできる人材の不足である（Ministre de l'Éducation nationale 2013）。第二に，障害のある生徒に関する調査において，学業達成についてのデータが不足している点である（Ministre de l'Éducation nationale 2013）。また，特に後期中等教育課程に進学する障害のある生徒が選択できる進学先の選択肢が多いわけではないということが課題とされており，2022年までの目標として高校に Ulis の設置を増やすことがあげられている。

　では障害のある生徒が離学した場合，復学することは可能だろうか。これは障害のある生徒の就学システム上は可能である。子どもの就学に関する決定権は生徒とその保護者にある。そのため，生徒や保護者が各機関に復学を希望する旨を伝えた場合，調整が行われることになる。しかし，前述の通り障害のある生徒の家庭は経済的にも時間的にも余裕がない場合が多い。このことから，多大な手間をかけて ESMS から家庭の協力がより必要な学校の場に戻るということは考えにくい。生徒が復学する可能性は低く，今後の課題といえる。

（梅田まや）

第1部

第2部

引用・参考文献

Berzin, C.（2007）. La scolarisation des élèves en situation de handicap au collège : Le point de vue des enseignants. *Carrefours de l'éducation*, 24（2）, 3–19.

Comité national de suivi de l'École inclusive（2019）. *Comité national de suivi de l'école inclusive*.

Le Laidier, S.（2015）. À l'école et au collège, les enfants en situation de handicap constituent une population fortement différenciée scolairement et socialement, *Note d'information*, 4, MENESR-DEPP.

Ministre de l'Éducation nationale（2013）. *La scolarisation des élèves en situation de handicap*, Rapport Final.

Ministère de l'Éducation nationale, de l'Enseignement supérieur et de la Recherche（2019a）. *Repères et Références Statistiques sur les Enseignements, la Formation et la Recherche*. 〈https://www.education.gouv.fr/l-etat-de-l-ecole-2019-11246〉（最終確認日：2021 年 2 月 10 日〉

Ministère de l'Éducation nationale, de l'Enseignement supérieur et de la Recherche（2019b）*L'État de l'école*. 〈https://www.education.gouv.fr/reperes-et-references-statistiques-sur-les-enseignements-la-formation-et-la-recherche-2019-3806〉（最終確認日：2021 年 2 月 10 日）

第6章 ドイツの早期離学問題
就学義務の正当性と射程

辻野けんま・布川あゆみ

1 はじめに

　早期離学（Frühzeitige Schul- und Ausbildungsabbrecher）の問題は，学校修了資格や職業資格の不保持と結びつく問題である。資格社会であるドイツにおいてこの問題は，若者にとって教育上の課題であるばかりでなく，就職問題にも直結する深刻な課題と認識されてきた。日本では，特に義務教育段階において，自動的ともいえる進級・卒業の慣行がある。就職に際しても出身校（進学校か否かなど）が影響することはあっても個別教科の成績（英語や数学など）が問題とされることはまずない。しかし，ドイツにおいて就職の際に問われるのは，どの学校を卒業したかではなく，修了資格や職業資格の内実をなす個別の成績である。たとえば，修了時における英語の成績が悪ければ，旅行業など英語力が求められる仕事に就くことは困難となる。どのような能力を身につけたかが，資格の内実において問われているのだ。

　中等教育段階に複数の学校種を擁する「分岐型学校制度」や，二元的な職業教育制度として知られる「デュアルシステム」は，ドイツの教育制度を象徴する特質となっている。しかし，これらの教育制度上の特質は，ドイツの早期離学について理解しようとするときに，問題構造をより複雑なものとさせる。これまで，ドイツの学校系統図は図6-1のように「三分岐型」として説明されてきた。すなわち，初等教育として4年制の基礎学校（Grundschule）があり，そのうえに3種類の中等学校が接続する。その3種類とは，将来に，①職業訓練を受け一般技術職への就職を志望する者が進学するハウプトシューレ（Hauptschule），②上級専門学校などの全日制職業教育や中級職への就職を目指す者が進学する実科学校（Realschule），③大学への道を目指す者が進学するギムナジウム（Gymnasium）である。しかし現在では，ドイツの教育制度はさらに複雑化しており，もはや「三分岐型」として十全に説明できるものではなくなっている[1]。

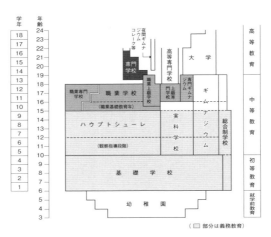

左側の軸：

学年 年齢
18 24
17 23
16 22
15 21
14 20
13 19
12 18
11 17
10 16
9 15
8 14
7 13
6 12
5 11
4 10
3 9
2 8
1 7
  6
  5
  4
  3

夜間ギムナジウム
コレーク等
専門学校
高等専門学校
大学
職業専門学校
職業学校
職業上級学校
専門上級学校
専門ギムナジウム
ギムナジウム
（職業基礎教育年）
ハウプトシューレ
実科学校
総合制学校
（観察指導段階）
基礎学校
幼稚園

右側：
高等教育
中等教育
初等教育
就学前教育

（ □ 部分は義務教育）

図 6-1　伝統的なドイツの学校系統図（文部科学省 HP「ドイツの学校系統図」）

　早期離学は，とりわけ，大学進学ではなく職業訓練と就職に接続するハウプトシューレにおいて先鋭化する問題となっている。ドイツの公共メディア NDR（エヌデーエル）（Norddeutscher Rundfunk）は，「他の国々と比較して，修了資格なしで適切な仕事を見つけることは，ドイツでは相対的に困難である。ハウプトシューレの修了資格をもっている卒業生でさえ，しばしば仕事を見つけることは難しい。さらに困難なのは，学校修了資格を何らもたない者である」と報じている[2]。

　ヒレンブラントとリッキング（Hillenbrand & Ricking 2011）は，早期離学問題におけるドイツの特質をアメリカとの対比から以下のように説明している。すなわち，ドイツの学校文化は地域との密接な関係を自明の前提にしていない。また，教育制度（Bildungssystem）と学校外教育を担う青少年援助（Jugendhilfe）との間に，社会政策上の分断があり協力することが容易ではない。さらに，授業の構造や学習の文

1）伝統的な 3 つの学校種の他に，それらを統合する総合制学校（Gesamtschule）が存在してきた。加えて近年では，新たな学校種が各州の学校制度のなかで設置されるようになっている。呼称や形態は州ごとに異なるが，いずれも一般の学校と同列に位置づけられる。さらに，近年のインクルージョンへの教育改革の下で，支援学校（Förderschule）の位置づけも大きく変容した。日本でしばしば「ドイツの学校制度」として紹介される図 6-1 は，こうした学制制度の複雑な現状を正確に説明するものではなくなっている。また，図中では網掛け部分が「義務教育」とされているが，職業教育学校への就学義務というドイツの特質がふまえられていない。これについては以下，本章で詳述する。

2）2018 年 11 月 14 日 記 事。〈https://www.ndr.de/themenwoche/gerechtigkeit/Schulabgaenger-ohne-Abschluss,schulabgaenger108.html〉（最終確認日：2019 年 4 月 2 日）

化が絶えず改善されてきたにもかかわらず，実証的な検証が十分なされてこなかった。

　このように特徴づけられるドイツの早期離学問題は，どのような制度を背景としており，また，どのように対応されてきたのか，現状を詳しくみていこう。

2　ドイツにおける早期離学者とは

● 2-1　定　　義

　ドイツにおける早期離学という現象を日本から理解することは容易ではない。日本にはない「分岐型学校制度」や「デュアルシステム」といった特質をもつからだ。何よりも，義務教育制度そのものが複雑な仕組みとなっている。就学義務（Schulpflicht）の原則をとる点は日本と同様であるものの，一般教育学校修了後の職業教育をも義務教育に組み込むというという点で，根本的に異なっている。つまり，ドイツにおける義務教育制度は，ⓐ一般教育学校就学義務とⓑ職業教育学校への就学義務，から構成されているのだ[3]。ⓐについてはいわゆる義務教育＝就学義務と重なるためイメージできるだろう。しかし，ⓑについては日本だけではなく「デュアルシステム」の仕組みをもたない多くの諸国からみても非常に理解しにくい。そこで，まずドイツにおける早期離学者を，表6-1のように類型化しておく。

　EUの早期離学者の定義はISCED2（前期中等教育）の修了をめぐるものとなっているが，ドイツにおいてはISCED3（後期中等教育）の修了をめぐるものとなっている。これは，「分岐型学校制度」および「デュアルシステム」という制度的特質が，就学義務制度とも結びついたドイツ的特質だといえる。

　連邦の省庁には調査統計を専門に扱う連邦統計局（Statistisches Bundesamt）が設置されているが，その報告書（Statistisches Bundesamt 2019）から図6-2のような早期離学者と学校修了者の割合を概観できる。早期離学問題において最も深刻なのは，図中の「無資格離学」のグループである。

　2007年の6％から2017年の5％へとわずかに減少してはいるが，全体として大きな改善には至っていない。さらに，「無資格離学」以外にも，早期離学者となるグ

3）デュアルシステムをもつドイツでは，労働者が就職しても雇用主に一定期間，職業教育学校へパートタイム就学させる義務が課されている。ここから，ドイツの義務教育は，ⓐ一般教育学校へのフルタイムの就学義務とⓑ職業教育学校へのパートタイムの就学義務という区別がなされている。

表 6-1　早期離学者の類型（筆者作成）[4]

1	Frühzeitige Schulabbrecher（無資格早期離学者）	一般教育学校の就学義務を終えていない（ハウプトシューレ修了資格を取得していない）。ISCED2 を修了していない。
2	Frühzeitige Ausbildungsabbrecher（職業教育早期離学者）	一般教育学校の就学義務は終えた（ハウプトシューレ修了資格を取得し ISCED2 を修了した）が職業教育学校の就学義務を終えていない。ISCED3 を修了していない。
3	Frühzeitige Schulabgänger（後期中等教育学校早期離学者）	ISCED2 を修了したが，進学先の学校を退学した人（実科学校・ギムナジウムへ進学した人が該当）。ISCED3 を修了していない。
4[※1]	Schulabgänger（無資格卒業離学者）	9 年ないし 10 年の一般教育学校の就学義務を終えたが，ハウプトシューレ修了証を取得していない。主に支援学校卒業者をさす。ISCED2 を修了していない[※2]。

※1　類型の「4」は多くの場合，「（支援学校）卒業者」であるにもかかわらず，それが職業本位的な考え方から有効な資格とみなされないがゆえに生じたカテゴリであり，純然たる「離学者」とはいえない。
※2　ISCED はユネスコが策定している統計上の枠組みで，「International Standard Classification of Education」を略記したものである。

■ 一般的大学入学資格（Allgemeine Hoschschulreife）　□ 専門大学入学資格（Fachhochschulreife）　■ 中級学校修了証（Mittlerer Abschluss）
■ ハウプトシューレ修了証（Hauptschulabschluss）　■ 無資格離学（ohne Hauptschulabschluss）

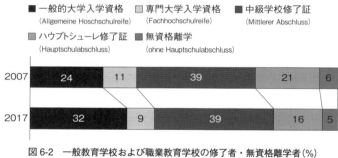

図 6-2　一般教育学校および職業教育学校の修了者・無資格離学者(%)
（Statistisches Bundesamt（2019：97）を 一部改変）

ループが存在している。これについては，上述したようにドイツの就学義務が，ⓐフルタイムの一般教育学校への就学義務とⓑ職業教育学校への就学義務とに分類される特殊性と関連している。そこで，ⓐについては以下の「2-2 一般教育学校の離学者」，ⓑについては「2-3 職業教育学校の離学者」に分けて順に述べる。

4）ドイツ語においては男性名詞と女性名詞との区別があり，学術研究上は両性を併記するのが通例だが，これらはドイツ語に馴染みのない日本の読者にとって難解であるため，本章では男性名詞のみの表記を採用している。

● 2-2　一般教育学校の離学者

　職業本位的なドイツの資格社会にあって，ハウプトシューレ修了資格は就職するうえでいわばミニマムな学校修了資格となる[5]。ハウプトシューレ修了資格は，単にハウプトシューレでなければ取得できないというものではなく，他の学校種においても取得の機会は存在する。

　ドイツ連邦統計局の発表によれば，ハウプトシューレ修了資格未取得の離学者（表6-1のカテゴリ1および4に相当する人）を学校種別にみると，2016年には支援学校（50.9 %），ハウプトシューレ（19.9 %），実科学校（3.3%），ギムナジウム（2.4%）と続く（図6-3）。また，総合制学校（12.5%）や多コース併設の学校（10.3%）と，ハウプトシューレ修了資格未取得の離学者割合は相対的に高い。

　早期離学者の現状は学校種毎に違いが顕著であるといえる。年齢も限定されていないため，統一的なデータがとりにくい難しさもある。最多を占めるのは支援学校だが，これは複雑な問題を含む。職業本位社会的な考え方が強いドイツでは，支援学校卒業は十分な資格制度の実体をもたず，支援学校においてさらにハウプトシューレ修了資格を取得しなければ，無資格者とみなされる。ここには，社会制度上の根深い人権課題があるといわねばならない。

　図6-4は早期離学者の地域差を示したものである。色の濃いほど早期離学の問題

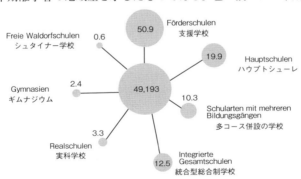

図 6-3　一般教育学校における無資格離学者でハウプトシューレ修了資格をもたない者の学校種別割合（%，2016 年）（Statistisches Bundesamt（2018：35）を一部改変）

---

5) そもそも分岐型学校制度は，将来の進路の違いに応じてつくられているため，その目的の違いを捨象してハウプトシューレ修了資格を低級資格とみなすことはできない。しかし，ギムナジウムへの進学志向の高まりや大学進学希望者の増加のなかで，こうした誤った見方が強化されてきてしまった現実がある。

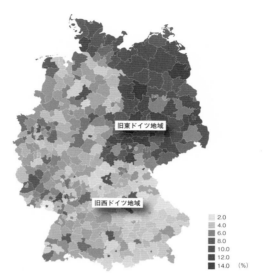

図6-4 　早期離学者の地域差 （NDR 公式サイト，一部修正）

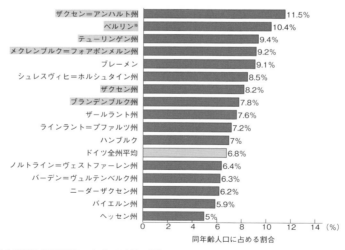

※ 　旧東ドイツ諸州は網掛け表示。ベルリンは東西に分断。

図6-5 　各州の無資格早期離学者の割合 （%） (Statista 2020)

が深刻化していることを示すが，その地域の大半は旧東ドイツ地域と重なっている。
図6-5 は各州別の無資格離学者の割合（%）を示しているが，ここからも旧東ドイツ

諸州の高さがみてとれる[6]。

　この状況をどう考えればよいだろうか。一見すると，旧東ドイツ諸州の教育制度の失敗とみることもできなくはない。しかし，このような解釈は安直である。なぜならば，東西ドイツが統一された際に，政治制度はじめ多くの社会制度が西の制度へ転換され，教育制度も分岐型へ改変されたからであり，外形的にみた教育制度は東西の差異から説明できない。そこで，東西差の問題については慎重な分析が必要となるが，この点は続く研究課題としておきたい。

● 2-3　職業教育学校の離学者

　これまで，一般教育学校（支援学校）の領域における早期離学問題について概観してきたが，ドイツにおいては職業教育からの離脱者も早期離学問題に含まれていた。これは，義務教育制度が「@一般教育学校への就学義務」と「ⓑ職業教育学校への就学義務」から構成されているという，ドイツ的な特質に由来することは，すでに述べた。ここから，ドイツの早期離学者の類型には，職業教育の離脱者が含まれている（表6-1参照）。すなわち，ハウプトシューレ修了資格を取得しフルタイムの就学義務は満たしても，職業教育学校への就学義務を終えていない早期離学者（表6-1中の「2」のカテゴリ）の存在が，ドイツ社会では特に問題とされているからだ。このグループはISCED2を修了しているものの，ISCED3を修了していない。

　そこで，職業教育の離学に関心を置いた研究についてもみておく必要がある。コッテ（Kotte, 2018）は，2005年に23歳以下で職業教育学校に進んだ全ドイツの若者を対象に，2013年までの修了資格取得経路をコーホートとして捕捉調査している。その結果は図6-6のようにまとめられている。

　ここでは，「A 23歳以下で職業教育に入った若者」が，「B修了者」「C中断者」「D職業変更者」「E職業教育を少なくとも1度中断し職業変更」「F何らの職業資格・学校修了資格ももたない者」の5つの経路に分類されている。なお，A～Fの記号は筆者が便宜的に付した。このうち「B修了者」は何ら問題のないキャリアと位置づけられる。コッテは，職業教育学校離学者の半数以上が「デュアルシステ

---

6) 最多のザクセン・アンハルト州11.5%にベルリン10.4%，テューリンゲン州9.4%，メクレンブルク＝フォアポンメルン州9.2%と，いずれも旧東ドイツ地域が続いている。逆に，最少のヘッセン州5%をはじめ，バイエルン州5.9%，ニーダーザクセン州6.2%，バーデン＝ヴュルテンベルク州6.3%，ノルトライン＝ヴェストファーレン州6.4%と，ドイツ全体平均を下回るすべての州が旧西ドイツ地域に位置している。

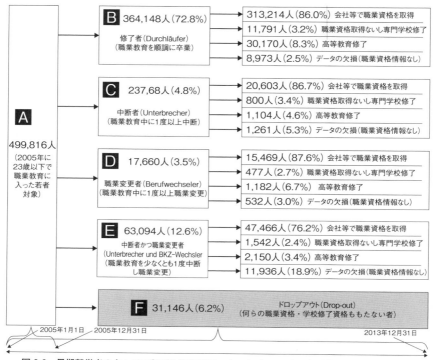

図 6-6　早期離学者のキャリア類型と資格別コーホート（Kotte（2018）を筆者和訳，一部改変）

ム」内の新たな職業教育を受けている点に着目している。このうち，Ｃ～Ｅが何らかの形で職業教育との接点をもつのに対して，Ｆの「ドロップアウト」はそうではなく「何らの職業資格・学校修了資格ももたない」。この事実から，「Ｆドロップアウト」を最も深刻なケースという点において「本当の」無資格離学者と特定した。

　なお，Ｂ～Ｅの経路では，いずれもサブカテゴリ「会社等で職業資格を取得」「職業資格取得ないし専門学校修了」「高等教育修了」「データの欠損（職業資格情報なし）」の４つに細分化され，それぞれ分析データの捕捉がなされている。この大部な研究は，ドイツの職業教育から離脱者を正確に捉える難しさをも示している。

3　早期離学対策の政策動向

　ドイツは 16 の州（Land）からなる連邦共和制国家であり，教育・文化行政に関す

る権限は各州に委任されている（「文化高権（Kulturhoheit）」と呼ばれる）。州をこえ
た全国的な教育制度・政策の調整も，連邦教育省[7]ではなく常設各州文部大臣会議
（KMK）[8]で行われている。したがって，早期離学問題の解決へ向けての取り組みも
また，KMK 主導で展開されてきた。

　KMK は 2002 年に早期離学者が 9.2％ にのぼることを問題視し，その後 2006 年に
おいても 7.9％ と高止まりしていることから，2007 年に，早期離学者・無資格者を
半減させ，学校から仕事への円滑な移行を目指した「行動計画」を策定する（KMK
2007）。その特徴の 1 つは，早期離学問題における性差の大きさから主な政策対象
を男子としたことだが，もう 1 つは移民背景を有する若者[9]を「不利な状況にある
若者」として特に注目した点にある。そして，予防，介入の観点から，初等教育段
階からの個別支援の強化を柱に掲げ，ドイツ語支援や親との連携などを重視したこ
と，教育機会の保障と教育資格の取得を促すことを目指したことなどが，特徴とし
て挙げられる。より本質的には，早期離学の問題を教員，生徒[10]，親など学校レベ
ルでの課題とするにとどめず，教育行政の課題としても認識したこと，さらには教
育行政をも超える社会的課題として位置づけたことが特筆される。ただし，この段
階では，補償の観点は必ずしも重視されてはいなかった。また，従来，学校外領域
での対応がなされてきた点も看過されるべきではない。

　この時期の特筆すべき動向として KMK とは別に，連邦教育省もまた早期離学問
題を政策課題として捉えていたことが指摘される。その観点を端的にいえば，早期
離学の問題がとりわけ移民背景をもつ子どもに先鋭化していると把握されたことで
ある。木戸（2009）は連邦教育省による調査報告書を分析し，最も深刻な早期離学

---

7) 連邦レベルでの教育の所轄省としては「連邦教育・研究省（Bundesministerium für Bildung und
　Forschung）」が存在する。本章では，邦語では「連邦教育省」，ドイツ語では「BMBF」と表記
　する。
8) 正式名称は「Ständige Konferenz der Kultusminister der Länder in der Bundesrepublik
　Deutschland」であるが，「KMK」ないし「Kultusministerkonferenz」と略して用いるのが一般
　的である。本章では「KMK」と表記する。
9) 若者の年齢層としては，15 歳から 20 歳前後が対象とされている。
10) 日本の学校教育法では，小学生が「児童」，中学・高校生が「生徒」と区別されるが，ドイツで
　は「Schüler/in」という語があるのみで日本のような区別はなされない。加えて日本の児童福祉
　法では，満 18 歳に満たない子どもが「児童」とされ，国内でさえ統一的な定義がなされていない。
　本章ではドイツの法制に鑑みて「Schüler/in」を「生徒」と統一的に訳すこととし，総称的にも
　ちいる。必要な場合のみ「子ども」「児童」の語を用いることとする。
11) 連邦教育省（2009）「学校修了者の比較（ドイツ人と外国人，男女別，2005 年）」に基づく分析
　となっている。

表 6-2 「持続可能戦略」と教育に関わる具体的指標（木戸 2009：28）

世代間の公正	・18 歳から 24 歳の者で学校修了証をもたない者の割合を 2010 年までに 9%，2020 年までに 4.5% とする（1999 年：14.9%，2007 年：12.9%）。 ・大学修了証をもつ 25 歳の者の割合を 2010 年までに 10%，2020 年までに 20% 増加させる。 ・同年齢人口に占める大学入学者の割合を 2010 年までに 40% まで高める（1993 年：24.8%，2007 年：34.4%）。 →教育と資格の連続性の改善
社会的協同	・子どもの世話を行う昼間の施設への受け入れ割合を，0-2 歳児では 2010 年までに 30% に（2020 年までに 35% に），3-5 歳児では 2010 年までに 30%（2020 年までに 60%）に上昇させる（2007 年の時点で，0-2 歳児は 6.5%，3-5 歳児は 24.2%）。 →家庭と仕事の両立の改善 ・ハウプトシューレ修了資格を取得して離学する外国人生徒の割合を，少なくともドイツ人と同じ水準まで高める（2006 年の時点で，ドイツ人生徒：93.0%，外国人生徒：83.2%）。 →外国人とドイツ人との間にある格差の是正

者にあたる「修了資格未取得」の内訳において，ドイツ人生徒 7.2%，移民背景をもつ生徒 17.5% と，2 倍以上の差があることを指摘している[11]。

　連邦議会もまた，2000 年に超党派で「持続可能戦略」の構築を決議し，2002 年に「ドイツの持続可能戦略」を策定している。ここでは，7 つの重点事項と 21 の指標が掲げられ，2008 年にはその「進展状況報告書」が刊行された。木戸（2009）は，「持続可能戦略」と教育に関わる具体的指標について表 6-2 のようにまとめている。文化高権の下で連邦レベルでの教育政策が KMK を中心に行われてきた伝統に加えて，連邦教育省や連邦議会もまた早期離学問題の改善を政策課題としていたことは，この問題がドイツ社会においていかに重大なものと受け止められていたかを物語っている。その中心課題は，「外国人とドイツ人との間にある格差の是正」へと向けられていた。

　ただし，教育政策の権限を有するのはあくまでも各州であり，各州に対して直接的な影響力をもつのが全州の文部大臣が集う KMK である。その KMK は，2010 年に「低学力生徒の支援戦略（Förderstrategie für leistungsschwächere Schülerinnen und Schüler）」を策定する。ここでの具体的な取り組みとして，「教育のネットワーク化に関するイニシアチブ（Initiative Bildungsketten）」が実施される。これは，2017 年に策定された「低学力生徒の支援戦略」によって本格化する（KMK 2017）。その特徴は，①キャリアオリエンテーション（キャリアアドバイス）の制度化，②多様な「教育パートーナー」との連携，③教員養成課程の質の向上，④成果の評価と成功モデルの検証，⑤ EU 予算を受けての早期離学対策プログラム（例：ザクセン・アンハルト州）などである。

　一方，公的な政策のみにとどまらず，さまざまな民間団体がこの問題に関わっている。たとえば，ドイツ青少年研究所（Deutsches Jugendinstitut：DJI）は政界，学術界，青少年関係団体によって共同設置・運営されている一大研究拠点だが，ここ

から発信される情報の数々からはノンフォーマル・インフォーマルな活動領域がいかに充実しているかをうかがい知ることができる[12]。

　以上が，ドイツにおける早期離学問題に関連する主要な動向である。KMK による教育改革の背景には，本章が対象とする早期離学問題だけでなく，「PISA ショック」（2001 年）以来の「学力政策」への問題意識がある。移民背景をもつ生徒の学力保障は，KMK によって「PISA ショック」直後から明確な政策課題と位置づけられてきたことも付記しておきたい[13]。さらにまた，教育政策の主眼が学齢期ないし就学前の子どもを対象としているのに対して，数多くの民間アクターによる活動は学齢期にとどまらず成人後までをカバーするものが少なくない。この傾向は，成人の再教育・職業資格取得支援の領域において顕著といえる[14]。

　ドイツでは，ひとたび早期離学者となってしまうと，個人情報保護をはじめとする人権ともかかわるため，その実数を捕捉したり追跡したりすることは難しく，教育機関での対応には大きな限界がある。だからこそ，早期離学に至る前の段階として不登校への対応が極めて重要になる。とりわけ，義務教育制度において厳格な就学義務をとるドイツでは，不登校が就学義務の不履行とみなされるため，「就学義務の正当性」への問いを厳しく突きつけることになる。

4　不登校にみる「就学義務の正当性」の問題

　一般的に，早期離学は突如として起こるものではなく，その前兆としての不登校

---

12) たとえば，同研究所から出された 2006 年の研究報告書には，ハウプトシューレ生徒の状況や進学・就職キャリア（移行），職業資格・職業教育，オルタナティブな就学機会，ジェンダー，移民背景，親の義務など，さまざまなテーマ群が政策・研究・実践の諸相から検討されている（Deutsches Jugendinstitut, 2006）。その他，同研究所 HP〈https://www.dji.de/〉では豊富な情報が提供されている。

13) これについては紙幅の関係から詳述しないが，久田ら（2019），坂野（2017），布川・森田（2015）等の諸研究に詳しい。なお，結城（2019）においてはドイツにおける移民背景をもつ子どもの学習権が，学校法制の観点から多角的に捉えられている。

14) ドイツの民間アクターとして，財団（Stiftung）を欠かすことができない。一例として，ヘッセン州の「プロレギオン—職業教育支援のための空港財団（ProRegion – Flughafen-Stiftung zur Förderung der beruflichen Bildung）」は，学齢期から成人後までに至る多様なプロジェクトを展開しており，そのなかには 18〜25 歳を対象とする職業教育プロジェクトなども含まれている（同財団公式 HP〈http://www.proregion-stiftung.de/content/proregion/de/die_stiftung.html〉）。なお，一般にドイツの財団は民間立ではあるが，公的支援を受けていたり，公行政と協働したりするものも少なくない。こうした観点からみると，現実に展開されているさまざまな活動を公私二分的（二項対立的）に捉えることには限界がある。

の問題が認識されている。不登校という段階では学校がまだ当該の生徒や家庭と関係を維持しており，教育上のさまざまな対応がなされている。

オルデンブルク大学[15]の研究グループは，不登校の問題に早期から取り組んできた。同大学のリッキング（Ricking, H.）は，不登校の問題を図6-7のように構造化している。「怠学（Schulschwänzen）」は学校や教師一般に対する否定的な態度を伴うものとされ，「回避行動（Angstbedingtes Meidungsverhalten）」は学校に対する不安や嫌悪を特徴とする。「登校拒否（Zurückhalten）」は親の判断などによる不就学を指す。これらは「違法な就学不履行（illegitime Schulversäumnisse）」として「不登校（Schulabsentismus）」に分類される。これに対して，「合法な就学不履行（legitime Schulversäumnisse）」とは病気などを理由とするものを指す。両者の間には必ずしも合法性／違法性が峻別できない「グレーゾーンの現象（Phänomene im Dunkelfeld）」も存在する。いずれにしても，不登校が就学義務の不履行との関係から捉えられている点は，特筆に値するだろう。

また，同大学のシュルツェ（Schulze, G. C.）は，早期離学問題に関する筆者からの電子メールでの質問に対して，おおむね次のように回答している[16]。ドイツでは，「早期離学者」を定義することは容易ではない。現象としては「Drop-out」と呼ばれるが，そこにつながる問題は極めて多様である。ここには学校制度の構造と個人情報保護とが複雑に結びついている。地域ごとにはいくつかの量的・質的な調査があるが，ドイツ全体の詳細な統計は存在しないといえる[17]。

ところで，不登校を「違法な就学不履行」と解する風土は，日本からみると過激にも映る。しかし，実のところ，日本でも（少なくとも）法制上は，親による就学義務の不履行は「10万円以下の罰金」（学教法144条）を伴う強制措置の対象とされる[18]。義務教育制度において，教育義務ではなく就学義務をとる点では，ドイツと日本は

---

15) オルデンブルク大学は北西部ニーダーザクセン州に位置する。不登校・早期離学に関する研究の中心地の1つとなっている。

16) 2017年9月15日回答。回答内容は筆者が概括・要約引用した。

17) 全ドイツの動向については連邦統計局の統計が存在するものの，学術研究としての厳格な定義や分析が十分なされているとまではいえず，一般的な状況把握にとどめておいた方がよいだろう。Statistisches Bundesamt (n.d.) を参照。

18) これは，もともとは親が子の通学を妨げ強制労働や監禁などをしないための法制であった。

19) 日本では，2016年の「義務教育の段階における普通教育に相当する教育の機会の確保等に関する法律」（いわゆる「教育機会確保法」）の成立によって，不登校はいっそう支援の対象とみなされるようになった。従来から，学校教育法144条の条文は適用されることがなく空文化していたが，教育機会確保法を機に就学義務がいっそう緩和されることになった。

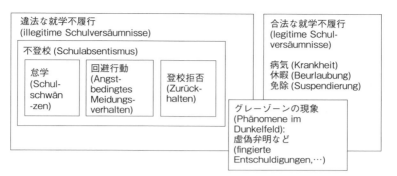

図 6-7　不登校と就学不履行の構造（Ricking（2006）を筆者邦訳，一部改変）

共通している。しかし，前者がこれを厳格に捉えているのに対して，日本ではかなり弾力的な対応がとられてきたという違いがある[19]。

　こうしてみると，ドイツにおける不登校は，強制性を伴うがゆえに，逆に就学義務という制度そのものの「正当性」を問いかけることになる。不登校に対する強制措置は「なぜ学校に行かなければならないのか？」との疑問をより強く引き起こすからだ。先に見た「怠学」「回避行動」「登校拒否」のいずれもが，そもそもの原因を，学校から逃避した生徒の側とみるのか，あるいは，逃避によって防衛しなければならないような学校の側とみるのか，一概に白黒をつけることができない。不登校，そしてさらにその先にある早期離学の問題は，必ずしも生徒や家庭の「問題」と単純に片付けることができない[20]。

　そもそも近代の義務教育制度は，「無償性」や「機会均等」の原則に拠って立ち，すべての子どもの学習権を保障する制度とされてきた。しかし，子どもの側からみると，指定された学校・学級のなかで，定められた教育内容を習得することを強いられるという，強制性を伴う仕組みでもある。このような強制性が正当化されるためには，少なくとも，①学校教育が家庭や地域社会ではなしえない専門的な教育を提供していることと，②子どもが現在・将来の社会を生きるために不可欠な教育であること，という２点が兼ね備えられていなければならない（小松 2005）。

---

20) シュルツェとヴィトロック（Schulze & Wittrock 2005：121-138）は，早期離学者が既存の学校の規範とルールに疑問を抱き，感情的に逃げ出したり，防衛に乗り出したりするために，学校から逃れると述べる。そして，学校の長期欠席に至る第一の段階は授業の長期欠席であるとしている。結果として，生徒は学校からのみならず社会からも隔絶し，時には身体的・心理的な孤立に至ってしまうのだ。

ドイツの法学者ルクス（Rux 2018）は，就学義務制度について，次のような根本的な問いを呈している。

　　国家が市民の自己決定権のなかに集中的・継続的に介入するような領域は，刑務所というわずかな例外を除けば，学校制度の他には存在しないであろう。授業への規則的な出席と学校で扱われる題材への予習・復習の義務化は，関係する生徒や青少年にとって，自らの人格の自由な発達や一般的な行動の自由という基本権に対する静かなる介入を意味している。このような介入には特別な正当化が必要なのであり，多くの国において就学義務が憲法か少なくとも議会立法で根拠づけられているから，といった事実をもってするだけでは自明視されえない。（Rux 2018：39-40）

　ここでは，「就学義務」が子どもの「基本権への静かなる介入」とされ，そのような「介入」はそれに値する正当性が担保される限りにおいて容認されると考えられている。逆にいえば，「正当性」の担保を超えた領域については，「就学義務」といえども不当な「介入」となる。「なぜ学校に行かなければならないのか？」との問いに応じうる「正当性」とは，単に法によって定められているからという理由のみでは不十分ともされている。

　たしかに早期離学は，就職を困難にさせる若者の無資格離学の問題として先鋭化する。しかし，「学校修了資格が就職のために必要だから」といって学校で学ぶ内容が就職に直結するものになっているわけではない。むしろ，学校の教育内容は就職とは直結しない教養的な内容が中心である。就学義務が強制力を伴う以上，教育内容のバランスや，子どもにとって本当に有用であるのかといった「正当性」からの問い直しが絶えず求められるのである。学校の役割や射程の問題でもある[21]。

　ドイツ連邦共和国基本法（憲法）では，①人格の自由な発達権（第2条第1項「何人も，他人の権利を侵害せず，かつ憲法的秩序または道徳律に違反しない限り，自らの人格の自由な発展を求める権利を有する。」），②親の教育権（第6条第2項「子の監護および教育は，両親の自然的権利であり，かつ何よりも先に両親に課せられた義務である。そ

21）ドイツで広く読まれている『教育学用語辞典』によれば，「学校（Schule）」には次のような機能があるとされている。①資格付与機能，②選抜機能，③配分機能，④統合機能・正当化機能。さらには，学校の社会化機能，再生産機能なども加わる。そして，親は，一方では子どもに適した楽しい学校を欲しつつも，他方では極力高い修了資格・職業資格を得るための学校を求めるという「矛盾した期待」を抱いていると説明されている（Schaub & Zenke 2000）。

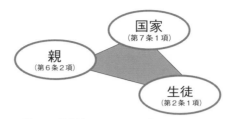

図 6-8　基本法のトライアングル（筆者作成）

の実行については，国家共同社会がこれを監視する。」），③国家の学校監督権（第 7 条第 1 項「あらゆる学校制度は，国家の監督のもとに置かれる。」），の 3 規定に基づくトライアングルが存在する（Rux 2002）。端的に表現すれば，図 6-8 のように，生徒－親－国家からなるトライアングルの構造として捉えられる[22]。

　歴史的には，プロイセン絶対王政期に，私事であり教会の付属施設であった学校が国家化（Verstaatlichung）され，公権力行使の場へと編入された経緯がある（結城 2019，竹内 1976）。以来，学校は，子どもを継続的・強制的に収容し，国家が定める内容の習得を強いる機関となった。これにともない教師は，この国家的事務を遂行する官吏（Beamte）となり，子どもは長らく「特別権力関係」[23]における無権利客体と位置づけられてきた。ドイツにおける学校制度は「国家性（Staatlichkeit）」こそ最大の特質としている。第二次世界大戦後は，学校の「法化（Verrechtlichung）」により特別権力関係論が否定されるが，「国家性」という特質は今日なお残存している。

　だからこそ，国家の教育施設としての学校には，明確な目的や範囲と限界——つまり射程（Reichweite）——が必要になる。就学義務は，この「射程」の限りにおい

22）この詳細については，辻野（2016）に詳しい。

23）「教員の勤務関係」「子どもの在学関係」は，軍隊での「兵士の在軍関係」や監獄での「囚人の在監関係」，病院での「患者の在院関係」と同様に，公法上の特別権力関係（öffentlich-rechtliches besonderes Gewaltverhältnis）として把握されるに至った。こうした「特別権力関係論」は「ドイツとわが国にしか存在しない（中略）特殊な公法理論」（室井 1968：1）とされた。

24）たとえば，フーバーとグロッシェ（Huber & Grosche 2012）は，「予防」の段階についてさらに，第 1 段階＝定期的な授業，第 2 段階＝集中的な支援，第 3 段階＝集中的な個別援助，の 3 層により構造化している。

25）リッキングとハーゲン（Ricking & Hagen 2016）によれば，オルタナティブな就学とは，多くの場合，市当局による公的なプロジェクトか，あるいは青少年援助団体による私的なプロジェクトによって担われている。それらは，多くの場合，3〜4 名の大人が 10〜15 名の子どもに関わる少人数制の取り組みとされる。

26）この研究課題へ向けて，筆者らはオルデンブルク大学の研究グループとの共同研究に着手している。Tsujino et al.（2019）を参照。

てのみ「正当化」される。従来それは，子どもが起床している時間の半分以上を国家（学校）に預けることを是としない「半日学校」の論理によって担保されてきた。しかし，今日の学校の終日化拡大の動向（布川 2018）のなかではさらなる根拠づけが必要になっている。そして，現実にも学校の終日化に対しては，学校外教育（とりわけ青少年援助）の領域からの批判が根強い（辻野 2016）。

　学校教育が家庭教育と棲み分けてきた伝統からの転換期にあって，早期離学の問題は学校教育の「正当性」を再び問い直している。

5 おわりに

　本章では，ドイツにおける早期離学問題の現状について，「分岐型学校制度」や「デュアルシステム」などの特質をふまえ論じてきた。早期離学を定義することは容易ではなく，一般教育学校の離学者と職業教育の離学者とを峻別する必要もあった（第2節）。こうした問題の複雑さとは別に，早期離学はマクロには連邦レベルでの政策課題ともなっており，KMK だけでなく連邦教育省や連邦議会なども関わっていた（第3節）。一方，早期離学は当事者への対応というミクロな問題にとどまらず，就学義務の「正当性」そのものを厳しく問い直していることを指摘した（第4節）。

　以上は，学説上ないし概念上の論争点ではあるが，これが教育現場においてどのように現象化しているのか（あるいはしていないのか）という実践上の課題は，あらためて検証されなければならない。そこには，学校教育だけでなく，青少年援助・教育福祉や少年司法などの縦割り行政の溝も存在する。さらに，現実の早期離学・不登校には予防[24]，早期介入，復学，オルタナティブな就学[25]など段階別の多様なアプローチがなされている。その担い手もソーシャルワーカー（Sozialarbeiter），社会的教育士（Sozialpädagoge），教育士（Erzieher），カウンセラー，行政職員，非営利組織など広範多岐にわたっている。これら実践上の課題を構造的に分析することが続く課題となる[26]。

【引用・参考文献】
木戸　裕（2009）.「現代ドイツ教育の課題—教育格差の現状を中心に」『レファレンス』2009 年 8 月号，5–29.
小松茂久（2005）.『学校改革のゆくえ』昭和堂
坂野慎二（2017）.『統一ドイツ教育の多様性と質保証—日本への示唆』東信堂

竹内俊子（1976）.「「教育の自由」と学校に対する国家の「監督」」『法政論集』66, 1–93.

辻野けんま（2016）.「ドイツの学校は国家とどう付き合ってきたか」末松裕基［編著］『現代の学校を読み解く―学校の現在地と教育の未来』春風社, 297–331.

久田敏彦［監修］ドイツ教授学研究会［編］（2019）.『PISA 後のドイツにおける学力向上政策と教育方法改革』八千代出版

布川あゆみ（2018）.『現代ドイツにおける学校制度改革と学力問題―進む学校の終日化と問い直される役割分担のあり方』晃洋書房

布川あゆみ・森田英嗣（2015）.「ドイツ―格差是正に向けた連邦・州・学校における多様な取り組み」志水宏吉・山田哲也『学力格差の国際比較』岩波書店, 149–179.

室井　力（1968）.『特別権力関係論』勁草書房

結城忠（2019）.『ドイツの学校法制と学校法学』信山社

Deutsches Jugendinstitut（2006）. *Chancen für Schulmüde: Reader zur Abschlusstagung des Netzwerks Prävention von Schulmündigkeit und Schulverweigerung am Deutschen Jugendinstitut e. V.*, 16. September 2005.

Eurostat（2017a）. Distribution of Early Leavers from Education and Training Aged 18–24 by Labour Status, 2016（% of population aged 18–24）ET17.png.〈http://ec.europa.eu/eurostat/statistics-explained/index.php?title=File:Distribution_of_early_leavers_from_education_and_training_aged_18-24_by_labour_status,_2016_ (%25_of_population_aged_18-24)_ET17.png&oldid=337317〉（最終確認日：2017 年 10 月 5 日）

Eurostat（2017b）. Early Leavers from Education and Training, 2011 and 2016（% of population aged 18-24）ET17-de.png.〈http://ec.europa.eu/eurostat/statistics-explained/index.php/File:Early_leavers_from_education_and_training,_2011_and_2016_ (%25_of_population_aged_18-24)_ET17-de.png〉（最終確認日：2020 年 11 月 24 日）

Hennemann, T., Hagen, T., & Hillenbrand, C.（2010）. Dropout aus der Schule: Empirisch abgesicherte Risikofaktoren und wirksame pädagogische Maßnahmen. *Empirische Sonderpädagogik*, 2010（3）, 26–47.

Hillenbrand, C., & Ricking, H.（2011）. Schulabbruch: Ursachen – Entwicklung – Prävention. *Zeitschrift für Pädagogik*, 57（2）, 153–172.

Huber, C., & Grosche, M.（2012）. Das response-to-intervention-Modell als Grundlage für einen inklusiven Paradigmenwechsel in der Sonderpädagogik. *Zeitschrift für Heilpädagogik*, 8-2012, 312–322.

KMK（2007）. Handlungsrahmen zur Reduzierung der Zahl der Schülerinnen und Schüler ohne Schulabschluss, Sicherung der Anschlüsse und Verringerung der Zahl der Ausbildungsabbrecher, Beschluss der Kultusministerkonferenz vom 17./18. 10. 2007.

Kotte, V.（2018）. „Durchläufer" und „Drop-Outs": (Dis-)Kontinuitäten von Ausbildungsverläufen im dualen System. *Zeitschrift für Pädagogik*, 64, 441–460.

Ricking, H.（2006）. *Wenn Schüler dem Unterricht fernbleiben. Schulabsentismus als pädagogische Herausforderung*. Bad Heilbrunn: Klinkhardt.

Ricking, H.（2016）. *Schulabsentismus und Schulabbruch: Grundlagen - Diagnostik - Prävention（Brennpunkt Schule）*（German Edition）. Stuttgart: Kohlhammer Verlag. Kindle 版.

Ricking, H., & Hagen, T.（2016）. *Schulabsentismus und Schulabbruch: Grundlagen - Diagnostik – Prävention*. Stuttgart: W. Kohlhammer.

Rux, J.（2002）. *Die Pädagogische Freiheit des Lehrers: Eine Untersuchung zur Reichweite und zu den Grenzen der Fachaufsicht im demokratischen Rechtsstaat*. Berlin: Duncker & Humbolt.

第1部

第2部

Rux, J. (2018). *Schulrecht*. 6. Auflage, München: C.H.Beck.

Schaub, H. & Zenke, K. G.（2000）. *Wörterbuch Pädagogik*, 4. Auflage, München: Deutscher Taschenbuch Verlag.

Schulverweigerung als sozialpädagogische Herausforderung für Jugendwerkstätten und Pro-Aktiv-Centren, Themenheft 2, 2014.〈http://nord.jugendsozialarbeit.de/fileadmin/ Bilder/2014_Themenhefte/Themenheft_Schulverweigerung.pdf〉（最終確認日：2018年10月5日）

Schulze, G. C., & Ricking, H. (2013). Disaffection and School Absenteeism, A Life Space Analysis and Preventive Strategies, Symposium on School Alienation, Istanbul.

Schulze, G. C., & Wittrock, M.（2004）. Unterrichtsabsentismus ein pädagogisches Thema im Schnittfeld von Pädagogik, Sonderpädagogik und Sozialpädagogik. *Vierteljahresschrift für Heilpädagogik und ihre Nachbargebiete*, 3, 282–290.

Schulze, G. C., & Wittrock, M.（2005）. Wenn Kinder nicht mehr in die Schule wollen. Hilfen für schulaversive Kinder und deren Eltern im Rahmen von allgemeinen Schulen. in S. Ellinger, M. Wittrock（Hrsg.）, *Sonderpädagogik in der Regelschule; Konzepte – Forschung – Praxis*. Stuttgart: Verlag W. Kohlhammer, 121–138.

Statista (2020). Anteil der Schulabgänger/-innen ohne Hauptschulabschluss an der gleichaltrigen Bevölkerung in Deutschland nach Bundesländern im Abgangsjahr 2018.〈https://de.statista. com/statistik/daten/studie/255309/umfrage/anteil-der-schulabgaenger-innen-ohne-hauptschulabschluss-in-den-bundeslaendern/〉（最終確認日：2020 年 4 月 19 日）

Statistisches Bundesamt（2017a）. Absolventen und Abgänger nach Geschlecht und Schulabschlüsse（2014/2015）.〈https://www-genesis.destatis.de/genesis/online/logon?langua ge=de&sequenz=tabelleErgebnis&selectionname=21111-0014〉（最終確認日：2017 年 10 月 2 日）

Statistisches Bundesamt（2017b）. Datenbank.〈https://www-genesis.destatis.de/genesis/online/lo gon?language=de&sequenz=tabellen&selectionname=211*〉（最終確認日：2017 年 10 月 2 日）

Statistisches Bundesamt（2017c）. Wiederholer nach Geschlecht und Bundesländern（2016/2017）. 〈https://www.destatis.de/DE/ZahlenFakten/GesellschaftStaat/BildungForschungKultur/ Schulen/Tabellen/AllgemeinBildendeWiederholerBundeslaender.html;jsessionid=6E6FDF37F 33078C4507145EC30EAD378.cae3〉（最終確認日：2017 年 10 月 2 日閲覧）

Statistisches Bundesamt（2018）. Schulen auf einen Blick.〈https://www.destatis.de/GPStatistik/ servlets/MCRFileNodeServlet/DEHeft_derivate_00035140/Schulen_auf_einen_Blick_2018_ Web_bf.pdf;jsessionid=5BBFAA19E06C8B05F31D4EF0E0326230〉（最終確認日：2020 年 4 月 19 日）

Statistisches Bundesamt（2019）. *Statistisches Jahrbuch: Deutschland und Internationales*.〈https:// www.destatis.de/DE/Themen/Querschnitt/Jahrbuch/statistisches-jahrbuch-2019-dl.pdf?__ blob=publicationFile〉（最終確認日：2020 年 4 月 29 日）

Statistisches Bundesamt（n.d.）. Absolventen/Abgänger nach Abschlussart und Geschlecht. 〈https://www.destatis.de/DE/Themen/Gesellschaft-Umwelt/Bildung-Forschung-Kultur/ Schulen/Tabellen/liste-absolventen-abgaenger-abschlussart.html;jsessionid=252304DB41537A B6605AEB31F2B8466F.internet8732〉（最終確認日：2020 年 11 月 24 日）

Tsujino, K., Schulze, G. C., Ricking, H., Soeda, H., Meise, S., Fukawa, A.（2019）. Special Topic II: The Scope of Public Education in Japan and Germany with a Focus on "School Absenteeism". *Urban Scope*, 10, 36–84.

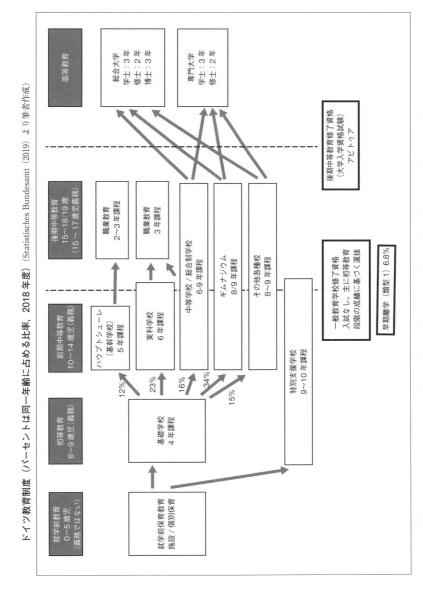

ドイツ教育制度（パーセントは同一年齢に占める比率、2018年度）(Statistisches Bundesamt (2019) より筆者作成)

| | 就学前教育 0～5歳児 （義務ではない） | 初等教育 6～9歳児 （義務） | 前期中等教育 10～14歳児 （義務） | 後期中等教育 15～18/19歳 （15～17歳は義務） | 高等教育 |

就学前保育 施設／個別保育

基礎学校 4年課程

特別支援学校 9～10年課程

ハウプトシューレ （基幹学校） 5年課程

実科学校 6年課程

中等学校／総合制学校 6-9年課程

ギムナジウム 8/9年課程

その他各種校 8～9年課程

職業教育 2～3年課程

職業教育 3年課程

総合大学 学士：3年 修士：2年 博士：3年

専門大学 学士：3年 修士：2年

後期中等教育修了資格 （大学入学資格試験） アビトゥア

一般教育学校修了資格 入試なし。主に初等教育 段階の成績に基づく選抜

早期離学（類型1）6.8%

12%　23%　16%　34%　15%

※1　州によって（義務教育期間含む）教育制度・学校種・学校名称は多様な傾向にあるため、ここではあくまでも大枠となる教育制度について説明を行う。
※2　類型1：一般教育学校の就学義務を終えていない（ハウプトシューレ修了資格を取得していない）無資格早期離学者。ISCED2を修了していない。

第**7**章 オランダにおける早期離学の
現状と課題

見原礼子

1 はじめに

EU の「欧州 2020」戦略 (46 頁参照) における早期離学率の引き下げに向けて，オランダは EU の全体目標である 10％を下回る 8％以下という「野心的」な数値目標を据えていた。この目標値を 2016 年に達成したオランダは，さらなる引き下げを目指してさまざまな取り組みを継続してきた。2016 年以来，オランダの早期離学率は 7％台を維持し，直近の 2018 年における早期離学率は 7.5％であった。この数字は周辺国と比べても低い (Eurostat 2020)。これらのことから，国際比較の文脈においては，オランダは EU のなかでも早期離学率の引き下げが最も早く進んでいる国の 1 つとして紹介される機会が多かったといえよう (Keskiner & Crul 2018：239)。だが，オランダの取り組みにおいても問題が提起されていないわけではなく，むしろ早期分岐型の学校教育制度から生じるオランダ固有の諸課題が指摘されてきた。

本章では，オランダにおける早期離学の現状と課題を，とりわけ同国の早期分岐型の学校教育制度の特徴とそこから生じる問題に着目しながら考察し，そのうえで，「欧州 2020」の先の中長期的な教育改革を見据えた議論がどのように展開されているのかをつまびらかにすることを目的とする。

2 早期離学者の定義と推移

オランダでは，原則として初等教育 (primair onderwijs) 卒業段階で進路の振り分けが行われており，早期分岐型の教育制度となっている (☞ 126 頁，学校系統図)。中等教育では，大きく進学準備系と職業準備系に分かれる。進学準備系の教育課程は，5 年間の一般中等教育 (高等専門教育進学向け) (hoger algemeen voortgezet onderwijs：HAVO) および 6 年間の大学準備中等教育 (voorbereidend wetenschappelijk onderwijs：VWO）に分かれる。一方，職業準備系の教育課程は4年間の職業訓練準備教育（voorbereidend middelbaar beroepsonderwijs：VMBO）が該当する。後述するように，VMBO には4つのレベルがある。VMBO 修了後に直接的に接続する職業訓練教育コースが中等職業訓練教育（Middelbaar beroepsonderwijs：MBO）であり，ここでもレベル1からレベル4まで1〜4年間のプログラムが展開されている。

　オランダにおける早期離学者（voortijdig schoolverlaters）の定義において鍵となるのは，基礎就業資格（startkwalificatie）という概念である。この概念は1993年にオランダ教育文化科学省が導入したもので，労働市場に出るために必要最低限の資格のことを意味する（Traag 2013：10）。具体的には，少なくとも MBO のレベル2（MBO-2），HAVO，または VWO を修了していることが条件となる。基礎就業資格を有することなく教育・訓練を受けていない12〜23歳の若者が，オランダにおける早期離学者の基本的な定義である[1]。

　EU や OECD の国際比較で用いられる早期離学者の定義は，18〜24歳のうち前期中等教育またはそれ以下で教育・訓練を離れ，その後の教育・訓練を受けていない者（European Commission 2013；柿内 2016）とされているので，オランダの定義における年齢層のほうがやや広範囲で，かつ低年齢から対象に含まれている。対象年齢が12歳以上とされているのは，中等教育に入る段階から分岐するオランダの学校教育制度が関係している。ただし後述するように，中等教育段階での早期離学者の割合は0.5％程度と相対的に低い。したがって，早期離学対策の主なターゲットは中等教育課程からの移行期である16歳以上ということになる。なお，オランダ国内では早期離学者の総計ではなく，毎年の12〜23歳の若者における新規の早期離学者数（nieuwe voortijdig schoolverlaters）をカウントしたデータを用いるのが一般的である。

　後述するように1990年代から早期離学対策を本格的に展開してきたオランダは，2010年代前半までに大幅な早期離学者の減少に成功した。具体的には，2001年度の新規早期離学者数が7万1,000人であったのに対して，2014年には2万5,000人まで減少させた（Tweede Kamer der Staten-Generaal 2015）。その後も，2024年までに2万人まで減らすことを目標として政策が展開されてきた。ただし，2016/2017年度以降，新規早期離学者数は若干の増加に転じている（図7-1参照）。全生徒数に対する新規早期離学者の割合も2015/2016年度の1.7％から，最新の2018/2019年

1）オランダ教育文化科学省ウェブサイトを参照（Ministerie van Onderwijs, Cultuur en Wetenschap n.d.b）。

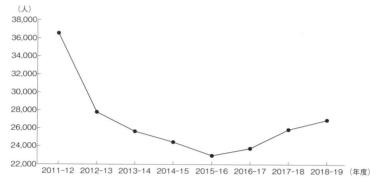

（人）

※1　2011-2012年度から2012-2013年度の間の早期離学者数の大幅な減少は，統計手法を改善したことも部分的に影響している。

図7-1　新規早期離学者数の推移（Ministerie van Onderwijs, Cultuur en Wetenschap n.d.a）

度には2%にまで上昇した。

3 職業訓練教育課程の概要

　本章で扱うテーマにおいて最も関連が深いのが職業準備系の教育課程である。そこで以下では，当該の教育課程についてさらに掘り下げてみていく。先述のように，オランダでは中等教育入学段階で進学準備系と職業準備系に分かれる。進学準備系と職業準備系の教育課程への進学率は例年おおよそ半々であり，直近のデータによれば，前者が45.10%で後者が47.69%であった（☞126頁，学校系統図）。後者の教育課程に相当するVMBOにはさらに4つのレベルがあり，基礎職業教育プログラム（basisberoepsgerichte leerweg：BB），マネージメント職業教育プログラム（kaderberoepsgerichte leerweg：KB），混合プログラム（gemengde leerweg：GL），そして理論プログラム（theoretische leerweg：TL）の順に，より高度な学習内容が含まれる[2]。

　VMBO修了後に接続する職業訓練教育コースであるMBOも，大きく次の4つのレベルに分かれている[3]。

　・初級訓練（Entreeopleiding：MBO-1）：中等教育修了証（diploma）[4]をもたな

2）職業訓練教育課程改革の一環として，将来的にGLとTLは統一されることが見込まれている。

い者を対象。1年間のコースで，修了後は MBO-2 または労働市場への移行。

・基礎職業訓練（MBO-2）：実務職（美容師や自動車整備士など）に従事するための基礎的職業訓練。1〜2年間のコース。入学に際しては VMBO の BB 以上修了もしくは MBO-1 修了の学歴が必要。

・職業訓練（MBO-3）：専門職に就くための職業訓練。2〜3年のコース。裁量のある仕事に従事するための学びを行う。入学に際しては，VMBO の KB 以上もしくは HAVO または VWO の3年間の基礎形成（basisvorming）を修了したか，MBO-2 修了の学歴が必要。

・中間管理職養成（MBO-4）：管理職もしくは専門職養成。3〜4年のコース。高度に裁量のある立場で仕事に従事するための学びを行う。入学に際しては，VMBO の KB 以上もしくは HAVO または VWO の3年間の基礎形成を修了したか，MBO-2 または MBO-3 修了の学歴が必要。MBO-4 修了後は高等専門教育（hoger beroepsonderwijs: HBO）への入学資格も得られる。

　MBO には大きく3種類の教育機関がある。1つめは地域研修センター（regionale opleidingencentra：ROC's）で，建築，保健医療，サービス業など多岐にわたる職業訓練が提供される。2020年時点でオランダ国内に42校が設置されている。2つめは農芸研修センター（agrarische opleidingscentra：AOC's）で，食物，自然，環境に関連する分野での職業訓練校となる。VMBO と接続された職業教育プログラムを有しているところが多い。2020年時点で10校が設置されている。最後は職業訓練校（vakscholen）で，2020年時点で11校が設置されている。ROC's より小規模で単科のコースを有する学校が多いが，VMBO との接続プログラムを有しているところもある。2018年度のデータによると，MBO に在籍する生徒数は約50万7,900人であり，機関別にみると ROC's に通う生徒が全体の90%，AOC's に通う生徒が4.6%，職業訓練校に通う生徒が5.4% であった[5]。

3) オランダ政府公式ウェブサイトを参照（Rijksoverheid n.d.b）。なお，近年の傾向としては，より高次のコースに進む割合が高まっている。2011/2012年度のコース別在籍率は MBO-1〜MBO-4 の順に4.7%，24.1%，27.5%，43.7% であったのが，2018/2019年度（速報値）には，3.3%，17.0%，24.9%，54.9% であった（Inspectie van het Onderwijs 2019：147）。

4) VMBO，HAVO，VWO のいずれかを修了した場合に発行される修了証を指す。

5) MBO 評議会公式ウェブサイトを参照（MBO Raad 2019）。公的助成を得て運営されるこれらの MBO 以外に，公的助成を得ない MBO（niet-bekostigde instellingen（nbi's）も運営されている。nbi's で学ぶ生徒数は2016/2017年時点で約3万8,000人であった（Inspectie van het Onderwijs 2019：165）。

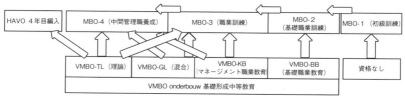

図7-2　VMBO から MBO への主な接続ルートの概略図
（オランダ政府公式ウェブサイト等を参照の上，筆者作成）

　MBO での教育課程には，実務経験を通じた研修を中心としたコースと学校内での座学や研修を中心としたコースという2つの形態がある。前者は職業指導課程（beroepsbegeleidende leerweg：BBL）と呼ばれ，雇用契約を有した職場への週4回（少なくとも週24時間）の勤務と週1回の通学の組み合わせとなっている。後者は職業訓練課程（beroepsopleidende leerweg：BOL）と呼ばれ，週4〜5回は通学し学校内で理論を学んだり研修を受けたりする。BOL プログラムの一環としてインターンシップを体験し，そこで実務経験を積む。履修者の平均年齢には大きな違いがあり，BBL が25歳以上であるのに対して，BOL は主に10代の若年層である（UNESCO-UNEVOC 2012：10）。2017年のデータによれば，MBO に在籍する生徒全体の約24%が BBL 課程，約74% が BOL 課程に在籍していた（MBO Raad n.d.）。

4　早期離学改善政策の変遷と統計手法の改善

　本節では，1990年代以降の早期離学改善政策のなかで，特に重要な展開に限定して論じていく。オランダにおいて早期離学にかかわる具体的な政策が展開され始めたのは，1990年代に入ってからのことである。初の包括的政策としては，1993年に政策覚書「スタートは準備万全で（Een goed voorbereide start）」が発表されたことが挙げられる。この覚書は，先に挙げた基礎就業資格の定義と，それに基づく早期離学者の定義の導入により，早期離学の解消に向けた包括的・統合的な政策を展開するための土台となった（Tweede Kamer der Staten-Generaal 1999）。この段階でまず重視されたのは個々の学生の困難な状況にアプローチすることであり，そのために，自治体レベルでの政策の展開を促す方策が必要とされた。

　翌年1994年には，オランダ国内を39の教育区に分けて，各自治体が早期離学者の政策を実施できる枠組みが作られた。この枠組みを「地域申告・調整機能（Regionale meld- en coördinatiefunctie：RMC）」といい，2001年には「早期離学のため

の地域報告と調整機能に関する規則を定める法」の制定により，より組織的な枠組みが作られるにいたった。この法によって，各学校は所管の RMC に対して 23 歳までの早期離学者を報告する義務を負うことになり，その数を RMC が登録することで早期離学者数のデータ化が図られるようになった。この法律は 1969 年の義務教育法と並んで，オランダの早期離学と関連する最も重要な法律として位置づけられた（Steeg & Webbink 2006：49）。

　1999 年に策定された早期離学対策計画（Plan van aanpak voortijdig schoolverlaten）は，1993 年の政策覚書の方向性を踏襲しながら，行動計画の３つの柱を立てた。それらは具体的に，① RMC 機能のさらなる強化（上述の通り 2001 年に法制化・義務化）のほか，② VMBO と MBO の接続の強化や③都市部における「リスクを有する若者（risicojongeren）」[6] への有効なアプローチをとることが含まれていた（Wetenschappelijke Raad voor het Regeringsbeleid 2009：53）。職業教育訓練制度の改善（②）と「リスクを有する若者」への支援（③）という双方のアプローチから早期離学対策が進められるようになったことがうかがえる。

　だが 2000 年代以降，早期離学者数が示されるにつれて，データに関する課題が浮き彫りになった。最も大きな問題として取り上げられたのが，既存の統計手法は個々の生徒の追跡が十分できないという点であった。たとえば，一人の生徒がある教育機関を早期離学した場合，その後に別の教育機関で復学したケースなども早期離学者としてカウントされるケースが発生していた。早期離学者の統計手法を改善するための方策が議論されるようになった。

　一連の議論を経て，「欧州 2020」戦略を踏まえて 2006 年に本格的に策定された「早期離学改善（Aanval op de uitval）」政策及びその翌年以降のフォローアップ政策において，早期離学者の登録システムの改良が試みられた。オランダの学校教育制度のもとで学ぶ生徒一人ひとりに対して教育番号（het onderwijsnummer）を発行し，これを基礎教育登録データベース（Basisregister Onderwijs：BRON）において管理する方法が取られることになったのである（De Witte et al. 2014：12）。

　BRON が管理するデータは，個別番号，個人名，住所，生年月日，学校，および学校種である（Cedefop 2017：13-14）。これによって生徒一人ひとりの進路のトラッキングが可能となるだけでなく，国，地域，自治体，学校という多様なアクター間で

6）上記の早期離学対策計画において，「リスクを有する若者」とは，「VMBO レベルの教育課程を修了しておらず，就労もせず，多様な問題を抱えて警察や司法機関からの介入を受けている者」と説明されている。

早期離学者の把握がなされるようになった。また，社会経済的なデータとの連結によって，個々の状況に応じたきめ細かな取り組みが可能となったとされる（Ministry of Education, Culture and Science 2013：5）[7]。

2007年には，各学校（VMBO及びMBO），RMCの各地域拠点，および政府の間で早期離学者の引き下げに向けた目標に到達するための合意文書が交わされた。関係者間の調整役として，RMCの役割はより重要性を増すことになった。とりわけ，早期離学者との面談やコンサルテーションを通じて，個々の状況や資質に応じたオーダーメイド型のプログラムを組み立てることにより，復学や就職に向けた支援がなされるようになった。

2000年代後半以降に展開された一連の政策のうち，早期離学予防政策については，それまでに形作られた枠組みを補強しながらも，より包括的なパッケージとして組み立てられた。具体的には，教育課程の移行期の早期離学をめぐる対策，キャリアガイダンスの充実化，スポーツ活動や文化活動を積極的に取り入れた職業教育及び訓練，デジタル欠席ポータル（Digitaal verzuimloket）の導入による長期欠席者に対する早くからの介入と支援の提供，教育におけるケアの枠組みの導入などが挙げられる（Ministry of Education, Culture and Science 2013：5-6；Cedefop 2017：8-9）。

このうち，教育課程の移行期の早期離学については，とりわけ職業準備系のVMBOからMBOへの移行期（特に低次のコースでの移行）に頻繁にみられることが大きな課題の1つとされてきた。そこで，VMBOとMBO（ROC's）が協力し，MBO-2レベルまで一貫した教育コースとして1つの学校で提供するパイロットプロジェクトが実施されるようになった。これにより，なじみのある学校環境において支援を受けながら発展的な職業教育・訓練を受ける仕組みの構築が目指された（Ministry of Education, Culture and Science 2013：5）。

5 　移民の背景をもつ生徒の早期離学

これまで，早期離学のリスク要因を捉えようとする研究は数多くなされてきたが，そのうち最も活発に議論されてきたテーマの1つが，エスニシティの違い，すなわち移民の背景を有することと早期離学の関係であった（De Baat & Foolen 2012：1-6）。

7）ただし，このような生徒個人のデータベース化による利便性の確保は，ドゥルーズのいう「管理社会」の様相をより一層帯びるようになるのではないかという批判的検討も加えるべきであろう。この点については別稿に譲りたい。

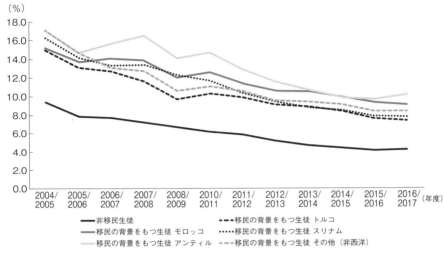

※1　2012/2013 年度以後は義務教育の対象になっていない生徒（たとえば特別支援教育を受けている者）は早期離学のデータから除外されている。

図 7-3　MBO からの早期離学率の推移（移民の背景の有無および出身別）
(Centraal Bureau voor de Statistiek 2018：60)

たしかにオランダでは，移民の背景をもつ生徒[8] ともたない生徒の間の早期離学率には顕著な差があり，2000 年代前半から現在に至るまで両者の間の差はほとんど埋まっていない。2016/2017 年度における MBO からの早期離学率をみると，移民の背景の有無によって 2 倍程度の差があることがわかる（図 7-3 参照）[9]。

これまでの先行研究からは，保護者の学歴や社会階層などさまざまな要因を考慮すれば，移民の背景の有無による早期離学率の差はそれほど顕著でないということが明らかにされてきた（Steeg & Webbink 2006：28-29；Traag & Velden 2008：27）。だが同時に，このことを別の視点からみれば，移民の背景をもつ人びとの社会経済的状況は，平均して厳しい立場に置かれているということをも意味する。実際，2017 年の失業率（15〜75 歳）を移民の背景の有無別にみると，非移民 4% に対して西洋系移民が 6%，非西洋系移民は 11% と倍以上に上っている（Centraal Bureau

---

8)「移民の背景をもつ」人は，オランダ語で allochtonen と呼ばれる。Allochtonen の定義に含まれるのは，移民の背景をもつ第一世代と第二世代である。

9) なお，男女比でみた場合の違いも興味深い。基礎就業資格をもたない 18〜25 歳の割合（2017 年）は，非移民の男女比（男性 8.7%，女性 4.4%）に対して，トルコ系・モロッコ系移民の男女比（男性 18.8%，女性 6.1%）やスリナム系・アンティル系移民の男女比（男性 11.5% と女性 3.8%）の差が著しい（Centraal Bureau voor de Statistiek 2018：61）。

voor de Statistiek 2018：83）。

　もう1つ確認しておくべきは，そもそも移民の背景の有無による違いは，中等教育段階から生じているという点である。中等教育の3年次において在籍している出身別の生徒の割合をみると，VMBO のなかでも最も基礎的な職業教育プログラムである VMBO-BB に在籍する移民の背景をもつ生徒の割合は，非移民の生徒と比較して2倍近くあるいはそれ以上という状況にある（Centraal Bureau voor de Statistiek 2018：83）。後述するように，MBO 段階での早期離学率はコースのレベルが低くなればなるほど上がる傾向がみられる。移民の背景をもつ生徒が VMBO 段階で低次のコースに在籍する割合が高いことは，その接続ルートである MBO においても低次のコースからスタートせざるをえないことを意味する。このように，移民の背景をもつ生徒の早期離学をめぐる課題は，中等教育段階で彼らを低次の職業訓練課程へと振り分けるオランダの学校教育制度とも深くかかわっている。

6　残された課題

　1990 年代末から展開されてきた一連の政策を通じて，オランダの早期離学者数は大幅な引き下げを実現した。しかしながら，図 7-1 で確認したように，ここ数年間は下げ止まりがみられる。従来から指摘されてきたように，早期離学が生じるタイミングは，MBO への移行期と移行後の低次のコースにおいてである。図 7-4 は，教育課程・レベル別に近年の早期離学者の割合を示したものであるが，とりわけ MBO-1 と MBO-2 のコース在学中の早期離学者の割合が高くなっていることがわかる。

　早期離学者の人数としては，MBO 全体の 2018/2019 年の早期離学者数は2万1,571 人，中等教育段階での早期離学者数は 4,539 人であった。MBO のうち，在籍者の多い MBO-4 での離学が最も多く，8,081 人（速報値）であった。次いで多いのが MBO-2 での離学で，同年のデータによると 7,014 人であった（Ministerie van Onderwijs, Cultuur en Wetenschap 2020）。他方，早期離学者の割合が最も高い MBO-1 の早期離学者数は 2,745 人にとどまっていた。

　基礎就業資格の有無は失業率の違いとして明確に反映される [10]。基礎就業資格

10）ただし，EU 全体の 2000 年から 2020 年の間の平均若年失業率（18.87%）と比較すると，オランダは EU 圏内で最も若年失業率が少ない常連国の1つとなっている。最新の 2020 年1月のデータによれば，オランダの若年失業率は 6.4% で EU のなかで三番目に低かった（Eurostat 2020）。

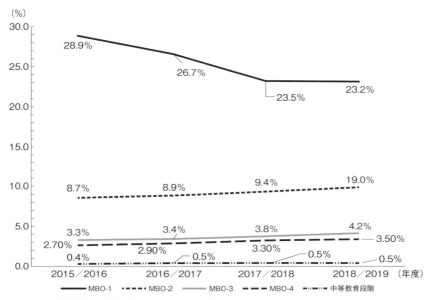

図7-4　早期離学者の割合（教育課程・レベル別）（Ministerie van Onderwijs, Cultuur en Wetenschap
（2019 ; 2020）を参照の上，筆者作成。2018/2019年度については速報値）

を有していない場合，基礎就業資格を有している場合と比較して明らかに失業率が
高いことが示されている。2019年のデータによると，最終学歴がHBOまたは大学
（wetenschappelijk onderwijs：WO）の修士・博士課程の場合の失業率は2.2%，高等教
育（HBOまたはWO）の学士課程の場合の失業率は2.3%，基礎就業資格の最低ライ
ンが含まれるHAVOまたはVWOまたはMBO-2～4修了の場合の失業率は3.2%
である。これに対して，VMBO修了またはHAVO/VWOの基礎形成教育修了ま
たはMBO-1修了の場合の失業率は5.2%，初等教育のみの場合は8.1%に上っていた
（Centraal Bureau voor de Statistiek 2020）。

　オランダ政府は，近年の早期離学者数が下げ止まり，MBOにおいては若干
の早期離学者の上昇傾向がみられる要因はそれほど明白ではないとしつつも
（Engelshoven 2019），可能性の1つとして，労働市場における人材不足の影響により，
外食産業などでのいわゆる「青田買い（groenpluk）」が進み，早期離学へとつながる

11）教育監査局公式ウェブサイトを参照（Inspectie van het Onderwijs n.d.）。
12）教育機関に復学していたのは全体の約20%にあたる4,863人であった（Ministerie van
　　Onderwijs, Cultuur en Wetenschap 2020）。

問題を挙げている。近年では BOL 課程から BBL 課程への移行を可能とすることにより，生徒がいち早く労働市場に参画できるような工夫や，プログラムの柔軟化などを通じて，「青田買い」を理由とする早期離学の解消に努めている[11]。

　オランダ教育文化科学省によると，2016/2017 年度に早期離学した若者 2 万 3,369 人のうち，2 年後の 2018/2019 年度の時点で基礎就業資格を有していないものの在職中である者は，全体の約 29% にあたる 6,711 人とかなりの割合を占めていた。これらのなかに「青田買い」による早期離学者が含まれていることが推測される。だが，同年の早期離学者のうち，2018/2019 年度の時点で全体の約 46% にあたる 1 万 785 人が基礎就業資格を有しておらず，教育機関への復学もしていないこともまた事実である[12]。RMC の機能強化による自治体レベルでの取り組みを通じて，教育，労働市場，あるいはケアの枠組みにすべての若者たちを包摂するための包括的な地域の「セーフティネット」をいかにして効果的に提供できるかが重要な政策課題として認識されている（Engelshoven 2019）。

　すべての若者たちを包摂するという観点からは，もう 1 つ指摘しておくべきことがある。オランダの早期離学対策は，これまで主に職業準備系の普通教育課程（VMBO から MBO）に焦点を当ててきた。だが近年の政策においてケアの枠組みも含めたより包括的な支援が重視されるなかで，特別支援教育を受けたり学習障害等により VMBO 修了が見込めないために実習を中心とした職業訓練プログラム（praktijkonderwijs）[13] を受ける若者の存在が着目されている。オランダ政府は，彼らを脆弱な立場にある若者（jongeren in een kwetsbare positive：JIKP）と呼び，支援を強化しつつある（Gaag et al. 2018：7）。

7　おわりに

　欧州職業訓練開発センターは，職業教育訓練に対する社会的イメージに関する世論調査と国際比較（サンプル数 28 か国 3 万 5,645 人）を 2016 年に実施した。この調査からは，オランダに関して興味深い結果が導き出された（Westerhuis 2018）。同調査結果によれば，16〜18 歳を対象とした職業教育訓練（オランダの場合 MBO）に対し

13）職業訓練プログラムは中等教育課程に位置づけられる。教育内容は個々の資質に応じた発達計画（het Individueel ontwikkelplan）に基づき決定される。就学期間はおおむね 5 年間である。この間に，インターンシップ等を通じて就業経験も積む。修了後は就職するのが一般的であるが，MBO に進む者もいる（Rijksoverheid n.d.a）。

てネガティヴなイメージをもつと回答した割合は 41% で，EU28 か国のなかでフランス，ハンガリー，ベルギーに次いで 4 番目に高かった（Westerhuis 2018：10）。また，職業教育訓練コースから一般教育コースへの移行は困難であると考える割合も，ベルギーとルクセンブルクに次いで三番目に高かった（Westerhuis 2018：14）。

　オランダ教育審議会は 2019 年にまとめた提言のなかで，早期分岐型の教育制度は社会の分断を生み出し，平等な教育機会の提供を妨げているとして，抜本的な制度改革の必要性を訴えた（Onderwijsraad 2019）。その「出発点」として審議会が提示した提言には，制度の分岐と差異化を必要に応じて減少させることや，異なる学校種やプログラム間の連携や協力関係の構築などが含まれていた。早期の段階で一般教育から分断されてきたオランダの職業教育訓練のあり方が昨今改めて問い直されるなかで，その中長期的な改革の行方によっては早期離学問題の焦点や力点も徐々に変化していくことが予想される。

【追　　記】
　実務経験を通じた研修が教育プログラムのなかで極めて重要な位置を占める MBO に在籍する生徒にとって，新型コロナウイルス感染拡大に伴う影響は非常に大きかった。2020 年 10 月 31 日付の新聞 Trouw の記事は，MBO に在籍する生徒の 2 万人以上が，コロナ危機によって研修の機会を得られなかったと報じている（Schoenmacker 2020）。こうした影響は，在学中の研修の機会のみならず，就職先を確保する機会の欠如にも及ぶことが予想される。

【引用・参考文献】
柿内真紀（2016）.「EU における早期離学の現状」『教育研究論集』6, 19–26.
末岡加奈子（2019）.「オランダ　ロッテルダムの未来を担う子どもたち」志水宏吉［監修］ハヤシザキカズヒコ・園山大祐・キャット, S.［編著］『世界のしんどい学校─東アジアとヨーロッパにみる学力格差是正の取り組み』明石書店, 125–141.
Cedefop（2017）. *Leaving Education Early: Putting Vocational Education and Training in Centre Stage: the Netherlands*, Thessaloniki: Cedefop-European Centre for the Development of Vocational Training.
Centraal Bureau voor de Statistiek（2018）. *Jaarrapport Integratie 2018*, Den Haag/Heerlen/Bonaire: CBS.
Centraal Bureau voor de Statistiek（2020）. Werkloosheid naar onderwijsniveau.〈https://www.cbs.nl/nl-nl/visualisaties/dashboard-arbeidsmarkt/werklozen/werkloosheid-naar-onderwijsniveau〉（最終確認日：2020 年 4 月 17 日）
Centraal Bureau voor de Statistiek.（n.d.a）. Vo; leerlingen, onderwijssoort in detail, leerjaar.〈https://opendata.cbs.nl/statline/?fbclid=IwAR2tPpzNsLJhOiPAlnrf9N0j3UOxaaDLrGBkWxIgbHUsK7tCtEO9aEsDNsU#/CBS/nl/dataset/80040ned/table?fromstatweb〉（最終確認日：2020 年 4 月 19 日）

Centraal Bureau voor de Statistiek（n.d.b）. Vo; doorstroom en uitstroom, migratieachtergrond, generatie, regio. 〈https://opendata.cbs.nl/statline/?fbclid=IwAR11rEThOkgAN-FYVQGROE nrCacaEXMIeSiMHIOQ-PV8G_IzPyOHIx2yheg#/CBS/nl/dataset/71508ned/table?ts= 1587101568326〉（最終確認日：2020 年 4 月 19 日）

De Baat, M., & Foolen, N.（2012）. *Risicofactoren bij schoolverzuim en voortijdig schoolverlaten*, Utrecht: Nederlands Jeugd Instituut.

De Witte, K., Cabus, S., Groot, W., & Brink, H. M. van den（2014）. *Voortijdig schoolverlaten, Rapportage van TIER / Platform31: De omvang en oorzaken van voortijdig schoolverlaten, en de effectiviteit van beleidsmaatregelen in Nederland*, Amsterdam: Universiteit van Amsterdam.

Engelshoven, I. van（2019）. Blijvende aandacht voor voortijdig schoolverlaten nodig.（2019 年 2 月 22 日 付）〈https://www.rijksoverheid.nl/documenten/kamerstukken/2019/02/22/ kamerbrief-blijvende-aandacht-voor-voortijdig-schoolverlaten-nodig〉（最 終 確 認 日：2020 年 4 月 19 日）

European Commission（2013）. *Reducing Early School Leaving: Key Messages and Policy Support, Final Report of the Thematic Working Group on Early School Leaving*. Luxembourg: Publications Office of the European Union.

European Commission（2019）. *Education and Training Monitor 2019*. Luxembourg: Publications Office of the European Union.

Eurostat（2020）. Unemployment statistics. 〈https://ec.europa.eu/eurostat/statistics-explained/ index.php/Unemployment_statistics〉（最終確認日：2020 年 3 月 17 日）

Gaag, M. van der, Snell, N., Bron, G., Emerencia, A., Blaauw, F., Heemskerk, I., Petit, R., Kunnen, S., & Jonge, P. de（2018）. *Voortgangsonderzoek: aanpak van voortijdig schoolverlaten en jongeren in een kwetsbare positie（eindrapport）*. Groningen: Rijksuniversiteit Groningen.

Inspectie van het Onderwijs（2019）. *De staat van het onderwijs 2019*, Utrecht: Inspectie van het Onderwijs.

Inspectie van het Onderwijs（n.d.）. Aandeel voortijdig schoolverlaters stijgt na jaren van daling. 〈https://www.onderwijsinspectie.nl/onderwerpen/staat-van-het-onderwijs/trends-in-het-onderwijs/middelbaar-beroepsonderwijs/aandeel-voortijdig-schoolverlaters-stijgt-na-jaren-van-daling〉（最終確認日：2020 年 4 月 19 日）

Keskiner, E., & Crul, M.（2018）. Conclusion: Lessons Learned from the RESL.eu Project: Main Findings and Policy Advice. in L. Van Praag, W. Nouwen, R. Van Caudenberg, N. Clycq, & C. Timmerman（eds.）, *Comparative Perspectives on Early School Leaving in the European Union*, Abingdon and New York: Routledge, 230–244.

MBO Raad（2019）. Mbo-scholen. 〈https://www.mboraad.nl/het-mbo/feiten-en-cijfers/mbo-scholen〉（最終確認日：2020 年 4 月 20 日）

MBO Raad（n.d.）Dit is het mbo in Nederland. 〈https://www.mboraad.nl/sites/default/files/docu ments/190305-mbo-raad-infographic-a3-staand-rgb-300dpi.pdf〉（最終確認日：2020 年 4 月 15 日）

Ministry of Education, Culture and Science（2013）. *The Approach to Early School Leaving: Policy in the Netherlands and the Figures of the 2011-2012 Performance Agreements*, Den Haag: Ministerie van OCW.

Ministerie van Onderwijs, Cultuur en Wetenschap（2019）. Infographic Ontwikkeling voortijdig schoolverlaters（vsv）. 〈https://www.rijksoverheid.nl/onderwerpen/vsv/documenten/ rapporten/2019/02/22/infographic-ontwikkeling-voortijdig-schoolverlaters-vsv〉（最 終 確 認 日：2021 年 3 月 5 日）

Ministerie van Onderwijs, Cultuur en Wetenschap（2020）. Infographic voortijdig schoolverlaten 2020.〈https://www.rijksoverheid.nl/onderwerpen/vsv/documenten/kamerstukken/2020/03/04/infographic-voortijdig-schoolverlaten-2020〉（最終確認日：2021年3月5日）

Ministerie van Onderwijs, Cultuur en Wetenschap（n.d.a）. Landelijke vsv cijfers.〈https://www.onderwijsincijfers.nl/kengetallen/onderwijs-algemeen/leerlingen-en-studenten/prestaties-voortijdig-schoolverlaten/landelijke-vsv-cijfers〉（最終確認日：2020年3月12日）

Ministerie van Onderwijs, Cultuur en Wetenschap（n.d.b）. Voortijdig schoolverlaters.〈https://www.onderwijsincijfers.nl/kengetallen/onderwijs-algemeen/leerlingen-en-studenten/prestaties-voortijdig-schoolverlaten〉（最終確認日：2020年3月12日）

Onderwijsraad（2019）. *Doorgeschoten differentiatie in het onderwijsstelsel: Stand van educatief Nederland 2019*. Den Haag: Onderwijsraad.

Rijksoverheid（n.d.a）. Hoe zit het praktijkonderwijs in elkaar?〈https://www.rijksoverheid.nl/onderwerpen/voortgezet-onderwijs/vraag-en-antwoord/hoe-zit-het-praktijkonderwijs-in-elkaar〉（最終確認日：2020年11月10日）

Rijksoverheid（n.d.b）. Middelbaar beroepsonderwijs（MBO）.〈https://www.rijksoverheid.nl/onderwerpen/middelbaar-beroepsonderwijs/opleidingen-niveaus-en-leerwegen-in-het-mbo〉（最終確認日：2020年3月12日）

Schoenmacker, I.（2020）. Waar kunnen mbo'ers straks nog stage lopen? *Trouw*, 31 oktober 2020.）.〈https://www.trouw.nl/binnenland/waar-kunnen-mbo-ers-straks-nog-stage-lopen~bed81030/?referrer=https%3A%2F%2Fwww.google.co.jp%2F〉（最終確認日：2020年11月11日）

Steeg, M. van der, & Webbink, D.（2006）. *Voortijdig schoolverlaten in Nederland: omvang, beleid en resultaten*. Den Haag: Centraal Planbureau.

Traag, T., & Velden, R. K. W. van der（2008）. *Early School-Leaving in the Netherlands: The Role of Student, Family and School Factors for Early School-Leaving in Lower Secondary Education*. Maastricht: Research Centre for Education and the Labour Market.

Traag, T.（2013）. *Early School-Leaving in the Netherlands: A Multidisciplinary Study of Risk and Protective Factors Explaining Early School-Leaving*. Den Haag: Statistics Netherlands.

Tweede Kamer der Staten-Generaal（1999）. *Voortijdig school verlaten*. vergaderjaar 1998–1999, 26695（2）.

Tweede Kamer der Staten-Generaal（2015）. 29 544 Arbeidsmarktbeleid, Nr. 599 Brief van de Ministers van Sociale Zaken en Werkgelegenheid en van Onderwijs, Cultuur, en Wetenschap, Den Haag, 31 maart 2015.〈https://zoek.officielebekendmakingen.nl/kst-29544-599.html〉（最終確認日：2020年3月16日）

UNESCO-UNEVOC（2012）. *World TVET Database: Netherlands*. Bonn: UNESCO-UNEVOC International Centre for Technical and Vocational Education and Training.

Westerhuis, A.（2018）. *Cedefop Opinion Survey on Vocational Education and Training in Europe: The Nehtherlands*. Cedefop Refernet thematic perspectives series.

Wetenschappelijke Raad voor het Regeringsbeleid（WRR）（2009）. *Vertrouwen in de school: over de uitval van 'overbelaste' jongeren*. Amsterdam: Amsterdam Unviersity Press.

第1部

第2部

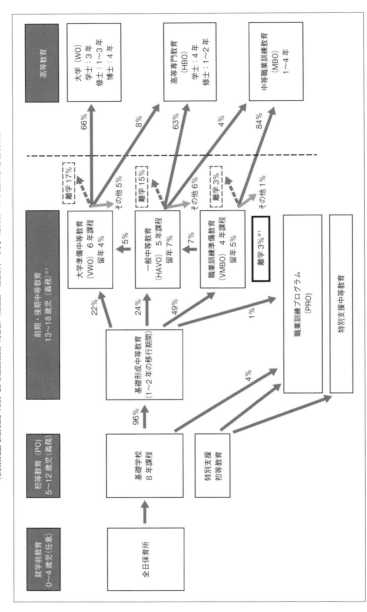

オランダ教育制度（パーセントは同一年齢に占める比率　2018 年度）
(Centraal Bureau voor de Statistiek (CBS) (n.d.a.: n.d.b). より福田紗耶香作成)

※1 基礎形成中等教育段階の 1 年目と 2 年目の生徒数は合計数しか示されていない。したがって、翌年に基礎形成中等教育を継続している生徒数を差し引いた数を基礎形成中等教育から進学もしくは離学したものの合計として計算している。

126

| コラム **2** | ## オランダにおける教育格差是正のための就学前教育 |

　　　　ますます多文化，多民族な社会になっていく中，家庭の背景に起因する教育上の不平等が問題となっている。北米や豪州などの伝統的な移民国家と異なり，ヨーロッパでは第二次世界大戦後に急速に移民が増加し，性急な対策が求められてきた。オランダは，人口およそ1,700万人のうち，24.5%（2020年時点）（Centraal Bureau voor de Statistiek 2020）が移民の背景をもっており，1960年代からの移民の定住に伴って，その子どもの教育達成の不振が問題視されてきた。そしてこの問題に対する措置として，取り組まれているのが「教育において不利な立場にある子ども」のための就学前教育（Voor–en vroegschoolse educatie：VVE）である。「教育において不利な立場にある子ども」とは，本人の能力や成績に関係なく，親の学歴の低さに起因する不利を被っている子どもをはじめとして，経済的，社会的，文化的に好ましくない環境によって，学校での成績が影響を受けているような子どもであると定義されている（Nederlands Jeugdinstituut n.d.）。VVEは，特にオランダ語の遅れが予測される子どもたちに対して，より多くの「刺激」を与えるための教育であり，2歳半から6歳までの子どもを対象としている。オランダにはどの教育段階にもナショナルカリキュラムはない。そのため，民間団体が管理，販売している複数のプログラムある。以下，VVEプログラム（VVE-programma's）と呼ぶ。各保育施設や基礎学校（基礎学校の第1，第2学年のみで使用される）は，初期投資としてプログラムを選択，購入し，教師らがプログラムごとの研修を受ける必要がある。また，保育施設や基礎学校では不利な立場にある子どもとそうでない子どもが分けられることはなく，あるクラスでVVEプログラムを実施する場合，1つの教室で不利の有無に関わらず全員がプログラムに参加することになる。

　世界的な議論と同様，オランダにおいても就学前教育段階での介入が教育格差を是正することに有効であるという主張に後押しされ，VVEは1990年代の実験段階を経て，2000年以降は制度化が進み，現在では全国のチャイルドケア施設や基礎学校で実施されるようになった。現在，VVEの実施に関する政策は地方分権化されているため，実際には地方自治体の状況に合わせて「不利な」子どもたちの条件は少しずつ異なっているのが現状であるが，基本的にはオランダ語の運用能力の発達において遅れが予測される子どもたちが対象である。

　VVEに使用されるカリキュラムは一体どのようなものだろうか。教育監査の評価指標（Inspectie van het Onderwijs 2017）を参照すると，特にVVEプログラムの使用に関しては，「就学前教育の質の基本条件に関する決議（Besluit basisvoorwaarden kwaliteit voorschoolse educatie）の第5条を順守する統合的なプログラムを使用するようにしなければならない。これは，乳幼児が，4

つの発達領域（言語，ニュメラシー，運動，社会情緒）における発達を刺激されるようなプログラムである。この条件を満たしていれば各施設オリジナルのプログラムでも使用可能であるものの，認証評価を受けたプログラムを使用することが多い。VVEプログラムの認証は，オランダ青少年研究所（Nederlands Jeugdinstituut：NJi）が組織する評価委員会によってなされる。そして基準を満たしているものはNJiのウェブサイトにあるデータベースに公開される仕組みとなっている。現在，施設型の統合的プログラムのなかでNJiの認証を得ているものは8つあり，そのうちの2つがVVEプログラムの導入当初からあるピラミデ（Piramide）とカレイドスコープ（Kaleidoscoop）[1]である。たとえば，オランダで開発されたピラミデは，0〜7歳を対象とし，一年間を通して11の共通テーマ（たとえば「人：私とあなた」）に沿って，教師が遊びや活動などのプロジェクトを計画する。このプロジェクトを通して4つの発達領域の発達を促進することで，早い段階で教育における不利を発見，予防，軽減することをねらいとしている。

　こうしたオランダの取り組みは効果があったのだろうか？　教育達成の不平等をどの程度解決できたかはまだ明らかになっていないものの，初等教育開始時点までの効果が明らかにされつつある。国内で行われた大学の研究機関が合同で2009年から実施している大規模縦断調査Pre-COOLのデータに基づき，レースマンら（Leseman et al. 2017）では3つの結果を示している。

　第一に，「教育において不利がある子ども」をターゲット化する政策によって，VVEプログラムの使用による「プロセスの質」[2]と「構造の質」[3]が高い就学前教育を，最も補償を必要とする子どもたちに提供することに成功しているということである。第二に，ターゲットグループの子ども[4]と対照グループ[5]を比較すると，6歳までの間に語彙と選択的注意において比較的強いキャッチアップ効果があったということである。第三に，回帰分析の結果，語彙に対しては算数の活動，導かれたごっこ遊びとVVEプログラムの使用が有意な差をもたらしており，選択的注意に対しては「プロセスの質」と導かれた遊びが有意な差をもたらしているということである。レースマンら（Leseman et al. 2017）は，この結果を踏まえて，キャッチアップ効果は単に子どもたちの自然な発達過程

1）アメリカのハイスコーププログラムをオランダ版に改良したもの。
2）「プロセスの質」は「保育の質」の諸側面の1つであり，子ども同士，保育者と子ども，保育者同士のかかわりあいを示すものとされている。
3）「構造の質」も「保育の質」の諸側面の1つであり，物的環境（クラス人数うや集団の構成など）と人的環境（教師の資格や経験，職場での研修の有無など）から成る。
4）ここでは比較のため，親の学歴が低く，非西欧のエスニック文化的背景をもち，家庭言語がオランダ語でない子どもたちを指している。
5）ここでは比較のため，親の学歴が中程度もしくは高く，西欧のエスニック文化的背景をもち，家庭言語がオランダ語である子どもたちを指している。

で生じたというよりも，就学前教育への参加による効果であると考察している。さらに，ターゲットグループがもつリスク要因が大きければ大きいほど，キャッチアップ効果は大きくなると結論づけられている。

　以上のことから，オランダの取り組みは，義務教育開始前までに，「教育において不利がある子ども」に質の高い教育機会を提供し，それが学力差の軽減に効果をもたらしているといえよう。しかしながら，長い間問題とされてきた教育達成の不平等，早期離学にたいする VVE プログラム参加の効果は管見の限りまだ検証されていない。Pre-COOL へ参加した子どもたちは 18 歳まで追跡して調査されるため，今後は教育達成への影響も検討されるだろう。2009 年に Pre-COOL に 2 歳半で参加した子どもたちが，進路選択の時を迎えている。就学前教育が平等な社会の実現に少しでも貢献していることを期待している。

（福田紗耶香）

引用・参考文献

Centraal Bureau voor de Statistiek（2020）. Hoeveel mensen met een migratieachtergrond wonen in Nederland?〈https://www.cbs.nl/nl-nl/dossier/dossier-asiel-migratie-en-integratie/hoeveel-mensen-met-een-migratieachtergrond-wonen-in-nederland-〉（最終確認日：2019 年 12 月 9 日）

Inspectie van het Onderwijs（2017）. ONDERZOEKSKADER 2017 voor het toezicht op de voorschoolse educatie en het primair onderwijs.〈https://www.onderwijsinspectie.nl/onderwerpen/onderzoekskaders/documenten/rapporten/2019/06/06/onderzoekskader-2017-po-en-vve（最終確認日：2020 年 1 月 16 日）〉

Leseman, P., Mulder, H., Verhagen, J., Broekhuizen, M., van Schaik, S., & Slot, P.（2017）. 9. Effectiveness of Dutch Targeted Preschool Education Policy for Disadvantaged Children: Evidence from the pre-COOL Study. in H.-P. Blossfeld, N. Kulic, J. Skopek, M. Trivent（eds.）, *Childcare, Early Education, and Social Inequality: An International Perspective*. Edward Elgar Publishing Limited. 173–193.

Nederlands Jeugdinstituut（n.d.）. Definitie.〈https://www.nji.nl/nl/Databank/Cijfers-over-Jeugd-en-Opvoeding/Cijfers-per-onderwerp-Onderwijsachterstanden#ch313756〉（最終確認日：2019 年 12 月 10 日）

第8章 スペインにおける早期離学問題に対する教育制度上の対策と限界

1 はじめに

　本章では，スペインの早期離学問題について取り上げる。2020年1月に，スペインの教育及び職業訓練省（以下，教育省）は，2019年の早期離学率が17.3%に達したこと，また，2008年以降，早期離学率が減少し続けていることを公表した（Ministerio de Educación y Formación Profesional 2020b）。2020年までに早期離学率10%を目指している他の欧州連合（以下，EU）諸国と異なり，スペインの目標は15%である。スペインは，早期離学率削減のためにどのような対策をとってきたのだろうか。

　EU各国の調査によって，若者が教育や訓練を早期にあきらめる理由には，個人の学習困難や家族の社会経済的な問題をはじめ，それらの障壁を取り除くことができない教育制度，学校環境，教師と生徒の関係も重要な要因となっていることがわかる（European Commission n.d.）。スペインの早期離学に関する先行研究においても，同様の指摘が見受けられる（Bayón-Calvo et al. 2017；Bayón-Calvo 2019；Bayón-Calvo et al. 2020；Feito 2008；García Gracia et al. 2011）。

　かつては，スペイン労働市場において低技能資格保有者や無資格者の若者たちは農業や建築業に容易に就くことができた。ところが，2008年の世界的な経済危機を機に，無資格者や低技能資格保有者は安定した職に就くことが困難となり，国内での失業率が上がり，失業する若者も増えた。そして，就職先の激減から，学校を離れ，就職する希望者が減少し，教育の場にとどまる若者や将来の就職先につながる職業訓練を受け，資格を得ようとする若者が増加したとみられる。他方，スペインの国内の産業構造，雇用形態，地域格差に伴う特有の要因に関しては，都市部と農村部では地域格差があり，特にその地域における主要な産業の雇用状況等により，教育の場を離れ，就職する者も多くいたとされる。

　経済危機を機に早期離学率は減少に転じたとの結論が導き出される一方で，教育制度の問題点に焦点を当てた研究もある（Carrasco et al. 2015）。とりわけ，早期離学と前期中等義務教育と関連づけて言及したもののなかには，生徒の学業失敗（fracaso escolar）については，義務教育からの離学が留年制度，不登校，学校内での進路指導等と深く関係していると論じられている（Camacho Ruiz 2016；Carrasco et al. 2015；Estrada de Madariaga 2017；Sánchez Alhambra 2015）。さらに，先行研究では早期の離学を回避するには，生徒の教育に対する期待を維持させることと同じくらいに，生徒が学校教育において十分な人員支援，特に教員の支援及び指導を受けることが重要であると指摘されている（Carrasco et al. 2018a；Carrasco et al. 2018b）。そして，資格取得は就職する際に必要とされるが，特に移民の場合については，前期中等義務教育修了資格が最低限必要であることが研究によって確認されている[1]。

　以上の先行研究より，早期離学する生徒の個人又は家族が抱える困難により，社会経済文化的に脆弱な立場に置かれる等の要因はもちろん影響しているが，学校教育制度が抱える問題も大きな要因であるといえる。そこで本章では，スペインの早期離学問題に対する学校教育制度における対策と課題について「資格」取得に焦点を当てながら明らかにしていく。章末の学校系統図を適宜参照されたい。

2 スペインにおける早期離学

● 2-1　定　　義

　スペインの教育省では，早期離学は，「早期の教育的離脱（Abandono Educativo Temprano）」と表記されており，早期離学者率の定義については「後期中等教育（中等教育第2段階）を修了しておらず，あらゆる形態の教育及び訓練を受けていない18歳から24歳の割合」としている（Ministerio de Educación y Formación Profesional 2020a）。また，同省の1つの機関であるスペイン教育評価局が2000年より作成する「教育指標に関する国家システム」の2012年版から最新の2020年度版において，早期離学は「教育及び訓練の早期離脱（Abandono Temprano de la Educación y la Formación）」と訓練の文言を加えており，早期離学者率の定義については「最終学歴が前期中等教育以下（中等教育第1段階以下，ISCED 0, 1, 2）であって，あらゆる形

1）スペイン語の原文では，「中等義務教育修了資格（Graduado de Educación Secundaria Obligatoria：GESO）」であり，「前期」の文言は含まれないが，後期中等教育と明確に区別をするために，本章においては便宜上，「前期中等義務教育修了資格」を用いる。

態の教育又は訓練を続けていない 18 歳から 24 歳の割合」としている（INEE 2020）。両者の早期離学に対する用語の説明からもわかるように，共通して 18 歳から 24 歳の，後期中等教育を修了していない又は最終学歴が前期中等教育以下であり，調査時点ではあらゆる形態の教育又は訓練を受けていない人が対象となっている。他方，前期中等義務教育修了資格の有無は，その後の進路に影響していることがこれまでの研究で確認されている（García Gracia et al. 2011）。しかしながら，定義において，その有無は問われていない。また，前期中等義務教育修了資格を得ずに学校を離れた若者は，その後の再教育・再訓練への機会がより困難であるとされるため，留意しなければならない。

● 2-2　早期離学の実態

　表 8-1 からもわかるように，スペインの 2019 年の早期離学率（17.3%）は，2002 年の EU 諸国の平均（17.0%）よりも高い。他方，早期離学率が最も高かった 2004 年の 32.2% に比べると 14.9% 減少しており，近年は緩やかな減少が続いている[2]。また，男女比については，多くの国と同様に，男性の早期離学率（21.4%）は女性の早期離学率（13.0%）を大きく上回る（☞ 236 頁）。

　早期離学者のなかでも，特定の職種に興味をもって就職するために離学した者と労働市場に目を向けざるをえない何らかの障壁があったから離学した者とでは，根本的な対策が異なってくる。前者であれば，政府が力を入れている教育制度上の職業訓練によって労働の世界へと導くことが 1 つの改善策になりうるが，後者についての対策はあるのだろうか。

　実は，スペインの教育制度上では，障害をもつ生徒，外国出身の生徒，貧困家庭に属する生徒が直面する障壁をなくし，多様なニーズに応えるための支援策が打ち出されている。しかし，その効果に格差がみられ，一部の層に行き届いていないとの指摘がある（Carrasco et al. 2018a；Carrasco et al. 2018b）。また，一部の生徒たちは，学校教育制度に魅力を感じることができず，結果として，ニーズに応えてくれない制度に適応できず，学習到達度が低下し，早い段階で学校を離れていく若者が多く存在する（García Gracia et al. 2011：89）。

2）教育省は「就業人口調査における教育指標の活用（Explotación de las Variables Educativas de la Encuesta de Población Activa）」概要及びデータ情報を 2019 年 2 月 14 日に公表〈http://www. educacionyfp.gob.es/servicios-al-ciudadano-mecd/estadisticas/educacion/mercado-laboral/epa. html〉（最終確認日：2020 年 4 月 16 日）

表 8-1　スペインの早期離学率と 18 ～ 24 歳人口の達成した教育状況の割合の分布（年齢，期間）
（教育省統計サイト EDUCAbase，国立統計庁（INE）のデータを基に筆者作成）

		2002	2003	2004	2005	2006	2007	2008	2009	2010
EU-28	早期離学率	17.0	16.4	16.0	15.7	15.3	14.9	14.7	14.2	13.9
スペインの早期離学率（男女別・%）	男女	30.9	31.7	32.2	31.0	30.3	30.8	31.7	30.9	28.2
	男	37.2	38.4	39.0	37.0	36.7	36.6	38.0	37.4	33.6
	女	24.3	24.8	25.0	24.7	23.6	24.7	25.1	24.1	22.6
18 歳	後期中等教育未満	24.8	23.9	24.6	26.2	26.2	26.4	25.7	23.6	18.2
	後期中等教育未満，現在も教育を受けている	43.0	44.6	43.6	41.4	41.7	41.6	42.6	45.6	46.9
	後期中等教育又は高等教育以上	32.1	31.5	31.8	32.4	32.0	32.0	31.7	30.8	34.9
19 歳	後期中等教育未満	29.6	30.4	30.5	31.3	27.9	29.5	30.2	29.5	25.4
	後期中等教育未満，現在も教育を受けている	20.3	20.7	20.8	23.1	22.5	22.8	22.7	23.8	25.8
	後期中等教育又は高等教育以上	50.1	48.8	48.7	45.6	49.6	47.7	47.1	46.7	48.8
20 歳	後期中等教育未満	31.2	32.8	32.5	32.1	30.8	30.0	33.3	31.5	29.1
	後期中等教育未満，現在も教育を受けている	10.2	10.2	11.0	12.9	13.0	12.4	11.6	13.3	14.1
	後期中等教育又は高等教育以上	58.6	56.9	56.4	55.0	56.2	57.6	55.1	55.2	56.8
21 歳	後期中等教育未満	32.1	33.8	34.9	34.0	30.4	32.5	32.4	31.9	29.8
	後期中等教育未満，現在も教育を受けている	5.3	5.8	6.2	7.4	7.5	7.9	7.9	8.6	9.6
	後期中等教育又は高等教育以上	62.6	60.4	58.9	58.6	62.1	59.5	59.7	59.5	60.6
22 歳	後期中等教育未満	32.8	33.1	34.0	31.7	32.9	32.2	32.8	33.3	31.6
	後期中等教育未満，現在も教育を受けている	2.9	3.9	4.5	5.1	5.7	6.1	6.0	6.1	7.0
	後期中等教育又は高等教育以上	64.3	62.9	61.5	63.2	61.3	61.7	61.2	60.6	61.4
23 歳	後期中等教育未満	31.5	32.8	33.6	31.0	31.7	32.6	32.8	30.9	30.4
	後期中等教育未満，現在も教育を受けている	2.0	2.5	3.2	4.3	4.9	4.4	4.3	5.2	5.3
	後期中等教育又は高等教育以上	66.5	64.7	63.1	64.7	63.4	63.0	63.0	63.9	64.3
24 歳	後期中等教育未満	32.9	33.3	33.3	30.0	31.0	31.4	33.8	34.3	31.3
	後期中等教育未満，現在も教育を受けている	1.5	1.7	1.9	3.3	3.6	4.2	3.8	3.7	4.7
	後期中等教育又は高等教育以上	65.6	65.0	64.8	66.7	65.4	64.4	62.4	62.0	64.1

　以上のことを踏まえると，学校教育に長く居させる動機づけの１つに資格を取得しやすくする政策も必要だろう。表 8-1 に注目すると，18 歳から 24 歳の人口が受けた又は受けている教育について，各年齢の割合を示している。まず，早期離学者にあたる後期中等教育未満の割合については，どの年齢も 2010 年以降減少し，後期中等教育又は高等教育以上を受けた者の割合は増加していることから，早期離学問題が改善されつつあると捉えることができる。他方，後期中等教育未満で現在も教育を受けている割合については 2010 年あたりまではどの年代においても増加がみられていたが，2014 年以降再び減少に転じている。制度・政策の改善に伴い，後期中等教育の修了者が増加したからなのか，それとも制度の不整備により離学したからなのかについては，学校教育制度にも留意する必要がある。そこで，次節においては，現行制度に至るまでの経緯及び現行の教育関連法について触れる。

表 8-1（続き）　スペインの早期離学率と 18 〜 24 歳人口の達成した教育状況の割合の分布（年齢，期間）

		2011	2012	2013	2014	2015	2016	2017	2018	2019
EU-28	早期離学率	13.4	12.7	11.9	11.2	11.0	10.7	10.6	10.6	10.2
スペインの早期離学率（男女別・%）	男女	26.3	24.7	23.6	21.9	20.0	19.0	18.3	17.9	17.3
	男	31.0	28.9	27.2	25.6	24.0	22.7	21.8	21.7	21.4
	女	21.5	20.5	19.8	18.1	15.8	15.1	14.5	14.0	13.0
18 歳	後期中等教育未満	16.1	15.5	14.6	13.7	11.3	12.3	11.8	11.6	11.5
	後期中等教育未満，現在も教育を受けている	45.9	48.4	46.9	47.7	45.9	44.4	42.4	42.3	41.1
	後期中等教育又は高等教育以上	38.0	36.0	38.4	38.6	42.8	43.3	45.7	46.1	47.4
19 歳	後期中等教育未満	21.5	18.9	19.1	15.1	16.2	15.2	16.5	15.0	14.5
	後期中等教育未満，現在も教育を受けている	24.6	28.4	27.6	30.0	27.0	26.2	25.0	22.2	19.8
	後期中等教育又は高等教育以上	53.9	52.7	53.3	54.9	56.8	58.6	58.5	62.8	65.7
20 歳	後期中等教育未満	24.9	21.7	21.0	18.9	18.3	19.0	16.9	17.5	16.1
	後期中等教育未満，現在も教育を受けている	16.1	16.7	17.6	16.9	16.4	15.4	15.6	13.3	12.6
	後期中等教育又は高等教育以上	58.9	61.6	61.4	64.3	65.4	65.6	67.5	69.1	71.3
21 歳	後期中等教育未満	27.3	27.2	23.4	22.3	19.8	19.8	19.8	19.3	16.8
	後期中等教育未満，現在も教育を受けている	11.6	11.1	12.5	11.0	10.6	9.7	9.0	9.0	8.6
	後期中等教育又は高等教育以上	61.1	61.7	64.1	66.7	69.6	70.4	71.2	71.6	74.6
22 歳	後期中等教育未満	30.0	27.0	25.6	24.7	20.1	20.1	19.5	19.7	20.4
	後期中等教育未満，現在も教育を受けている	7.6	9.1	8.7	9.2	8.7	6.8	7.6	6.3	5.2
	後期中等教育又は高等教育以上	62.5	63.9	65.7	66.1	71.2	73.0	72.9	73.9	74.4
23 歳	後期中等教育未満	31.5	30.3	28.4	27.5	24.9	20.8	21.0	20.6	20.6
	後期中等教育未満，現在も教育を受けている	5.4	6.3	6.5	6.2	6.4	5.3	4.7	4.7	4.6
	後期中等教育又は高等教育以上	63.1	63.3	65.2	66.4	68.7	74.0	74.3	74.7	74.8
24 歳	後期中等教育未満	31.5	30.8	31.7	29.8	28.0	24.9	22.4	22.1	21.6
	後期中等教育未満，現在も教育を受けている	4.5	4.7	5.4	4.6	4.6	3.9	4.4	3.5	3.3
	後期中等教育又は高等教育以上	64.0	64.5	62.9	65.6	67.4	71.1	73.1	74.4	75.2

3　教育関連法と学校教育制度の変遷

　スペインにおける早期離学についての先行研究では，早期離学は生徒の学業失敗の文脈で論じられることは少なくない（Martinez Garcia 2009）[3]。学業失敗と早期離学の関係についてはどちらが要因でどちらが結果かははっきりしないが，類似性の高い現象とされ，学業失敗は生徒自身の失敗としてだけでなく，学校制度の失敗でもある（Camacho Ruiz 2016）。以下，スペインの学校教育制度の変遷から探っていく。表 8-2 を適宜参照されたい。

　1975 年以降の民主化から約半世紀の間，スペインの教育制度は発展してきた。

3）学業失敗とは，基礎的な知識を得られず PISA における最低基準に達しない場合，あるいは最低限の教育修了資格を得ることができない場合を指す。

表8-2　教育関連法の変遷と早期離学対策

西暦（政権）	法律名	法律内容（早期離学との関連）	備考欄【廃止】
1938〜1975 （フランコ政権）	教育に関する一般法：LGE（1970）	一般基礎教育：8年間の義務教育（6〜14歳），学校修了証又は就学証明書。	学校修了証の取得によって上の教育段階に進学できた。【廃止】
1977〜1982 （民主中道連合）	スペイン憲法：CE（1978）	第27条に何人も，教育に対する権利を有することを明文化。	1975〜1977年まではフランコの後継者らが政権を握り，1977年に総選挙，1978年に憲法制定へ。
1982〜1996 （社会労働党）	教育に対する権利を規定する組織法：LODE（1985） 教育制度基本法：LOGSE（1990）	LODE：憲法を具体化した。基礎教育の権利の享受。上級教育の機会。 LOGSE：8年から10年間の義務教育（初等教育・前期中等義務教育4年）。	LODE：教育機会の均等（スペイン人に限らず外国人も），教育行政の責任の明文化へ。 LOGSE：教育の権限が中央政府から各自治体に移譲へ（2000年まで徐々に移行）。【廃止】
1996〜2004 （国民党）	公教育の質に関する組織法：LOCE（2002）	学習到達度の向上，評価による良質な教育の追求。教育方法の多様性。	教育の質の向上を目指し，教育関連法の部分的な改正を試みたが，政権交代により，施行されることはなかった。【廃止】
2004〜2011 （社会労働党）	教育に関する組織法：LOE（2006）	多様性の尊重と包摂，補償教育。前期中等義務教育の多様化カリキュラム，進級の容易化，留年制度の緩和。	教育の公平性に重きを置き，多様な生徒のニーズに応え，学習に特別な困難がみられる生徒についての就学や支援を実施した。
2011〜2018 （国民党）	教育の質の向上のための組織法：LOMCE（2013）	新たな課程（ISCED3）基礎職業訓練の設置，学習及び成績改善プログラム，各教育課程修了時の最終評価試験。	教育の質の向上を目指し，国際的な基準での評価を重視する。LOEの一部条項を改正した。
2018〜 （社会労働党， 2020〜 連立政権）	LOMCEの廃止を要求しLOEを改正する新たな法案：LOMLOE（2020）	留年制度の緩和，最終評価試験の廃止，基礎職業資格及び前期中等義務教育修了資格の取得の保証。公平性と良質な教育の提供を明記。	LOMLOEは，2020年3月3日の閣議決定により承認された。当初，2020/2021年度からの施行が検討されたが新型コロナウイルスの影響により延期された。

1970年以前，全人口に対し最低限の教育は保障されていなかったが，フランコ政権末期の1970年の教育に関する一般法[4]の下，一般基礎教育が設けられ，6歳から14歳までの8年間の義務教育によりすべての人に教育機会が均等に保障された[5]。一般基礎教育では，最終学年の最終評価に合格した場合には，学校修了証を得られたが，合格できなかった生徒は就学証明書しかもらえなかった（Martínez García 2009：56-57）。修了者は，次の教育段階であるバチリェラート，あるいは，職業訓練を選択して進むことができた[6]。他方，学校修了証を得られない生徒の存在は，学業失敗として議論の対象となった（Martínez García 2009：57）。

　1975年にフランコ政権が終了し，1978年に成立したスペイン憲法の27条1項前段において，「何人も，教育に対する権利を有する」と明文化された[7]。この憲法における教育に対する権利の原則とその精神を受け，1985年の教育に対する権利を

4）Ley 14/1970, de 4 de agosto de 1970, General de Educación y Financiamiento de la Reforma Educativa: LGE.［1970/8/4］
5）当時の教育制度の背景については，Morgenstern de Finkel（2011）を参照されたい。
6）バチリェラート（Bachillerato Unificado Polivalente：BUP）当時の名称，3年の課程（現行制度の前期中等義務教育3年，4年と高校1年に相当）。
7）1978年12月27日制定スペイン憲法（Constitución Española：CE）。

規定する組織法[8] の1条1項において，基礎教育への権利の享有，一般基礎教育又は職業訓練や法律が定めた教育段階についての義務かつ無償化について定め，2項には，上級教育にアクセスする権利について規定している。

1990年の社会労働党政権下において，大きな改革が行われた[9]。教育制度基本法[10] が制定されたことによって，一般基礎教育8年間は廃止された。新たに，初等教育6年間に加え，4年間の前期中等義務教育[11] が導入され，義務教育は10年間に延長された。また，教育制度基本法によって，教育の権限が中央政府から各自治州に移譲することになった。

1996年に国民党が政権を握ることになると，教育制度改革が始まり，2002年に公教育の質に関する組織法が制定された[12]。しかし，2004年に社会労働党政権が返り咲き，2002年法の施行を阻止し，新たな法改正に着手した。そして，2006年には多様性の尊重と包摂に言及した教育に関する組織法（以下，LOE）が公布・施行されることになった[13]。

LOE は，学校教育制度全般と教育の公平性について定めた。特に，教育行政が必要な措置を整備しなければならないことや社会的な障壁の影響を受けている生徒に対する支援，教育困難校への優先的な支援を定めた。加えて，特別支援教育を必要とする生徒，高い知的能力の生徒，外国出身の生徒，学習に特別な困難がみられる生徒についての就学や支援方法が記された。また，教育に対する権利の行使における平等原則，補償教育の原則等を規定している。さらに，進級の容易化，留年制度の緩和といった早期離学対策が取り入れられていた。

しかし，2011年に，国民党が再び政権を握ると，今度こそ教育制度改革を実現させようとした。その結果，2013年に現行制度の根拠法である教育の質の向上のための組織法（以下，LOMCE）が公布され，単一条（Artículo único）において，2006年LOE の特定の条項の改正を定めた[14]。

---

8) Ley Orgánica 8/1985, de 3 de julio, Reguladora del Derecho a la Educación: LODE.［1985/7/3］

9) スペインの二大政党である革新系の社会労働党（Partido Socialista Obrero Español：PSOE）と保守系の国民党（Partido Populista: PP）の間で政権交代が繰り返されてきた。

10) Ley Orgánica 1/1990, de 3 de octubre de Ordenación General del Sistema Educativo：LOGSE.［1990/10/3］

11) 本章において，前期中等義務教育との文言を用いる。ただし，原語には「前期」の文言は含まれず，中等義務教育（Educación Secundaria Obligatoria：ESO）である。

12) Ley Orgánica 10/2002, de 2 de diciembre de Calidad de la Educación: LOCE.［2002/12/2］

13) Ley Orgánica 2/2006, de 3 de mayo, de Educación: LOE.［2006/5/3］各教育段階の目的や内容については同法第1編に詳しい。

　LOMCE の前文において，理念，目的，そして国際的な指標等の科学的根拠に基づき，教育制度の弱点の１つである早期離学に言及し，克服していくために改革を行うことが明記された。しかし，当初から多くの批判が集まった。その１つには，LOE の下で実施されていた，「多様化カリキュラム（diversificación curricular）」の廃止である。学業達成度が低く，前期中等義務教育修了資格を得ることが困難な３年生及び４年生を対象とし，生徒のニーズに合わせたカリキュラムの受講によって，修了資格を取らせることが目的であった。これは，教育現場の教員に高い評価を得ていたが，LOMCE の施行により廃止され，次節で述べる学習及び成績改善プログラムに改められた（Camacho Ruiz 2016：309–212）。LOMCE は，国際的な基準での評価を重視し，学習到達度によって早い段階で進路を決定させるといった合理主義的な教育改革を実行しようとし，当初から常に批判が集まったのである。

　2018 年に国民党から社会労働党に政権が交代し，LOMCE の廃止案が浮上した。2020 年 3 月 3 日，現行法 LOMCE の廃止を要求し LOE を改正する新たな法案（LOMLOE）が閣議決定によって承認され，LOMCE の廃止が決定した（Ministerio de Educación y Formación Profesional 2020b）。ただし，制度の大幅な変更は行われない。

　このように，政権が交代する度にスペインの教育制度において，大小問わず改革がなされている。そのため，成果が見える前に次の制度に切り替わることが，教育現場を疲弊させ，生徒に対する十分な支援に限界をもたらしており，安定した教育制度の構築の本格的な議論が必要であろう。

4　予防・介入・補償の観点からの早期離学対策

● 4-1　学校教育制度

　スペインの学校教育制度は，幼児教育，初等教育，中等教育（前期中等義務教育，高校，中級職業訓練），高等教育（大学教育，上級職業訓練）があり，この他，音楽・舞踊と造形芸術・デザインを含む芸術教育，スポーツ教育，外国語教育，そして成人教育を提供する [15]。初等教育 6 年間と前期中等義務教育 4 年間は，基礎教育とし

14）Ley Orgánica 8/2013, de 9 de diciembre, para la Mejora de la Calidad Educativa : LOMCE.
　　［2013/12/9］

15）外国語教育，芸術教育及びスポーツ教育は専門教育制度，その他は一般教育制度として区別される。なお，専門教育制度（enseñanzas de régimen especial）の原文には「特別（especial）」の用語が用いられるが，特別支援教育や特別教育とは異なることを明確に示すために，本章では専門教育制度と訳した。

て義務かつ無償であると定められている。

初等教育は，6歳から12歳までの6年課程である[16]。初等教育段階において，留年は1度のみに限定され，学習到達度が低い生徒や支援が必要な生徒には，特別補習・補強が行われる。章末の学校系統図を適宜参照されたい。

① 前期中等義務教育［ISCED2］

前期中等義務教育は，12歳から16歳の4年課程であり，第1段階すなわち第3学年まで修了した生徒は，第2段階の第4学年を高校準備コースと職業訓練準備コースの2つから選択できる。

生徒は，進級するには全科目の合格が必要であり，2科目までの落第であれば進級も認められる。また，原則，生徒は同じ学年を1度のみ留年することができる。修了すると，前期中等義務教育修了資格を取得することができ，高校や中級職業訓練に進むことができる。前期中等義務教育修了資格を得るための評価方法については，各科目の学年末での評価の他に学外に委託された最終評価試験がLOMCEの施行により導入された。しかし，この試験によって前期中等義務教育修了資格の取得がさらに困難になるとして，政界をはじめ，教育現場の教員並びに生徒の反対もあり，デモにとどまらず，その適用が延期され，議会で話し合われた結果，評価の対象から除かれた[17]。

予防・介入の観点から，進級が困難な学習困難者に対し，通常の学習内容をより易しくした「学習及び成績改善プログラム」が実施されている。初等教育及び前期中等義務教育において1度でも留年している場合や2年及び3年に進級できない状況にある場合は，このプログラムが適用される。

また，LOMCEの重要な改革の1つであった，15歳（第4学年）の段階に基礎職業訓練という新たな課程に進むことが可能となった。制度上，担当教員は各学年を終えると，生徒とその親に対し学習到達度について資料・情報等を用いながら最も適した進路の提案を行う。しかし，この生徒と親に対する，指導的助言及び進路についての提案といった進路指導においては，どのような基準をもって評価されてい

16）その年の12月31日までに満6歳になる者は，その年の9月第2週に義務教育第1学年に入学する。そのため，1年（6～7），2年（7～8），3年（8～9），4年（9～10），5（10～11）年，6年（11～12）となる。

17）2019年2月26日には，法律で定められる最終評価試験を非公式とし，かつ，生徒の教育的な影響を及ぼさないこと，並びに学校の評価に利用されない旨の教育省令が公布された。

るのかが疑問である。生徒の成績及び学習到達度の低さだけではないはずであるが，生徒の意見や意思を考慮したうえでの助言や提案でなければ，その進路が生徒自身の望むものでなく，少しでも長く教育制度にいるための手段であったならば，本来の教育の意義がなさなくなってしまう[18]。

② 基礎職業訓練［ISCED3］

　前述した，基礎職業訓練の課程は，学習到達度の低い生徒に対し，義務教育修了年齢に達する1年前に職業訓練という学びの場に進めさせることによって，新たな可能性を引き出し，早期離学を阻止する可能性も含んでいる。基礎職業訓練は，生涯教育に必要な教養を習得できる複数の専門単位と労働の世界に導く職業訓練を提供する複数の専門単位に加え，職場での教育訓練や実践の場での習得単位で構成されている。この基礎職業訓練は，教育機関において提供する義務があるとされ，生徒及び家族の意思によって無償で進学できる。基礎職業訓練を受ける要件は，15歳以上17歳以下であること，前期中等義務教育の第1段階（1年，2年，3年）を修了していること，ただし，第2段階（4年）を修了した場合も特別な場合に限り認められる。そして，教員から生徒の親に対し，基礎職業訓練への編入が提案された場合に限られている。基礎職業訓練は2学年で，2000時間の訓練を受ける必要がある。ただし，企業で中長期的な実践の機会を設ける，デュアル職業訓練プログラム（Formación Profesional Dual）に参加する場合は，3年に延長することができる。基礎職業訓練を修了した生徒は，履修した専攻に基づく，教育制度上の公的な基礎職業資格（Título Profecional Básico）を得ることができ，後述する中級職業訓練に進学できる。また，①で紹介した最終評価試験に合格すれば，前期中等義務教育修了資格を得ることもできる。

③ 高校教育［ISCED3］

　①の前期中等義務教育修了資格によって後期中等教育に進むことができる。高校は，2学年であり，原則16歳から18歳の生徒が対象である。ただし，最大で4年間在籍することが認められる。この延長は，低い学習到達度の生徒に対する介入

18）フランスの中学から高校に進学するための正しい判断をするための進路指導制度について，生徒と家族，学校関係者の声も含めた分析が行われている研究（ショヴェル2018：79-90）を参照されたい。スペインにおいて，最終学年でなく，第3学年14歳の段階でその判断をしなければならず，現場からの批判もある。

措置として，LOMCE によって改められた。また，留年は各学年に１度可能であり，例外的に１学年を２度留年することも認められる。そして，高校修了資格を取得するには，高校最終評価試験の合格及び履修科目の評定の平均点 10 点満点中５点以上であることが必要とされている [19]。合格及び十分な評価を得られなかった場合には，生徒が履修し，合格した科目に関する証明書を得ることができる。同証明書は，職業訓練の中級及び上級段階に進むための要件の１つであるため，高校修了資格を得られなくても，労働市場への道（就職の際にこの証明書で足りる場合もある）と同時に職業訓練への門戸が開かれる目的で，LOMCE によって，補償的な措置として設置されたのである。

大学教育，上級職業訓練，専門教育制度の上級教育（芸術教育，造形芸術・デザイン専門教育，スポーツ教育）などの高等教育に進むためや一部の労働市場に進むためには，高校修了資格の取得が必要である。早期離学率を減少させるために，この資格の取得率を上げることが１つの対策である。他方，資格を得られなかった場合には，補償的な観点から，教育行政は，定期的に高校修了資格取得試験を実施しており，20 歳以上であれば受験できる。また，一度学校教育の外に放り出された若者は，成人教育として高校教育を提供している教育機関に応募し受講することができる [20]。

④ 中級職業訓練 ［ISCED3］

中級職業訓練に進学するには，基礎職業資格，前期中等義務教育修了資格，高校修了資格，上級技師資格，高校で修了した科目の証明書，大学教育での学位や技師資格等が必要である。この他，公共機関又は教育行政認可の民間学校において，中級職業訓練に進学するための課程を修了し，かつ 17 歳以上であることを要件に中級職業訓練に進学できる。中級職業訓練においても，２年間で 2000 時間の訓練，デュアル職業訓練プログラムに参加する場合は３年に延長できる。この課程の修了によって得られる技師資格は，上級職業訓練に進むために必要である。

---

19) 高校の最終成績は，履修科目の成績の平均点が６割，同試験の合計点が４割の配点で割り出される。

20) 高校教育を含め，前期中等義務教育や成人向けの基礎教育等も受けられる。対面授業の提供を行っている最寄りの公立・私立学校を次のサイトで検索できる〈https://www.educacion.gob.es/centros/home.do〉（最終確認日：2020 年４月 16 日）。また，遠隔授業の場合は，「遠隔教育のための革新及び開発機関（Centro para la Innovación y Desarollo de la Educación a Distancia：CIDEAD）」がある。

⑤ 成人教育

　成人教育は，すべての18歳以上の成人に対し，個人の発達及び専門の発展のために知識や能力を習得，更新，達成することや見聞を広めるために提供される。加えて，その目的のために，教育行政は公共及び労働行政，地方組織及び社会事業者と協力できる。さらに，これらの学習は，フォーマルな教育活動にとどまらず，労働や社会活動によるインフォーマルな教育活動も実現可能であるため，両者を連動させ，身につけた能力を評価する方法も採用することになっている。成人教育は，原則18歳以上から受けることができるが，就労契約をもつ16歳，17歳の受講も認められている。

　各教育段階において，生徒が学習目標に到達するために，教育行政は教育の補強につながる予防，介入措置を講じなければならないことが当然である。ところが，近年の教育予算の減少に伴い，多様なニーズに対する支援の取り組みは，中止や縮小されている。また，早期離学対策として現行制度は，生徒に学校教育に少しでも長くとどまり，資格取得ができるよういくつかの進路は設けたものの，場合によっては，学習到達度が低ければ生徒本人の希望と意思に反し，職業訓練に進まなければならず，1つも資格を取得することができないこともある。第3節でも触れたように2020年に新たな法案が承認され，現行制度の課題である基礎職業訓練における基礎職業訓練資格及び前期中等義務教育修了資格の取得の保証が盛り込まれているが，その実現はまだ先のようである。

● 4-2　自治州の早期離学率の格差

　早期離学は，地域の特性によっても異なる。異なった教育提供，地域の貧困レベル，失業率，社会的不平等，労働市場の構造，社会教育を提供する公的又は民間機関の有無や各自治州の早期離学対策に対する教育政策上の優先順位は，早期離学の現状を理解し解決を計画するための必須要因とされている（Tarabini et al. 2016：4）。早期離学問題に対する教育制度上の改革を基に早期離学のための戦略が設けられている。LOMCE の成立により，2014年の教育省（当時 MECD）は，「早期離学削減のための計画（Plan para la Reducción del Abandono Educativo Temprano）」を策定した。同計画の目標は，早期離学削減のために既存の行政の取り組みを継続させ，ヨーロッパ経済戦略における教育・訓練の戦略枠組みに課された早期離学率の目標に到達することであり，具体的に，予防措置・介入措置・補償措置の3つの柱で進める。

　まず，予防措置として，人の発達につながる知識，能力の獲得を保証するために

学習と教育の促進を目的としながら，最終的に必要とされている資格の取得を目指す。そのために，多くの行政では，教育に関わるすべての機関と連携を取りながら，多様性に対応するための取り組み並びに効果的な発展の調整が行われる。また，生徒の成長の継続を支援するプログラムの開発が行われることである。他方，介入措置では，特に早期離学リスクのある生徒を対象とする。一定の年齢に対象者を絞り，特定の学習能力を得るために，学習要領に沿いながらも生徒に対する授業内容の見直し，学習支援プログラム及び学習の強化，生徒に合ったカリキュラムの適用等が行われる。そして，補償措置では，教育制度から離れた生徒を対象に，社会のなかで有能かつ効果的に暮らしていけるために必要とされている資格取得のための機会を提供する。たとえば，前期中等義務教育修了資格を得ていない人たちのための学校編入や試験の実施，あるいは，職業訓練プログラムの設置による資格を得られる機会の提供を実施する。

　ただし，同計画は全国的な統一した政策ではなく，指針として現行制度に基づきながら，各自治州等が独自に施策を設ける場合が多く，さらには，学校の自治に任せられていることも多い（Sánchez Alhambra 2015：96-98）。具体的な取り組みについては，計画の目的，目標に沿う形で，各自治州の特徴や従来から実施されている取り組みの継続によって実施されている。したがって，早期離学の削減や防止のためと掲げる新規のプログラムを設ける自治州もあれば，既存の取り組みを早期離学と関連づけて継続している自治体もあり，自治州同士の格差を生み出すこともある（Sánchez Alhambra 2015：98-100）。

　表8-3 ①②③は，各自治州の早期離学率を示しており，2000年初頭から今現在に至るまで，自治州による格差があることがわかる。このような自治州の格差について，学校教育制度と関連づけながらどのような要因があるかについて分析した研究がある。この研究では2001年から2011年の期間の7項目の平均値を分析している（Bayón-Calvo et al. 2017：106-110）。その7項目とは，⑪生徒一人当たりに対する教育予算，⑫1教室当たりの生徒数，⑬公教育以外に対する教育費の支出率，⑭一人当たりの国内総生産（GDP），⑮失業率，⑯18～64歳人口の最終学歴が前期中等義務教育（ESO）以下，そして⑱15～24歳の移民人口率である（⑰は後述する）。

　研究結果によると，⑪教育予算と⑬教育費支出率が増えると，早期離学率が下がるため，自治州に格差がみられる（Bayón-Calvo et al. 2017：110-112）。スペインでの教育費は，おおよそ自治州政府が8割，中央政府が2割を担う[21]。したがって，財源基盤がしっかりしている自治州やバスクとナバラのように，歴史的な経緯により

表 8-3　早期離学率と教育・労働に関連した数値の自治州間の比較（教育省統計サイト EDUCAbase のデータ及び Bayón-Calvo et al.（2017：107-108）2001～2011 年の数値を基に筆者作成）

列番号	① 2019 早期離学率	② 2013～2018 早期離学率	③ 2002～2012 早期離学率	④ 2017/2018 ESO4年15歳留年無の割合	⑤ 2017/2018 学習改善プログラム対象者数	⑥ 2017/2018 高校準備コース選択割合	⑦ 2017/2018 訓練準備コース選択割合	⑧ 2016/2017 ESO修了率	⑨ 2017/2018 高校修了率	⑩ 2017/2018 一万人あたりの職業訓練修了者数
全国平均	17.3	20.1	29.9	69.4	6.1	67.1	15.1	80.6	55.4	2,167
アンダルシア	21.6	25.0	36.2	65.2	8.3	75.3	23.7	77.3	53.0	2,083
アラゴン	14.6	18.0	24.2	61.1	9.3	78.8	21.2	77.1	61.8	2,329
アストゥリアス	12.4	15.6	22.8	72.0	8.2	83.4	16.6	86.2	63.9	2,710
バレアレス諸島	24.2	27.7	38.1	64.6	7.5	71.5	28.5	78.1	40.9	1,910
カナリアス諸島	20.8	21.8	32.3	64.1	10.6	99.3	0.7	81.5	57.3	2,244
カンタブリア	12.8	9.9	23.6	71.4	7.5	78.4	21.6	88.7	60.8	2,495
カスティーリャ・イ・レオン	14.3	16.8	24.4	69.3	8.2	81.1	18.9	81.1	60.4	2,159
カスティーリャ・ラ・マンチャ	20.2	22.7	35.3	64.2	10.5	79.4	20.6	74.7	53.9	2,169
カタルーニャ	19.0	19.6	30.6	80.7	−	−	−	85.3	50.2	2,285
バレンシア	16.4	21.2	31.6	67.0	4.3	73.0	24.0	74.8	50.8	2,535
エクストレマドゥーラ	20.5	22.9	34.8	68.2	9.2	77.8	22.2	80.6	55.8	2,427
ガリシア	12.6	16.9	23.9	70.0	3.6	85.7	14.3	81.2	60.3	2,720
マドリード	11.9	16.1	24.3	69.3	6.7	86.7	13.3	83.5	61.9	1,543
ムルシア	22.6	24.6	37.5	61.8	6.9	82.5	17.5	76.5	55.2	1,890
ナバラ	14.0	11.9	17.3	74.1	6.6	78.3	21.7	88.4	56.5	2,106
バスク	6.7	8.5	14.3	76.3	6.3	94.0	6.0	88.3	67.7	2,473
ラ・リオハ	13.9	18.7	30.7	67.7	12.4	75.9	24.1	77.6	52.3	2,384
セウタ	24.7	26.3	44.6	51.5	7.1	87.2	12.8	64.3	38.8	1,860
メリーリャ	24.1	26.4	34.9	52.0	7,3	89.4	10.6	67.7	40.0	1,404

経済協定が結ばれ，特別の財政制度が適用されるために，一部の分担金以外の徴税権限がある自治州でない限り，生徒一人当たりにかける費用は少なくなる[22]。⑫教室当たりの生徒数と⑱移民人口率は地域格差の要因としては有効ではないが，⑱移民人口率は他の要因も加わると地域格差に影響する可能性もある。

　⑭ GDP と⑮失業率は，スペインの景気と関連しており，⑭ GDP の額が上がるほど早期離学率も上がり，逆に⑮失業率が上がれば早期離学率は下がる。この現象は，冒頭でも触れたように，経済が好景気には教育・訓練よりも働いて稼ぐことが優先され，逆に不景気になれば失業率も増えることから学校に戻る，とどまる人が増加するとされる。ただし，例外もある。エクストレマドゥーラでは，GDP は高くなく失業率も高いため，学校に行く動機づけがあると考えられるが，教育機関が少なく移動が大変な上，提供される職業訓練の職種が限られており，魅力を感じられない制度として，若者の①②早期離学率につながっているのだろう[23]。

---

21) 自治州政府 80.4%，中央政府 14.6%，地方団体 5.0%（2015 年度）。

22) 公費等については日本スペイン法研究会サラゴサ大学法学部・Nichiza 日本法研究班（2010：272-290）に詳しい。

表 8-3（続き）　　早期離学率と教育・労働に関連した数値の自治州間の比較

列番号	⑪ 2001～2011 生徒1人当たりに対する教育予算(€)	⑫ 2001～2011 教室当たりの生徒数(人)	⑬ 2001～2011 公教育以外に対する教育費(%)	⑭ 2001～2011 GDP(€)	⑮ 2001～2011 失業率	⑯ 2001～2011 18～64歳人口の学歴がESO以下の割合	⑰ 2019 学歴がESO以下(スペイン人・25～64歳)	⑱ 2001～2011 15～24歳移民人口の割合
全国平均	4182,2	24,4	16.5	19344,0	10.7	52.2	38.3	8.2
アンダルシア	3324,6	26,8	12.4	14907,1	18.5	60.0	48.0	5.8
アラゴン	3990,6	24,5	17.1	20952,3	7.0	47.6	33.1	8.4
アストゥリアス	4651,5	23,5	12.5	17498,2	11.3	51.3	32.6	2.9
バレアレス諸島	4027,3	25,2	21.4	22040,3	8.4	54.9	41.4	16.7
カナリアス諸島	3869,7	24,2	8.0	18140,8	13.7	55.8	45.0	11.4
カンタブリア	4387,4	23,0	18.5	18830,3	9.7	48.2	31.1	4.2
カスティーリャ・イ・レオン	4348,9	23,5	16.2	18450,3	10.8	51.6	37.9	4.2
カスティーリャ・ラ・マンチャ	4332,6	24,6	8.5	15187,2	11.0	61.6	48.7	7.0
カタルーニャ	3636,3	26,5	22.5	23203,4	9.3	50.5	34.2	11.6
バレンシア	3887,1	24,4	18.9	17902,5	11.5	54.7	40.7	12.9
エクストレマドゥーラ	4173,2	24,5	8.8	12969,2	17.6	64.8	53.6	2.5
ガリシア	4546,6	22,8	12.3	16458,2	11.6	56.0	39.4	2.7
マドリード	3105,0	26,2	21.1	25619,0	8.6	39.0	25.2	12.9
ムルシア	3623,8	26,0	13.8	16222,3	11.2	57.4	45.0	12.4
ナバラ	5164,2	23,3	21.6	24434,2	6.0	44.3	27.4	8.5
バスク	5793,0	20,9	29.2	24842,6	9.3	40.2	26.4	4.1
ラ・リオハ	4234,7	25,2	17.3	21188,8	6.9	49.9	37.0	10.5
セウタ	－	－	－	－	－	－	47.1	－
メリーリャ	－	－	－	－	－	－	47.1	－

　また，⑯前期中等義務教育（ESO）以下の学歴の人口率が高いと，早期離学率も高くなることから，後期中等教育以上の修了の促進が目指される。実際，⑰2019年の前期中等義務教育（ESO）以下の学歴が減少して改善もみられるが，エクストレマドゥーラのように依然として半数以上と高い地域もある。現在，⑧前期中等義務教育（ESO）修了率の平均は，8割と高いが，地域格差が6割から9割近くとなっている。さらに⑨高校修了率に注目すると7割弱のバスクを除き，4割程度の地域もいくつかあり，地域格差が大きいといえる。他方，⑩職業訓練修了者数は，一部地域を除く地域格差はまだ小さい。前期中等義務教育の進学希望先について，⑥高校と⑦訓練に着目すると，全体の7割近くが高校準備コースを選択していることがわか

23）エクストレマドゥーラの場合，農業が中心であり，モロッコ等からの外国人の季節労働者が雇われることが多く，不安定な労働形態は高い失業率の一因にもなっている。季節労働者は，季節労働が終了すると家族・子どもたちを残して，他の地域で働くという。2015年3月・2017年2月エクストレマドゥーラ自治州内タラユエラ市の中学校学校長，教員らへのインタビューによって確認した。

る。また，④留年未経験率が7割弱であることから3割程度が留年経験者であることを踏まえると，⑤学習改善プログラムの平均が6.1％は少ないように思える。学習困難な生徒に対する支援プログラムやコース選択があるにもかかわらず，財源の課題を抱える地域もある。十分な支援が行き届かず，前期中等義務教育修了資格をはじめ，後期中等教育段階の資格取得の困難さも窺える。

5　学校教育制度の限界

　第3節でみた，度重なる改革により定着しない学校教育制度，第4節の現行法による前期中等義務教育修了資格の取得支援ではなく，学校教育にとどまらせる制度という実態と自治州の教育行政が抱える財源等の問題による地域格差の課題を踏まえたうえで，本節では，スペインの学校教育制度における早期離学対策，特に予防・介入・補償の観点から，評価すべき取り組みを挙げつつ，限界も明らかにしながら，日本にも示唆を与えうる僅かな期待も導き出したい。

　まず，現行法における予防の観点からみると，たとえば，本章第4節1項①，前期中等義務教育において，留年回数に基づき「学習及び成績改善プログラム」を受けることができる。加えて，学習困難等がみられる場合には，現行法の教育の公平性に基づく補償教育の観点から支援をすることもある。たとえば，カスティーリャ・イ・レオン自治州においては，留年回数に基づき学習及び成績改善プログラムを対象者に適用させる。また，全生徒が対象でありながら必要な生徒，学習困難者等に対し補完・補強の目的で補償教育プログラムも行われる（有江 2014：230；有江 2015：11）。さらに，自治州独自の取り組みがあれば，一定の要件の下で適用の対象となる。同自治州において言語及び社会適応（ALISO）プログラムがあり，異文化間教育やインクルーシブ教育の養成を受けた教員が同プログラムの教員として学校に派遣される[24]。同プログラムは外国籍生徒で言語の問題により学習困難がある場合に限らず，スペインのエスニック・コミュニティが抱える社会的排除，家庭問題により学習困難となった場合にも参加が認められる（有江 2014：226-23）。他方，これらのプログラムは，国家の経済状況やその自治州の財源基盤によって，派遣される教員の数や支援プログラムに対する資金が削減され，制度上のプログラムはなく

24）スペインの教員の合理主義的な考え方を改善させるために，少しずつ多様性の捉え方も変化している。ただし，養成が行われているのは一部地域であることに留意しなければならない。有江（2016：132-133, 138）を参照。

ならないが対象者がさらに絞られる等のことも生じる。その結果，支援が行き届かずに生徒が抱える困難が解消されず，学校や教員による支援を感じることがないまま，離学する可能性があることも大きな課題である（Carrasco et al. 2018a；Carrasco et al. 2018b）。

　他方，介入段階において，多くの行政は，教育に関わる他機関と連携を取っている。たとえば，不登校については，早期離学の問題と深く関連していることが多くの研究でも指摘されてきた。また，不登校そのものが生徒（子ども）の教育に対する権利を奪うだけでなく，危険な活動への関与や非行へと導く可能性もあることから，スペインでは単に学校教育の問題だけでなく，地域警察とも連携することになっている。たとえば，ロマ等のエスニック・コミュニティの文化的背景に伴い，不登校になりやすい生徒の割合がそのコミュニティに属さない生徒に比べて大きい。初等教育へ通うことで読み書き，計算ができ，最低限の教育を受ける意義は見出され，不登校は改善されているが，前期中等義務教育以降に進学する意義を生徒の親に理解してもらうことが難しいというのが現場の声である[25]。むろん，この文化的背景のある生徒だけが不登校になり早期離学をするのではないが，早期離学率は他より高いとの研究結果がある（柿内 2018：1–14；Carrasco et al. 2018b：12）。アンダルシア自治州では，2019/2020 年度では 63 名の生徒に対して不登校プログラムを適用することが 2019 年末に同自治州の公式情報サイトによって発表された（Andalucia Información 2019）。同プログラムは，不登校の予防と介入として，対象生徒の不登校状況を把握・管理し，学校の教員らをはじめ，保護者団体，教育の質や公平性を監査する独立機関，社会福祉関連の職員及び地域警察と連携しながら取り組む。同自治州のセビーリャ市においては，不登校の生徒に対する具体的な介入の仕方の公式指針を打ち出している（Ayuntamiento de Sevilla n.d.）。教育現場においては，前述した行政関係機関の職員らと全体で取り組んでいるようであるが，それでも防げない早期の離学もあるようだ[26]。

　補償という観点からみると，学校教育制度から一度離れた生徒に対し，本章第4節1項②で取り上げた基礎職業訓練は 16 歳又は 17 歳であれば，通常の制度として受けることができる。他方，同項⑤成人教育でも述べたように，18 歳以上であれ

25）2015 年（1～3 月）／2017 年（2～3 月）カスティーリャ・イ・レオン自治州サラマンカ市の小学校の同プログラムの担当教員との対談と参与観察によって確認した。
26）2015 年 2 月 12 日アンダルシア自治州内セビーリャ市の中学校学校長へのインタビューによって確認した。

ば成人教育として基礎職業訓練や成人教育を提供する教育機関において，前期中等義務教育修了資格，高校修了資格や職業訓練資格の取得のために受講できる。また，16歳，17歳で成人教育を受ける場合は就労契約の提示が必要となる。しかし，第2節表8-1で確認したように18～24歳人口のなかで，上の年齢の方が「後期中等教育未満の教育しか受けていない」割合が高く「現在は教育を受けている」割合も低くなることから，このような補償システムがあっても，「学校」教育に再度戻ることが難しい場合もある。

　学校教育制度上での課題も残るが，スペインならではの早期離学への対策として，市民団体の活動がある。学校教育制度から離学した，あるいはそのリスクがある子ども・若者に対する市民団体を中心とした社会活動や社会教育が1980年代からスペインで広がった。それが現在では，さまざまな形で学校教育の補強や補完として活動する（有江2014：231-235）。学校と連携しながら，定期的に共通の生徒についての情報交換を行う活動もある（有江2014：232-233）。また，生徒の教育・訓練の大幅を担う，公教育ではないセカンド・チャンス・スクールと呼ばれる学校がある。これらの学校は，新たな機会を提供する。民主化後，1980年代以降に設立された支援団体であり，その多くは義務教育の延長に伴う，学校に馴染まない又は学校から排除される子ども，若者らの教育を心配した大人たちが，町の学校から少しずつ活動を広め，現在では自治体にとどまらず，自治州内や全国的に支部を設ける場合もある[27]。これらの学校では，主に補償の部分を担い，前期中等義務教育の内容と職業訓練の内容を彼らとの面談によって判断し，個別のカリキュラムの下で資格取得も目指す。グループであるが少人数のため職員との距離が近く，若者が求める支援に応えてくれるとの満足度も高いという。また，これらの学校は予防的な側面として，離学していない生徒の学習支援や学校課題の補助を行いながら，学校を修了し，その後も安定した教育・訓練，就職につくまで長期的に面倒をみる。さらに，介入の観点からは，離学リスクのある前期中等義務教育生徒の受入れについて，教育行政から前期中等義務教育修了資格の資格取得できるよう委託されることもある。このような学校は，学校教育制度には難しい，多様な生徒の学習進度に配慮しながら，新たな可能性を見出す教育の場としての期待も担っている。

　日本においては，子どもの貧困解消のための学習支援，不登校の生徒のための居場所づくり，多様な児童生徒とそのニーズに対するオルタナティブな教育や学校の

27）2020年（2～3月）にカタルーニャ自治州，アンダルシア自治州，バスク自治州のセカンド・チャンス・スクールを視察し，学校関係者へのインタビューによって確認した。

位置づけ等について議論が活発化している。日本と異なる制度でありながらも，同様に教育制度だけでは解決しきれない教育課題と社会状況が類似する点もあることから，スペインの政策や取り組みのなかで参考可能なものを吟味しながら，今後の動向を見守る価値は十分にあるといえる。

6 おわりに

　現行法 LOMCE の廃止を決定づける 2020 年 3 月 3 日の閣議決定からわずか 1 週間後には，新型コロナウィルスの猛威がスペイン全土を襲いかかった。3 月 14 日に警戒事態宣言が発令されたことを受け，すべての学校が閉鎖された。その後，6 月に一部の学校が再開するまでインターネットを介した授業や指導が行われた。しかし，自宅学習のための環境が整っておらず，また一定数の生徒との連絡がとれず，これら生徒の離学の可能性も問題視された。そこで，環境の不整備による不利益がないよう，進級や前期中等義務教育修了資格取得の基準緩和が促された。そして，2020 年 9 月に始まった新年度では，脆弱な状況に置かれている生徒への経済的な支援や学習支援が積極的に行われるための予算も多く割り当てられ，デジタル教育の強化を図りながら，原則，対面授業が行われている。

　新型コロナウィルスにより新たな課題が浮上し，学校教育の意義が問われる中，今後，公平性と良質な教育の確保のために学校教育がいかに変化していくのか，同時に，地域社会の状況と求められるニーズに合わせつつ，学校教育を補完し，新たな教育機会を提供する制度外の学校の活動にも注目していきたい。

【引用・参考文献】
有江ディアナ（2014）.「スペインにおける移民の子どもに対する教育施策の現状と課題-Castilla y León 自治州を事例に」『未来共生学』1, 211–245.
有江ディアナ（2015）.「スペインにおける外国人の子どもの教育に対する権利」『国際人権ひろば』124, 10–11.
有江ディアナ（2016）.「スペインにおける外国人生徒の教育の現状と課題」園山大祐［編］『岐路に立つ移民教育―社会的包摂への挑戦』ナカニシヤ出版, 121–139.
柿内真紀（2018）.「EU10 諸国における中等教育の早期離学に関する比較考察」『教育研究論集』8, 1–14.
ショヴェル, S.(2018).「学校への道，進路決定を前にした教師，生徒，両親」園山大祐［編］『フランスの社会階層と進路選択―学校制度からの排除と自己選抜のメカニズム』勁草書房, 79–90.
日本スペイン法研究会サラゴサ大学法学部・Nichiza 日本法研究班［編］(2010).『現代スペイン法

入門』嵯峨野書院

Andalucía Información（2019）. 63 Alumnos Adheridos al Programa Contra el Absentismo Escolar. 〈https://andaluciainformacion.es/el-puerto/864449/63-alumnos-adheridos-al-programa-contra-el-absentismo-escolar/〉（最終確認日：2020 年 11 月 28 日）

Ayuntamiento de Sevilla（n.d.）. Protocolo de Intervención en Absentismo Escolar de la Ciudad de Sevilla. 〈https://www.sevilla.org/servicios/educacion/plan-absentismo-escolar/protocolo-de-intervencion-en-absentismo-escolar-sevilla.pdf〉（最終確認日：2020 年 11 月 28 日）

Bayón-Calvo, S., Corrales-Herrero, H., & Ogando Canabal, O.（2017）. Los Factores Explicativos del Abandono Temprano de la Educación y la Formación en las Regiones Españolas. *Investigaciones Regionales–Journal of Regional Research*, 37, 99–117.

Bayón-Calvo, S.（2019）. Una Radiografía del Abandono Escolar Temprano en España: Algunas Claves Para la Política Educativa en los Inicios del Siglo XXI. *Revista Complutense de Educación*, 30(1), 35–53.

Bayón-Calvo, S., Corrales-Herrero, H., & De Witte, K.（2020）. Assessing Regional Performance against Early School Leaving in Spain. *International Journal of Educational Research*, 99, 1–13.

Camacho Ruiz, M. A.（2016）. *Fracaso Escolar y Abandono Educativo Temprano en Educación Secundaria Obligatoria: Un Estudio Integrado* [Ph.D. dissertation]. Universidad de Huelva.

Carrasco, S., Narciso, L., & Bertran, M.（2015）. ¿Qué Pueden Hacer los Centros Públicos Ante el Abandono Escolar Prematuro? Explorando las Medidas de Apoyo al Alumnado a Través de Dos Estudios de Caso en Cataluña en Un Contexto de Crisis. *Profesorado*, 19(3), 76–92.

Carrasco, S., Narciso, L., & Pàmies, J.（2018a）. Abandono Escolar Prematuro y Alumnado de Origen Extranjero en España ¿Un Problema Invisible? *Anuario CIDOB de la Inmigración 2018*, 212–236.

Carrasco, S., Narciso, L., & Bertran-Tarrés, M.（2018b）. Neglected Aspirations Academic Trajectories and the Risk of Early School Leaving amongst Immigrant and Roma Youth in Spain. in L. Van Praag（ed.）, *Comparative Perspectives on Early School Leaving in the European Union*. Oxfordshire & New York: Routledge, 164–182.

Estrada de Madariaga, M. M.（2017）. *Estudio Descriptivo Sobre el Abandono Escolar Temprano e Influjo de Variables Personales y Socio-Culturales en la Ciudad Autónoma de Melilla* [Ph.D. dissertation]. Universidad de Granada.

European Commission（n.d.）. Early School Leaving. 〈https://ec.europa.eu/education/policies/school/early-school-leaving_en〉（最終確認日：2020 年 4 月 16 日）

Feito, R.（2008）. La Experiencia Escolar del Alumnado de la ESO de Adultos: Un Viaje de Ida y Vuelta. *Revista de la Asociación de Sociología de la Educación*, 8(1), 44–56.

García Gracia, M., Merino R., & Sánchez-Gelabert, A.（2011）. Itinerarios de Abandono Escolar y Transiciones Tras la Enseñanza Secundaria Obligatoria. *Revista de Educación*, 361, 65–94.

INEE（2020）. 〈https://www.educacionyfp.gob.es/inee/indicadores/sistema-estatal/edicion-2020.html〉（最終確認日：2020 年 12 月 8 日）

Martínez García, J. S.（2009）. Fracaso Escolar, PISA y la Difícil ESO. *Revista de la Asociación de Sociología de la Educación*, 2(1), 56–85.

Ministerio de Educación y Formación Profesional（2020a）. Datos y Cifras Curso Escolar 2020-2021. 〈http://www.educacionyfp.gob.es/servicios-al-ciudadano/estadisticas/indicadores-publicaciones-sintesis/datos-cifras.html〉（最終確認日：2020 年 12 月 8 日）

Ministerio de Educación y Formación Profesional（2020b）. El Gobierno Aprueba el Proyecto de Ley que Impulsará Una Transformación Profunda y Exigente del Sistema Educativo.〈http://www.educacionyfp.gob.es/en/prensa/actualidad/2020/03/20200303-leyeducacion.html〉（最終確認日：2020 年 12 月 8 日）

Ministerio de Educación y Formación Profesional（2020c）. La Tasa de Abandono Escolar en España Alcanza su Nivel Más Bajo Desde que se Tienen Datos.〈https://www.educacionyfp.gob.es/prensa/actualidad/2020/01/20200128-epaabandono.html〉（最終確認日：2020 年 4 月 16 日）

Ministerio de Educación y Formación Profesional（2020d）. Las Cifras de la Educación en España Estadísticas e Indicadores Edición（2020）.〈http://www.educacionyfp.gob.es/servicios-al-ciudadano/estadisticas/indicadores/cifras-educacion-espana/2017-18.html〉（最終確認日：2021 年 3 月 7 日）

Morgenstern de Finkel, S.（2011）. The Scenario of the Spanish Educational Reform. in M. B. Ginsburg（ed.）, *Understanding Educational Reform in Global Context: Economy Ideology and the State.* New York: Routledge, 151–178.

Sánchez Alhambra, A.（2015）. *Aspectos Académicos y Personales que Inciden en el Abandono Escolar Temprano en Educación Secundaria Obligatoria* [Ph.D. dissertation]. Universidad Complutense de Madrid.

Tarabini, A., Castejón, A., Curran, M., Fontdevila C., & Montes A.（2016）. El Abandono Escolar en Contexto: Algunas Reflexiones Después del Seminario ABJOVES. *Boletín de Infancia de la Dirección General de Atención a la Infancia y la Adolescencia de la Generalitat de Catalunya,* 1–7.

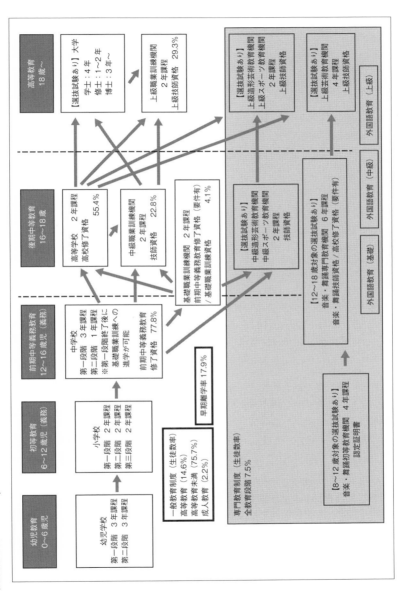

スペイン教育制度（パーセントは 2017/2018 年度に占める比率）
(Ministerio de Educación y Formación Profesional (2020d) . Las Cifras de la Educación en España Estadísticas e Indicadores Edición (2020) より筆者作成)

第1部

第2部

| コラム **3** | 早期離学率減少を目指すポルトガルの挑戦 |

　　　　　ポルトガルは，EU 各国のなかでも早期離学率を近年急速に大きく減少させた国の 1 つである。1992 年には 50％であった早期離学率が 40％を下回ったのは 2004 年のことで 12 年を要したが，30％を下回ったのはその 6 年後の 2010 年，さらに 20％を切ったのはその 3 年後の 2013 年のことであった。2019 年の早期離学率は 10.6％であり，10％を切るのは目前となっている。このように，2000 年代以降，ポルトガルの早期離学率減少のスピード感が目立つ。

　それでは，ポルトガルが早期離学率減少を達成しえた背景にはどのような要因や戦略があったのだろうか。

　ポルトガルで早期離学問題が意識され始めた背景には，EU や ILO などの国際機関での議論がある。特に，2009 年に策定された「教育と訓練 2020（Education & Training 2020: ET2020）」の重点目標の 1 つに早期離学率の引き下げが掲げられたことの影響は大きかったのではないかと思われる。また，ポルトガルの地域社会のなかでも，早期離学の若者たちの存在を認識し，対応策の必要を感じた学校関係者たちが徐々に増えていった。この国際社会からの要請と，国内の地域社会のなかで芽生えた問題意識が重なり，ポルトガル国内で早期離学問題の解決を求める声が強くなった結果，対応策が模索されるようになった。

　そのなかで，早期離学率の低下にダイレクトにつながったいくつかの戦略を紹介しよう。

　第一に，義務教育年限の延長である。義務教育を初等教育・前期中等教育の 9 年に後期中等教育の 3 年を加えた 12 年間にする法案が 2009 年に承認され，2012/2013 年度から義務化された。これにより，18 歳までの離学者数の改善が図られた。

　第二に，職業教育訓練コースの充実化である。2016 年の教育科学省「全国学業成功促進プログラム（Programa Nacional de Promoção do Sucesso Escolar：PNPSE）」など，義務教育年齢の引き上げに伴う学業失敗を防止するための措置として，職業教育訓練コースなど，生徒一人ひとりに適合する多様な課程を設置した。また，学業資格と職業資格の両方を取得できる資格認証制度の整備なども進めた。就業型学習（Work-based Learning）を多く取り入れた職業教育訓練の課程は，一般課程よりも留年・中途退学率が低く，学業失敗の防止に役立っていると評されている。

　そのほかにも，優先的介入教育地域（Territórios Educativos de Intervenção Prioritária：TEIP）を設定し，社会的経済的貧困地域の学校への支援の充実を図

ったことも，学業継続につながっているといわれている。

　このように，後期中等教育を義務教育とし，さらに生徒の適性や進路希望に合わせた職業教育や訓練の多様な課程を整備したことは，早期離学率を減少させた。しかし，それだけでは必ずしも早期離学問題対策としては十分ではない。伝統的な学校という場所そのものに嫌悪感を示す若者を受け止める場所が求められている。

　それに対する1つの挑戦が，セカンド・チャンス・スクールである。セカンド・チャンス・スクールは，就職して十分な収入を得るために必要となるスキルと資格が不足している青少年に，教育と訓練を提供することを目的に設置された教育訓練機関である。セカンド・チャンス・スクールの推進は，ポルトガルの早期離学対策の中でも最も特徴的な戦略であり，このセカンド・チャンス・スクールで行われるセカンド・チャンス教育とは，離学して社会的排除のリスクのある若者のための介入プログラムを意味する。ポルトガルでは，2019年にこのセカンド・チャンス教育のガイドラインが教育長官名で発表された（Diário da República Eletrónico 2019）。ガイドラインには15歳以上の若者を対象に，学業資格取得のための教育や職業訓練，集団活動などを行い，修了後2年間の追跡把握を義務づけるなど，早期離学問題への対応が盛り込まれている。

　このガイドライン作成に大きく貢献したのが，2008年にポルトガルで最初に開設されたマトジーニョス・セカンド・チャンス・スクール（Escola de Segunda Oportunidade de Matosinhos：ESOM）である。ESOMはポルトガル第二の都市ポルト近郊のマトジーニョス市に位置しており，マトジーニョス市・教育省等とのパートナーシップ契約の下，NGOが運営している。対象は，16〜25歳の青少年で，定員は70名であるが，今では入学待機リストができるほど人気となっている。ESOMのプログラムには，学業資格の取得，職業訓練（テキスタイル・木工・調理），自律・社会性の発達（メンター制度，心理相談，生活相談等），芸術教育（演劇・音楽・ダンス・ビジュアルアート等）の4つの柱があり，学業資格の取得だけでなく，生徒の内面の成長に重きを置いた全人教育アプローチを採用している。このような教育の質は，よい実践例として欧州職業訓練開発センター（Cedefop）で紹介されるなど，国内外で高い評価を受けている。

　筆者が2018年にESOMを訪問した際には，セラピードッグが教室やフロアをのんびりと行き来し，生徒たちが思い思いに撫でていたり，その横で，メンター役の教員が生徒と一対一で，履修科目をどうするか生徒の希望を聞きながら話し合っていたりしていた。学校に来ていた生徒たちにESOMでの生活の印象を尋ねたところ，「もともと通っていた（伝統的な）一般の学校とは異なり，ESOMでは教員と生徒との距離が近く，生徒に自由がある」，「一般校は嫌いだったけどESOMは好きだ」と答える生徒ばかりであった。校長へのインタビューでも，生徒一人ひとりと向き合うことの重要性が強調されており，生徒が他者

第1部

第2部

を信頼すること，自分に自信をもち自分を取り戻すことが，社会に出ていく彼らにとって重要であるという認識が伝わってきた。このような生徒に寄り添う考え方は ESOM の大きな特徴である。その考えは具体的にたとえば一人の生徒に対して担任教員以外の教員のメンターを全員に付けていることや，社会教育士など教員以外で生徒をサポートする人員を配置していること，特に芸術科目では共同創作活動に取り組み，集団活動での達成感が得られるように配慮されていることなどの実践に表れている。伝統的な一般校では実施していないこれらの取り組みに魅力を感じる生徒も多い。単に義務教育年限を延長したり，課程を多様化しても，伝統的な学校文化が変わらない限り，そこから離脱する子どもも存在する。その点で，ESOM の実践は，ポルトガルの伝統的な学校に対して変わる必要を訴えかけているともいえる。

　ESOM はポルトガル国内の早期離学問題を提起する中心的役割を果たしてきた。2016 年にはポルト大学等高等教育機関との連携し，早期離学削減のための全国戦略を発表し，2018 年 4 月，2019 年 12 月にはセカンド・チャンス教育推進団体全国会議を主催し，セカンド・チャンス・スクールの全国ネットワーク設立を呼び掛けた。第 2 回の全国会議には，ESOM に刺激を受けて 2019 年に開校したばかりのエルメジンデ・セカンド・チャンス・スクールとサモアコレイア・セカンド・チャンス・スクールも主催校として名を連ね，教育省幹部も含め国内外からおよそ 200 人の参加者が集まった。会議の途中には ESOM の生徒たちも，芸術パフォーマンスを披露して，芸術教育の重要性を主張したり，授業で習得した調理技術を発揮した軽食を振舞ったりなど，大活躍を見せた。ガイドラインが整備されたこともあり，今後はポルトガルの全国各地でセカンド・チャンス・スクールの開校が予定されている。

　もちろん，セカンド・チャンス・スクールだけで問題は解決するわけではない。しかしセカンド・チャンス・スクールの実践が示す学校と生徒との新たな関係性は，一般校の教員にとっても早期離学を防ぐための大きな参考となるだろうし，参考にしていかねばならないだろう。まだまだポルトガルの早期離学問題解決への挑戦は続いている。

（二井紀美子）

引用・参考文献 ──────

Cedefop（2018）. Spotlight on VET PORTUGAL.〈DOI：10.2801/757168〉
Diário da República Eletrónico（2019）. Despacho n.º 6954/2019〈https://dre.pt/home/-/dre/123725456/details/maximized〉（最終確認日：2020 年 11 月 24 日）
Direção-Geral de Estatísticas da Educação e Ciência（DGEEC）（2020）. Ensino Secundário 4.3. Alunos matriculados no ensino secundário por oferta de educação e formação, em Portugal（2008/2009 a 2018/2019）〈http://estatisticas-educacao.dgeec.mec.pt/indicadores/Indicador_4_3.asp〉（最終確認日：2020 年 12 月 18 日）

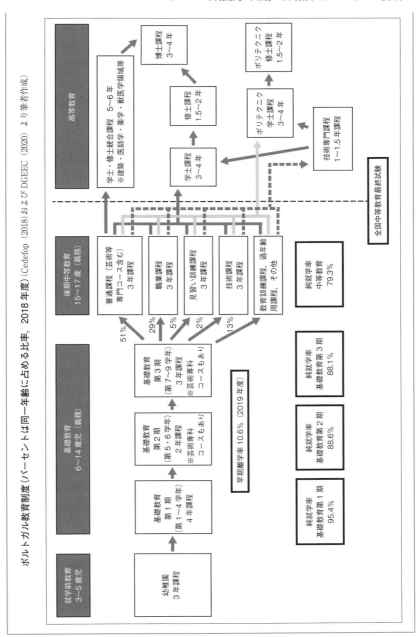

ポルトガル教育制度（パーセントは同一年齢に占める比率，2018年度）（Cedefop（2018）および DGEEC（2020）より筆者作成）

就学前教育 3〜5歳児

幼稚園
3年課程

基礎教育（義務）6〜14歳児

基礎教育
第1期
（第1〜4学年）
4年課程

基礎教育
第2期
（第5・6学年）
2年課程
※芸術専科
コースもあり

基礎教育
第3期
（第7〜9学年）
3年課程
※芸術専科
コースもあり

早期離学率 10.6%（2019年度）

後期中等教育（義務）15〜17歳

普通課程（芸術等
専門コース含む）
3年課程 ……51%

職業課程
3年課程 ……29%

見習い訓練課程
3年課程 ……5%

技術課程
3年課程 ……2%

教育訓練課程，過年齢
用課程，その他 ……13%

全国中等教育最終試験

高等教育

学士・修士統合課程 5〜6年
※建築・医師学・薬学・獣医学領域等

学士課程
3〜4年

博士課程
3〜4年

修士課程
1.5〜2年

ポリテクニク
学士課程
3〜4年

ポリテクニク
修士課程
1.5〜2年

技術専門課程
1〜1.5年課程

純就学率
中等教育
79.3%

純就学率
基礎教育第3期
88.1%

純就学率
基礎教育第2期
88.6%

純就学率
基礎教育第1期
95.4%

第1部

第2部

155

第9章 スウェーデンの離学予防・復学支援施策

林　寛平・本所　恵

1 はじめに

　スウェーデンの離学対策の特徴は，切れ目のない施策にある。基礎教育を受ける権利と義務，高校進学で挫折した人への補充教育，高校中退予防，そして，取りこぼした人をすくい上げる成人教育がある。これにより，希望すればほぼすべての人が高校卒業を目指せる制度が整えられている。また，病気や障害で学業を中断せざるをえなくなった人には現金給付があり，セーフティネットが広く張られている。加えて復学に向けたインセンティブが仕組まれていて，就労も就学もしていない若者に学業に復帰する動機を与えようとしている。本章では，スウェーデンにおける切れ目のない支援体制を描出するために，対象者の法的定義と統計を整理し，政策の重要な転換点を踏まえたうえで，離学・復学施策の特徴を検討する。

2 早期離学者の割合

　コミューン（日本の市町村に相当）は，初等中等教育に責任を負う他，域内に住む20歳未満の若者に何らかの活動を提供しなければならない。義務教育では長期欠席対策と，その予兆の把握が課題となる。義務教育後は，高校中退予防と，高校に進学しなかった人や中退者への復学支援が課題となる。なお，基礎学校卒業後に就職しても，成人教育機関を通じていつでも学業に復帰できる。

　以下では，本章の対象である離学者に関して，まず法的定義と実態を確認する。

● 2-1　就学義務と学習権の法的定義

　スウェーデンに住むすべての子どもは，6歳になる年の秋学期に就学前学級に入学し，一年後に基礎学校1年に進級したのち，9年生を終えるまでの10年間が義務

教育として課される。子どもたちは就学前学級と基礎学校（あるいは特別支援基礎学校，特別学校，サーメ学校[1]のいずれか）に通い，年間190日以内，一日8時間以内（2年生までは6時間以内）の義務的な活動に参加する。義務期間は，就学前学級を1年前倒しで5歳から始める等の事情により延長する場合がある。また，外国に住むなどの特別な事情で通学できない場合には，この義務は課されない。

保護者には，生徒の欠席をその日のうちに学校に知らせる義務がある。短期の欠席は教員が個別に許可できる。長期の欠席も校長によって許可される場合があるが，10日間以上の欠席者に対しては，理由の正当性に関わらず，校長が欠席の必要性を調査し，すみやかに学校設置者（公立学校についてはコミューン，自立学校（運営費の大半が公費で賄われる私立学校）については理事会）に報告しなければならない。この調査は生徒，保護者，生徒保健チーム（elevhälsoteam）と相談して実施する。

就学義務は生徒に課されている。保護者は，子どもに義務を果たさせる責任がある。保護者がこの責任を果たさない場合，コミューンは保護者に罰金を科す。罰金額は罰金法[2]に基づき各コミューンが決める。たとえばカルマル市では，まず保護者の年収の1%を科し，改善がみられない場合にはさらに0.5%を追加すると定めている（Kalmar kommun 2019）。一方，コミューンは登校しない生徒に対して所定の教育を別の方法で保障する責任がある。学校設置者は生徒に教育を提供する責任がある。

このように10年間の基礎教育については，関係者それぞれに義務と責任が課せられている。同時に，教育法（Skollag）にはすべての子どもが基礎教育を無償で受ける権利をもつと定められている。特別な事情により通学できない生徒は，就学義務は免除されるが，学習権は保障される。

● 2-2　基礎学校における学校離れの実態

学校離れには，欠席・遅刻・早退などによって就学義務を意図的に免れる「サボり」（skolk, ogiltig frånvaro），学校や社会に対する不安や拒絶による「登校拒否」（skolvägran），学校には行きたいが，何らかの事情で長期的に通えずにいる「ひきこもり」（hemmasittare, hikikomori）など，境界は不明瞭ながらさまざまな用語がある。

社会庁の調査では，基礎学校での長期欠席は若者の将来を占う重要な要素であることが示された。基礎学校での成績が振るわないと，精神的な問題を抱えるリス

1）スカンジナビア北部に住む少数民族サーメの子どもたちのための学校。6年制。
2）Lag（1985：206）om viten

クが高まるほか，義務教育を修了できなかった若者は労働市場の要求水準に達せず，社会から落ちこぼれるリスクが高いとされる（Socialstyrelsen 2010, SOU2016：94）。

　長期欠席者の全国的な統計は定期集計されていない（Sveriges Kommuner och Landsting 2017）。学校監査庁が 2015 年に行ったアンケートでは，基礎学校の「連続的な不正欠席者（ogiltig sammanhängande frånvaro：病気などの正当な理由なく 1 か月以上完全に就学義務を履行していない生徒)」が全国に 1,676 人いた。また，1 万 8,000人が「断続的な不正欠席者（ogiltig upprepad ströfrånvaro：病気などの正当な理由なく2 か月以上にわたって授業時間のおおむね 5％以上を休んだ生徒)」だった。いずれも基礎学校の 6 年生まで（日本の小学校に相当）よりも，7 年生以降（日本の中学校に相当）の方が多かった。（Skolinspektionen 2016）。

　一方で，調査会社 TNS Sifo は，2015 年秋学期に授業時間の 10〜20％を欠席した基礎学校生徒を 3 万 8,000〜5 万人程度，20％以上を欠席した生徒を 1 万 4,000〜1 万 8,000 人程度と推計している。学校監査庁は不正欠席者のみを対象としたのに対し，TNS Sifo は許可された欠席者も含むために数値が大きくなっている。TNS Sifo は抽出調査で，学校監査庁の統計に比べると精度が劣るものの，長期欠席が 4 年生から始まることが多く，学年進行に従って割合が増加すること，規模が大きい学校では割合が大きくなる傾向が明らかになった（Öhman 2016）。

　「サボり」については，中央統計局（SCB）による子どもの生活実態調査の結果が参考にできる。2009 年から 2011 年にかけて行われた調査では，7 年生から 9 年生の生徒の 8％が月に 1 度はサボっていると答えた。毎週サボっている生徒は 2％いた。また，2017-2018 年調査では，6 年生から 9 年生のうち，月に一度以上サボっている生徒は 4％だった。男女の有意差はなく，片親世帯による差異もみられなかった（Skolverket 2020）。

　OECD（経済協力開発機構）生徒の学習到達度調査（PISA）の 2018 年調査によると，過去 2 週間に学校を休んだスウェーデンの 15 歳の生徒の割合は 10％（OECD 平均は 21％）で，同期間に 53％（同 48％）の生徒が遅刻したと答えている（OECD 2019）。

● 2-3　高校進学要件

　高校入学者選抜は，学校設置者が事実に基づいた公平な方法を決定し，入学希望者に事前に通知することになっているが，ほとんどの場合基礎学校の成績を用いている。基礎学校 9 年生の成績は A から F までの 6 段階でつけられる（F は不合格）。高校進学要件は，基礎学校最終学年の成績において，英語，数学，スウェーデン語

表 9-1　**高校進学要件と要件を満たした生徒の割合**（Skolverket（2019a）より筆者作成）

プログラムの種類		進学要件	要件を満たした生徒
職業プログラム		スウェーデン語又は第二言語としてのスウェーデン語，数学，英語，他 5 教科	84.3%
大学準備プログラム	芸術プログラム	スウェーデン語又は第二言語としてのスウェーデン語，数学，英語，他 9 教科	83.3%
	経済，人文，社会科学プログラム	スウェーデン語又は第二言語としてのスウェーデン語，数学，英語，地理，歴史，宗教，社会科，他 5 教科	81.8%
	自然科学，技術プログラム	スウェーデン語又は第二言語としてのスウェーデン語，数学，英語，生物，物理，化学，他 6 教科	80.8%

又は第二言語としてのスウェーデン語の 3 教科，および，職業系学科では他の 5 教科，進学系学科では他の 9 教科について，A から E の成績を得ることである。

　2019 年の基礎学校卒業生のうち，全教科で合格した生徒は 75.5% だった。84.3% は高校のいずれかのプログラムへの進学要件を満たし，15.7% にあたる約 1 万 7,600 人は進学に必要な何らかの教科の成績を満たしていなかった（Skolverket 2019a）。進学要件を満たしていない生徒の多くは，最終成績認定措置（サマースクールなど）によって，秋学期までには進学要件を補充する。秋学期までに卒業要件を満たせなかった生徒は，拠点となる高校に付設されたイントロダクション・プログラム（IM）を受けるか，コミューンによる「若者に対する活動責任（Kommunernas aktivitetsansvar för ungdomar：KAA（160 頁参照））」の対象になる。

　IM は義務教育の延長であり，高校進学あるいは労働市場への導入のための補充教育を行う。IM には卒業要件に関する規定がないため，各生徒の実情に応じた個別計画に従って学習を進める。4 つのプログラムから構成される IM では，成績が足りない生徒に対する補充教育，移民生徒に対するスウェーデン語教育，就職希望者に対する職業訓練や就職支援，低学力やモチベーションの低い生徒，あるいは高校の他のプログラムへの進路替えのための科目を提供するなどしている[3]。

● 2-4　高校生の退学と長期欠席

　高校の学年暦は 178 日以上の授業日と 12 日以上の休日を含むと定められている。生徒が病気などの理由で授業を休む場合には，すみやかに届け出る必要がある。

　入学を許可された高校で，授業が始まって 3 日経っても正当な理由なく登校しない生徒は退学となる。また，病気や欠席許可なく連続して 1 か月以上休むと，その

---

3) Gymnasieförordning（2010：2039）

生徒は退学したとみなされる。生徒が退学を希望する場合には，校長に届け出ることになっている[4]。

2017年に高校に入学した生徒の2年後の状況をみると，10万8,950人の入学者に対して，2.8%の生徒が退学，1.2%が休学後復学，4.4%が留年，13.5%が進路変更をしており，入学時と同じ課程で学ぶ生徒は全体の78.1%だった。中退率は移民生徒にスウェーデン語を教えるIMで特に多く16.5%だった。また，外国の背景をもつ生徒はスウェーデンの背景をもつ生徒に比べて中退や休学，進路変更をする生徒の割合が著しく大きかった（SCB 2020）。

高校生の欠席状況は中央学習支援委員会（CSN）の統計から把握できる。16歳から20歳までの高校生は，月額1,250クローナ（約1万5,000円）の奨学金を年に10か月まで受け取れる。この受給権は1か月に計4時間以上の不正欠席があるとはく奪される。2018年度は8.7%がサボりや欠席のために受給権をはく奪された。この割合は近年増加傾向にある。不正欠席者は自立学校が10%で増加傾向にある一方，公立高校では8.3%で横ばいだった。また，サボりによって受給権をはく奪された生徒は男子が64%を占めた。地理的には，ストックホルム県（11.4%）の生徒が最も多かった。

また，中央統計局による子どもの生活実態調査によると，月に1回以上サボった生徒は12%いて，2014年以降横ばいの傾向である（SCB 2020）。

● 2-5 「若者に対する活動責任（KAA）」

義務教育後20歳になるまでの若者については，3年間の高校教育を受ける権利が保障されている。ただし高校教育は義務ではないため，高校に進学しない生徒や中退する生徒もいる。このような生徒に対して，生徒が住むコミューンには「若者に対する活動責任（KAA）」が課される。コミューンは，就労も就学もしていない若者[5]の状況を把握し，適切な支援と何らかの活動を提供するように教育法で義務づけられている。

KAAの制度は2015年に始まり，2018年度は全国で7万1,446人が対象になった。これは同世代の若者49万8,330人の約14%にあたる。KAA対象者の内，外国生まれの若者は36%で，若者全体に占める外国生まれの若者（17%）に比べて大きい。

KAAからの登録抹消で最も多い理由は20歳に達したというもので，2018年度

---

4) Gymnasieförordning（2010：2039）

には47％がこの理由で抹消された。これに対し，高校レベルの学習に受け入れられたなどの理由で登録抹消された若者は43％だった（Skolverket 2019b）。

● 2-6　成人教育

高校卒業資格の未取得者は，コミューンが提供する成人教育（Komvux<ruby>コンブックス</ruby>）を通じて基礎学校や高校の成績が得られる。また，高校で履修した科目と進学希望の大学等が求める科目が異なるために，追加の科目履修が必要になった人も，進学要件を補完できる。Komvuxは無料で受講できる。ただし，教科書や教材複写費などの実費は受講者が負担する。コミューンが民間に委託してコースを開講することもあり，最近では遠隔授業も増えている。Komvuxを通じて，スウェーデンに居住する者は，希望すればいつでも無料で高校卒業を目指すことができる。

3　最近の政策の重要な転換点

● 3-1　2011年高校改革

現在の高校制度は1970年に学業重視の伝統的な高校と職業学校を統合してできた。この際，職業系の高校でもスウェーデン語，数学，英語や社会といった共通教科を学習時間の3分の1程度学ぶようになった。1994年の改革では，全学科が3年制となり，共通教科が増え，学習時間の3分の2程度を占めるようになった。これによって，職業系高校の卒業生も大学進学の基礎要件を満たせるようになった。

2007年頃から中道右派政権下で大規模な高校改革の議論が始まった。背景には，国際調査における成績低下や，高校中退率の高さがあった。また，若年者失業率が高いことも改革の根拠とされた。改革は主に次の4点に要約される。

第一に，共通教科を減らし，教育内容をより特化させることが目指された。職業

---

5) 中央統計局はEurostatが定義するNEET（Not in Employment, Education, or Training）に従い，四半期ごとに全国で無作為電話インタビューを行っている。これによると，2018年には15〜24歳の若者7万1,300人が過去4週間に就労も就学もしていないと推計された。一方，若者と市民社会問題庁（MUCF）のUVAS<ruby>ウーバス</ruby>（Unga som varken arbetar eller studerar：仕事も学習もしていない若者）統計は，16〜29歳の住民登録を基に集計している。これは，前年に基礎額（2019年は4万6,500クローナ）以下の所得で，奨学金を受給しておらず，教育登録がない者で，かつ移民のためのスウェーデン語を60時間以上受けていない人をカウントしている。これによると，2016年には16〜24歳の約8万300人，25〜29歳の約8万8,500人が該当した。KAAは住民登録を基に，実態として就労も就学もしていない若者を対象としている。

教育においては，卒業したらすぐに仕事が始められるように，高校と産業の連携を強化して職業活動の準備に特化すべきだと考えられた。また，大学準備教育については，学業により特化すべきだと考えられた。

　第二に，卒業率を高めるべく，高校への進学要件を厳しくした。同時に，高校進学要件を満たさない生徒のために用意されていた個別プログラム（IV）を廃止し，5つのイントロダクション・プログラム（IM）を導入した（2019 年に 4 プログラムに再編）。このうちの 1 つにスウェーデン語学習を集中的に行う移民向けのプログラムがある。

　第三に，全国的に質を担保するために，学校教育庁に認証されたナショナル・プログラムを導入した。改革前は地域ごとの特色あるコースが増え続け，生徒や保護者，あるいは生徒が卒業した後に受け入れる大学や雇用者にとっても，実態がわかりにくい複雑なものになっていた。また，教育の成果として，生徒が何をできるようになったのかを評価することも難しくしていた。

　第四に，カリキュラムと関連法規を整理することであった。高校教育がどのような内容を教えているのかを誰にでもわかりやすく統一的に示し，その教授内容を端的に証明できるようにした（Skolverket 2011）。

● 3-2　移民の教育を受ける権利

　2015 年のヨーロッパ難民危機では，年間 180 万人ともいわれる人びとがヨーロッパに押し寄せた。寛容な移民政策で知られるスウェーデンは難民の「最終目的地」となり，この年だけで 16 万 3,000 人以上がやってきた（林 2016）。

　スウェーデンでは，居住者に学習権を保障していることから，かねてからニューカマー（nyanlända）の生徒への対応は議論されていた。ニューカマーの生徒は，外国に居住していた 18 歳未満の子ども・若者で，7 歳を迎えた秋学期以降にスウェーデンの教育を受けはじめ，スウェーデンでの通学期間が 4 年に満たない者を指す。また，有効な在留許可をもたない生徒にも学習権が保障されている（Skolverket 2016a）。これらの生徒は「ペーパーレス（papperslösa）」と呼ばれるが，在留許可がない理由はさまざまで，内戦や迫害から逃れる際に移住元から証明書類を得ないまま来た者や，庇護申請が拒絶された後も滞在している者，在留期限が切れて滞在し続ける者，公的機関に一度も届け出をしていない者などが含まれ，いずれも不法滞在者になる。居住実態を示す書類がないため正確な統計はないが，Rädda Barnen（2014）は 2008 年に 2,000〜3,000 人程度と推計している。なかには数年にわたって

ペーパーレス状態で暮らす子どもや若者もいるが，彼らは公的サービスを受けられない（Skolverket 2015）。このため，政府は 2013 年に法律を改正し，ペーパーレスの生徒にも教育を受ける権利を認めた（Prop. 2012/13：58）。

　移民生徒で最も厳しい状況にあるのは，単身で来た子ども（ensamkommande barn）である。2015 年には 3 万 5,269 人の子どもが保護者を伴わず難民としてやって来た。これらの子どもには住居が与えられ，担当のソーシャルワーカーと保護司がつき，学校へ行けるように手配されたが，出自や年齢を証明する書類を持ち合わせていないことが多く，庇護申請に長い時間がかかった（Migrationsverket 2016）。

　7 歳から 16 歳までの移住者には就学義務が課される。基本的には年齢に応じた学年に入学するが，準備クラス（förberedningsklass）を設ける学校もあり，通常学級に入る前，あるいは特定の時間だけ通常学級から抜けて集中的にスウェーデン語を学ぶことがある。高校生の年齢になって移民した生徒は，まず言語イントロダクション・プログラムに通う。

　在留許可をもつ生徒は 20 歳まで教育を受ける権利をもつ。庇護申請者も，到着後 1 か月以内に教育を提供されると定められている[6]。しかし，在留許可を得ていない庇護申請者やペーパーレスの若者などは，高校教育を受ける権利を得られず，KAA の対象にもならない。住民登録がされていないため，居住コミューンが決まらず，責任者がいないためである。これらの子ども・若者に就学義務は課されないが，基礎教育を受ける権利は保障される。すなわち，18 歳の誕生日までは基礎学校に通うことができ，特に必要と認められる場合には卒業を 2 年間延長して 20 歳まで通うことができる。これらの生徒は，18 歳になるまでに高校に入学している場合には，18 歳以降も引き続き高校に通うことができる。しかし，18 歳までに言語イントロダクション・プログラムに入っていたとしても，高校に進学することはできない。また，住民登録がなされていないため，統計上 UVAS としてもカウントされず，制度的に無視されている。

　在留許可をもたない生徒の高校進学が 18 歳で線引きされる理由について，学校教育庁は，高校教育が任意であることと，20 歳まで高校教育を受ける権利が認められていることを鑑み，入学から卒業までの年限を差し引くと，18 歳までにナショナル・プログラムに入学することが必要になると説明している。通常，高校教育にかかる経費は居住コミューンが負担するが，庇護申請者の費用は国（移民庁）が補填

6）Gymnasieförordning（2010：2039）

する。そのため，国の行政機関である学校教育庁が上記の判断を示している。ただし，コミューンが独自の判断で入学を認める場合には，学校教育庁の解釈はこれを妨げるものではない（Skolverket 2016b）。

● 3-3　新型コロナウィルス感染症による学校閉鎖

　2020 年の新型コロナウィルス感染症（COVID-19）の世界的な蔓延は，学習権保障に大きな動揺をもたらした。政府は公衆衛生庁（Folkhälsomyndigheten）の専門家による意見を重視し，強制力や罰則を伴わない外出自粛要請にとどめるなど，穏やかな対応で臨んだ。ウィルス感染の陽性者が 1 万人を超えても教育相は全国的な休校措置を指示しなかった。しかし，学校を閉鎖すべきという市民の声は強く，政府は 3 月 19 日に法律を改正し，校長や学校設置者の決定を待たずに，中央政府が施設閉鎖できるようにした[7]。これは，1970 年代から取り組んできた脱集権化の理念に反し，歴史的な転換点と目されるが，危機状態にあって大きな反発はみられなかった（田平・林 2021）。

　公衆衛生庁は 3 月 18 日に「高校生と成人学生は，基礎学校の子どもたちと同様のケアは必要ない」という理由から，高校や成人教育機関を閉鎖するように勧告した。これを受けて高校や成人教育機関は全国的に遠隔授業に移行した。一方，「基礎学校やそれに相当する学校種に通う生徒には就学義務があり，それゆえ学校に通っている。公衆衛生庁は感染予防の観点から，健康な生徒が学校を離れ家庭にとどまる理由は見当たらない」として，症状のない生徒は通学するように勧告した（Folkhälsomyndigheten 2020）。この頃，多くの基礎学校では，登校時間を短縮したり，高学年から順次遠隔授業を導入したりしていた。また，ストックホルム周辺の自立学校が休校措置をとったほか，感染者が出た学校では学校が閉鎖されていた。しかし，一部の例外を除いて，いずれも学校閉鎖（skolstängt）と表現され，休校や休業ではなく，遠隔授業への移行というスタンスである。これは，校舎への立ち入りは制限するが，教育を受ける権利は保障し続ける姿勢を示している。

　各学校では社会的に不利な状況にある生徒たちのフォローに苦慮している。ヨテボリの基礎学校では，校長が保護者に子どもを学校に登校させるように呼びかけるビデオを公表した。この地域は移民の比率が大きく，公衆衛生庁やメディアの情報が保護者に適切に伝わらず，多くの生徒が無断で欠席していた。ビデオは母語教

---

7) Lag om tillfällig stängning av verksamheter på skolområdet vid extraordinära händelser i fredstid, Utbildningsutskottets Betänkande 2019/20：UbU25

員によってソマリア語，ベトナム語，アラビア語，クルド語に訳され，SNSにアップロードされた。このような学校では，対面による授業は学習指導にとどまらない効果があり，遠隔授業では参加率が著しく低くなってしまう。教師は欠席した生徒や保護者に電話をかけ，所在や休んだ理由を確認していた。校長は「ウィルスはなくなってほしいが，教育の必要性は決してなくならない。だから，保護者は子どもを学校に通わせなければならない」と諭した。この学校には4年生から9年生までの430人の生徒が通うが，ビデオを見て140人の生徒が学校に戻ってきた。それでもなお，250人程度しか出席していない（Lärarnas Tidning 2020）。

　遠隔授業に移行した高校でも中退率の増加が懸念される。CSNは高校閉鎖に際して，学校側の事情により遠隔授業が提供されなかったり，学習時間が減ったりしても，学生は奨学金を維持できる特例を発表した。加えて，新たに収入があった場合でも給付額の減額は行わないとしている。これは，家族が失業して働かざるをえなくなる若者や，医療現場での労働者需要が増えることが予想されるため，奨学金が就労の足かせにならないようにする措置である（CSN 2020）。ただし，学習者自身の判断で中退したり，学習時間を減らしたりする場合には，遠隔教育を理由にしても奨学金は減額される。このため，モチベーションの維持が難しい生徒たちはリスクにさらされている。

　外出自粛による経済的なダメージも甚大なことから，若年者失業率が上昇することも見込まれる。それゆえ，KAA対象者が急増するとみられ，緊急の対応が必要となっている。しかし，社会的距離を保つという観点から，自治体職員も在宅勤務になり，KAAも電話やメールによる遠隔対応に切り替えた。これにより，最も支援が必要な若者たちが置き去りにされている状況がある。

4　離学予防・復学支援施策

　個人にとって，高校中退は社会に基盤を作るうえで大きなハンデとなる。社会にとっても，中退者の将来的な収入減少やコスト増大により一人当たり1,000〜1,500万クローナの損失が生じると推計される（Nilsson & Wadeskog 2009）。企業や地域はよく訓練・教育された労働者が必要なことから，労働市場の問題でもある。中退予防の必要性は十分に認識されており，政府も2016年から2018年にかけて，若者に対する戦略投資として計2億6,700万クローナを支出した。

　早期離学者対策はfrånvaro（フロンバーロ）とnärvaro（ナルバーロ）という2つのベクトルで議論される。

frånvaro は対象から離れることを意味し，närvaro は対象に近寄ることを意味する。学校離れ（skolfrånvaro）を予防し，学校への愛着や所属意識などの närvaro を強めることが施策の柱になる。以下では，学校教育庁が主導する高校中退対策と，高校卒業資格未取得者に学業への復帰を促す施策を取り上げる。

● 4-1　学校教育庁が主導する高校中退対策

　高校中退予防はコミューンや高校単位で活発に行われている。そのなかで最も大きなプロジェクトは，欧州社会基金（ESF）が経費の半分を拠出し，スウェーデン地方自治体組合（SKL）が主導した Plug In である。このプロジェクトには 90 あまりのコミューンが参加し，高校生が卒業まで学べるように支援した。Plug In は 2012 年から 2015 年まで行われ，その後 Plug In 2.0 として 2018 年まで継続された。

　この経験を踏まえ，学校教育庁は 2016 年から 3 年間の中退予防事業を行った。学校教育庁では，保護者の学歴や移民の背景，性別（男子の方が中退率が高い），健康状態といった個人要因や，社会経済的背景などの構造要因については，すでに対処方法が確立されているとして，学校関係要因への対応に投資することにした。学校関係要因には生徒と教職員の関係性の欠如や不明瞭な学校環境，生徒のニーズに応じた授業を展開できない，といった授業の質の問題があげられる。また，支援機能の欠如，学校や学級の規模，教師一人当たりの生徒の数などもあげられる。学校関連要因を分析できれば，生徒の学校離れが始まる前にアプローチできると考えた。

　さらに，学校関係要因を行動，学業，認知，心理・感情の 4 側面に整理している。行動的側面は生徒の授業への参加，課題をやり遂げようとしているか，授業に集中しているかなどである。学業的要因は，成績や学校活動に費やす時間などである。認知的側面は，学校での活動が自分の将来にとって意味あるものと考えているかといったことである。心理・感情的側面については，生徒が学校の価値を自分のアイデンティティと重ねているか，学校と家庭の価値観が一致しているかといったことである。また，学校や家庭の他の人とつながりをもち，所属意識を感じているかということも含まれる。各側面を改善するためには，学校全体を巻き込んで，インクルーシブで安心できる環境を作り，ポジティブな関係性と学習を促進する学校文化が必要だとされた。

　学校教育庁は，政治家や教育長らを集めて，全国 6 か所で会議を開催し，443 人の参加者を得た。また，学校設置者向けのハンドブックを作成し，中退予防策の事例を紹介した。プロジェクトの中心は全国 47 校の高校への直接支援だった。この

事業は，学校教育庁の専門家を高校に3回派遣し，学校全体での中退予防策を導入するものだった。

　初回の派遣では，教師たちは中退関連統計に関する講義を受け，何が問題なのか，自校の状況を鑑みて組織をどのように改善できるのかを考えた。そして，それぞれのグループで意見を共有し，統計の数字を具体的な活動につなげて理解を深めるワークショップを行った。

　2回目のミーティングまでの間に，校長は中退のリスクがある生徒に提供できる活動をまとめた。そして，4～6週間後に，再びミーティングが開かれた。ここで教師たちは，前回からどのような調整が行われ，どのような変化があったのかを振り返った。そして，長期的な改善活動の重要性，リスク要因，さまざまな役割とフェーズ，教員研修モデルに関する講義を受けた。その後，ワークショップで，理想と現実のギャップを見つけるプロセスマップを作成した。

　次のミーティングまでの間には，地域の状況を変えるために学校がすべきことについて取り組んだ。3回目のミーティングでは，何が行われたのか，組織のロジックがどう見えたか，問題は現在のグループにどの程度関連しているかを振り返った。また，成功している学校の事例や，学校文化論，取り組みを継続することについての講義を受け，ワークショップを行った。

　最後のミーティングから12か月後に，活動が継続されているかについてのフォローアップが行われた。学校教育庁の事後評価では，34校でアンケートを行い，校長4人と学校教育庁のプロセス支援者2人に対してインタビューを行った。この結果，校長の大多数が，研修によって中退予防に必要な知識やすべきこと，中退を防ぐための手立てを学んだと答えた。また，ほぼすべての校長が，学校教育庁の投資は予防活動の発展に貢献したと回答した。課題としては，期間が短いために，長期的な取り組みが評価できないことと，より早期に対策をする必要があることから，基礎学校でも同様の支援事業を進める必要があるとされた（Skolverket 2019c）。

　一方，行政管理庁（Statskontoret）の監査では，学校教育庁がこの事業を政府から請け負った後，実行に移るまでに長い時間がかかったことにより，計画の70校に対して47校しか実施できなかったと指摘されている。大きな問題がない高校や，すでに中退対策に取り組んでいる高校も支援対象に含まれていたことも問題視された。行政管理庁が行ったアンケート調査では，3分の2の高校がすでに何らかの実績があったと回答している。アンケートでは全体的に良い結果が得られたが，校長が代わったら方法が継承されないリスクも指摘された（Statskontoret 2019）。

● 4-2 就学期間中のセーフティネットと復学に向けた支援

　スウェーデンでは1930年代以降，社民党が長期政権を運営するなかで，現金給付よりも仕事に就くことで所得を確保することを重視する就労原則（arbetslinjert）が根付いた。その後，経済成長とともに社会保険給付の拡充や同一労働同一賃金などの積極的労働市場政策が採用された。しかし，1990年代の不況が記録的な高失業率を生み，これに対応するために現金給付と就労支援を併用して失業者に就労に向けた活動を強く促すアクティベーション政策が展開されるようになった（山本2020）。このような経緯を踏まえて，以下では主に学業に関する現金給付を取り上げ，就学中のセーフティネットと復学支援の仕組みを検討する。

　就学中に病気やけがによって一時的に学習ができなくなった場合には，申請によりCSNの奨学金が維持される。また，病気やけがによって学習が続けられなくなった場合には，社会保険事務所（Försäkringskassan）から疾病給付（sjukpenning）が支給され，入学前の80％弱の収入が補償される。

　19歳になった後の7月以降29歳になるまでの間に，病気や機能障害によって1年以上就労も就学もできない場合には活動手当（aktivitetsersättning）が支給される。従前の収入の64.7％が保障され，月額は最大1万9,127クローナである。活動手当を受給する際には，社会保険庁の担当者とともに労働か教育が始められるようになるための計画を立てる。この間，就学するとCSNからの奨学金が支給されるため，活動手当は支給されなくなるが，学習がうまくいかなくなって再び退学するような場合のために，申請により受給権を2年間まで保持することができる。病気や機能障害によって通常よりも長い期間にわたって基礎学校や高校に通わなければならない人にも同額の活動手当が支給される。

　労働も就学もしていない人で職業仲介所（Arbetsförmedlingen）の労働市場プログラムに参加している場合には社会保険事務所から日額で活動補助（aktivitetsstöd）が支給される。労働市場プログラムには，労働市場教育や労働訓練，新しい移民のための基盤形成プログラム，若者のための就職保障などが含まれる。支給額は25歳以上であれば日額223クローナを450日まで受け取れるが，特筆すべきは若者には就労や就学を促すべく減額のタイミングが早く設定されていることだ。18歳から24歳で失業保険の対象者の場合には，最初の100日間については失業保険の基準額の80％，次の100日間については70％，その後は65％に減額される。18歳から24歳で失業保険の対象でない者については，日額57クローナが支給される。また，高校の既卒者や民衆大学（folkhögskolor）に通う20歳以上の者などは日額165クロー

ナに増額される。これは能力開発手当（utvecklingsersättning）と呼ばれる。新しい移民のための基盤形成プログラムに参加する人は，最大308クローナが受け取れる。

スウェーデンでは，教育機関が雇用の調整弁としても機能してきた。また，就労と就学がともに所得保障として機能していて，社会参加の重要な要素となっている。それゆえ，就学できなくなった場合のセーフティネットが整備されているとともに，就労も就学もしていない若者に対して，なるべく早く復職あるいは復学するように促す金銭的インセンティブが仕組まれている。

● 4-3　多機関協働による就学・復学支援

離学対策には多機関協働が欠かせない。スウェーデンでは，中央・地方・自治体・学校のそれぞれのレベルで横軸の協働に取り組んでいる。

就学や復学の支援に関わる中央政府のアクターとしては，学校教育庁，社会保険事務所，職業仲介所の他に，若者と市民社会問題庁，民衆教育協議会（Folkbildningsrådet）が挙げられる。若者と市民社会問題庁はUVASの統計を公表し，補助金を分配して若者の社会参加を支援している。また，民衆教育協議会は所掌する民衆大学や公認学習協会（studieförbund）への補助金分配を通じて，若者の状況と雇用者のニーズをマッチングする事業に取り組んでいる。

また，医療や福祉を分担する地方（regioner）レベルでは，医療相談ダイヤル（1177）が18歳未満の子ども・若者とその近親者による精神的な健康問題の電話相談を受け付けている。これは，一次対応として電話相談を受け付け，必要に応じて小児精神科外来を紹介したり，その他の医療につなげたり，あるいは助言を与えたりする。

国や地方レベルの協働は，自治体レベルでのワンストップ・サービスとして具体化されることがある。ストックホルム市では，KAAの対象者に市の職員が直接コンタクトを取り，日中何をして過ごしているのか，将来の計画を立てるうえで支援を必要としているかなどの聞き取りをしている。市内の各地区に若者組織のオフィスがあり，高校に通っていない20歳未満の若者は任意で利用できる。市の職員は話し相手になったり，目標やモチベーションを見つける手伝いをしたり，学習や就職のガイダンスをしたり，見習いや仕事を探す手伝いをしたり，就職の面接練習や労働市場に関する知識を提供したりする。また，若者の関心に応じて学習のための現地調査に同行したり，余暇施設でのトレーニングや活動を紹介したり，他の機関に連絡を取る手助けをしたりもする。若者に高校進学や就職を強いるわけではなく，規則正しい生活習慣をつくる手助けをし，意味のある日々を過ごしてもらうことを

重視している（Stockholm stad n.d.）。

　基礎学校や高校のレベルでは，校長のリーダーシップのもとで定期的に生徒保健チームが招集される。このチームは学校看護師，校医，特別支援教員，スクールカウンセラー，学校心理士などの専門家で組織される。注意が必要な生徒を見つけケース会議を開くことで，専門的な知見から対処方法を検討し，早期に適切な介入を施そうとする取り組みである。学校によって実情はさまざまだが，地域の実態に応じた機敏で柔軟な対応を目指している。

5　おわりに

　スウェーデンの離学予防・復学支援施策は切れ目のない理路整然とした取り組みのように見える。しかし，制度的にきれいに整っていたとしても，実態は理想通りではないかもしれない。本章では主に法制度や統計情報，政府の施策等を検討したが，学校現場での具体的な取り組みや生徒や保護者の視点は含まれていない。そのため，実態は実践と合わせて理解する必要があり，今後の課題とする。

【付　記】
本章は，林が全体の下稿を執筆し，本所が全体の監修・校正を担当した。

【引用・参考文献】
田平　修・林　寛平（2021）.「コロナ禍におけるスウェーデンの学校教育」日本比較教育学会［編］『比較教育学研究』第 62 号，41–58.
林　寛平（2016）.「スウェーデンにおける外国人生徒の学習権保障」園山大祐［編］『岐路に立つ移民教育―社会的包摂への挑戦』ナカニシヤ出版，102–118.
本所　恵（2016）.『スウェーデンにおける高校の教育課程改革 専門性に結びついた共通性の模索』新評論
山本麻由美（2020）.「スウェーデン福祉国家の変化―アクティベーション政策を手がかりとして」石塚史樹他［編著］『福祉国家の転換―連携する労働と福祉』旬報社，127–158.
CSN（2020）. Studerar med studiemedel eller studiestartsstöd i Sverige, Med anledning av coronaviruset.〈https://www.csn.se/bidrag-och-lan/studiestod/studiemedel/med-anledning-av-corona--studiemedel.html〉（最終確認日：2020 年 4 月 19 日）
Folkhälsomyndigheten（2020）. Lärosäten och gymnasieskolor uppmanas nu att bedriva distansundervisning（2020-3-17）.〈https://www.folkhalsomyndigheten.se/nyheter-och-press/nyhetsarkiv/2020/mars/larosaten-och-gymnasieskolor-uppmanas-nu-att-bedriva-distansundervisning/〉（最終確認日：2020 年 11 月 13 日）
Kalmar kommun（2019）. Ansvar för att skolplikt fullgörs: Föreläggande om vite,

TJÄNSTESKRIVELSE, UN 2019/0612.

Lärarnas Tidning（2020）. Rektorns egen film lockade eleverna tillbaka till skolan.〈https://
lararnastidning.se/rektorns-egen-film-lockade-eleverna-tillbaka-till-skolan/〉（最終確認日：
2020 年 11 月 24 日）

Migrationsverket（2016）. *Årsredovisning 2015*, Norrköping: Migrationsverket.

Nilsson, I., & Wadeskog, A.（2009）. *Underlag till: En socioekonomisk analys av Skolverkets
samverkansprojekt.* Järna: SEE AB.

OECD（2019）. *PISA 2018 Results（Volume III): What School Life Means for Students' Lives.*
Paris: OECD Publishing.

Prop. 2012/13: 58, Utbildning för barn som vistas i landet utan tillstånd.

Rädda Barnen（2014）. *Utanför nästan allt -En vägledning till stärkt socialt stöd för barn utan
papper.* Stockholm: Rädda Barnen.

SCB（2020）. Undersökningarna av barns levnadsförhållanden.〈https://www.scb.se/hitta-statistik/
statistik-efter-amne/levnadsforhallanden/levnadsforhallanden/undersokningarna-av-barns-
levnadsforhallanden/〉（最終確認日：2020 年 12 月 10 日）

Skolinspektionen（2016）. *Omfattande frånvaro, En granskning av skolors arbete med omfattande
frånvaro.* Stockholm: Skolinspektionen.

Skolverket（2011）. *Gymnasieskola 2011.* Stockholm: Skolverket.

Skolverket（2015）. *Elever som är papperslösa – rätt till en likvärdig utbildning.* Stockholm: Skolverket.

Skolverket（2016a）. *Utbildning för nyanlända elever, Skolverkets allmänna råd och kommentarer.*
Stockholm: Skolverket.

Skolverket（2016b）. *Kommunernas aktivitetsansvar för ungdomar, Skolverkets allmänna råd med
kommentarer.* Stockholm: Skolverket.

Skolverket（2019a）. PM: Slutbetyg i grundskolan våren 2019, Dnr 2019: 1342.

Skolverket（2019b）. PM: Kommunernas aktivitetsansvar perioden 2018/2019, Dnr: 2019: 1796.

Skolverket（2019c）. Redovisning av Skolverkets uppdrag om att genomföra verksamhetsnära
insatser för att förebygga avhopp från gymnasieskolan, Dnr 7.2.1-2016: 32.

Skolverket（2020）. Sök statistik om förskola, skola och vuxenutbildning〈https://
www.skolverket.se/skolutveckling/statistik/sok-statistik-om-forskola-skola-och-
vuxenutbildning?sok=SokC&verkform=Gymnasieskolan&omrade=Skolor%20och%20
elever&lasar=2018/19&run=1〉（最終確認日：2020 年 12 月 10 日）

Socialstyrelsen（2010）. Social rapport.

SOU 2016: 94 *Saknad! Uppmärksamma elevers frånvaro och agera*, Betänkande av Att
vända frånvaro till närvaro – en utredning om problematisk elevfrånvaro. Stockholm:
Regeringskansliet.

Statskontoret（2019）. Utvärdering av strategin för unga som varken arbetar eller studerar,
Slutrapport（2019: 12）.

Stockholm stad（n.d.）. Aim – för dig som inte är inskriven i gymnasiet.〈https://socialtstod.stockholm/
hitta-arbetsmarknadsinsats/arbetsmarknadsinsats/aim/〉（最終確認日：2020 年 11 月 10 日）

Sveriges Kommuner och Landsting（2017）. Det behövs nationell statistik om skolfrånvaro.
〈https://skr.se/tjanster/merfranskr/bloggarfranskr/skolbloggen/artiklar/detbehovsnationell
statistikomskolfranvaro.13879.html〉（最終確認日：2020 年 11 月 24 日）

Öhman, A.（2016）. *Skolans Tomma Stolar, Om Frånvaro i grundskolan och hur kommuner och
skolor arbetar med frågan.* Prestationsprinsen med stöd av Skandias Stiftelse Idéer för livet,
TMG Stockholm.

スウェーデン教育制度（パーセントは同一年齢に占める比率、1998年生まれの標準学年を基準とする※1）
（SCBデータベース　UKÅ, Högskolenybörjare läsåren 2007/08–2018/19 efter kön, ålder och föräldrarnas utbildningsnivå. より筆者作成）

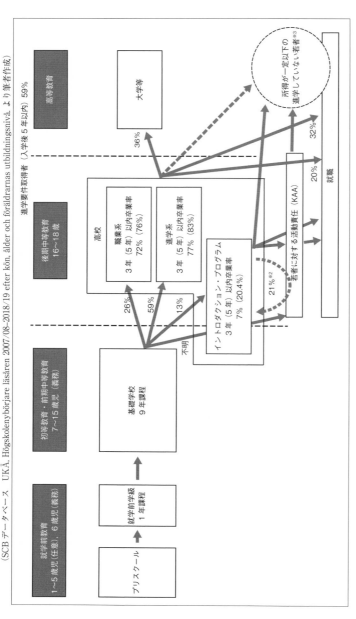

※1　1998年に生まれ、標準的には2014/15年度に高校に入学する学年の生徒についてまとめた。ただし、就学前学級に5歳あるいは7歳で入学する生徒がおり、基礎学校卒業時にも標準年齢以外の生徒が含まれるため、年齢人口と学年人口は一致しない。このことから、数値には誤差がある。なお、特別支援基礎学校、特別支援高校、移民のためのスウェーデン語（SFI）等は図に含まれていない。イントロダクション・プログラムは初等教育、前期中等教育だが生徒の年齢は16歳以上。

※2　高校入学時から3年生の学期始めまでに、約21パーセントの生徒が、イントロダクション・プログラムとは別の進路を選んでいる。これには、中退、休学、進路変更が含まれる。これらの生徒は、高校を3年間で卒業しない場合がある。また、卒業試験を受けずに教育課程を終える生徒もいることから、高校卒業者は卒業試験合格者あるいは一定の単位を修得した者の合計値となっている。

※3　11月時点の賃金が年換算で19万7,100クローナ未満で、教育登録もされていない20歳以上の者。低賃金の労働者、パートタイム学生、公的扶助対象者やその組み合わせで継続した計上の狭間の人等を指す。

第10章 ノルウェーにおけるドロップアウトの問題と修了率向上政策

中田麗子

1 はじめに

　本章では EU 非加盟国であるノルウェーの早期離学について，ドロップアウト（frafall）と後期中等教育の修了（gjennomføring）を軸に諸施策を検討する。ドロップアウトというと教育課程の途中で退学する狭義の中退が想起されるが，ノルウェーの政策においてはより広義に捉えられており，一定期間以内に修了資格を取得できない場合を含む。そのため，ドロップアウトを削減することは教育課程の修了率を向上させることと表裏一体に捉えられており，後期中等教育の改革に密接に結びついてきた。教育改革と並行して，ドロップアウトを予防する施策も複数実施されてきた。近年では，国は県や学校現場の取り組みを体系化しコーディネートする役割を担うようになってきたという特徴がみられる。

　本章では，まずドロップアウトの概念と近年の推移を確認し（第2節），1990年代以降の後期中等教育改革（第3節）と，2010年以降の諸施策を概観する（第4節）。最後に，近年修了率は向上しつつあるが，さまざまな施策にもかかわらず劇的に改善していないという点について，ノルウェーの社会的背景を踏まえて考察を加える。

2 ドロップアウトと修了の定義と推移

　教育省は，ドロップアウトの割合がここ20年間30%程度のままであったことを問題視しているが（Kunnskapsdepartementet 2017），この数値はヨーロッパ諸国が早期離学のベンチマークとしている数値よりも高い。この背景を理解するために，後期中等教育を受ける権利と制度，ドロップアウトと修了についての統計上の区分を見ていく。

● 2-1　後期中等教育を受ける権利

　ノルウェーでは，後期中等教育は権利である。10年間の基礎学校（grunnskole，初等教育と前期中等教育に相当）を修了したあと，24歳までの期間，3年間（あるいは別途カリキュラムが規定する期間）にわたって後期中等教育を受ける法的権利がある（教育法 §3-1）。基礎学校を修了した若者は，学術系あるいは職業系のプログラム（教育課程）の中から第3希望までを選択し，そのうち1つに入学できる。また，途中でプログラムを変更する権利も有し，変更したプログラムが規定する期間の間，権利を保持できる。公立学校における教育は無償である。この権利は通称「若者権（ungdomsrett）」と呼ばれるが，一方で後期中等教育を修了していない25歳以上の成人に対しても権利が認められており，「成人権（voksenrett）」と呼ばれる（教育法 §4A-3）。したがって，基礎学校修了以降，生涯にわたって一度は後期中等教育を受ける法的権利があることになる。

　「若者権」を有する者のうち，教育を受けておらず就労もしていない21歳までの若者については，県（fylkeskommune）がフォローアップサービスを提供する義務がある（教育法 §3-6）。これは，関係する教育機関や企業，専門家と協働して，対象となる若者に後期中等教育の修了資格を取得してもらうことを目標としている（教育法の規則 §13）。

　ノルウェーでは，基礎学校修了後に97.3%の生徒が直接後期中等教育に進学する（Statistisk sentralbyrå 2019）。したがって，法律上，基礎学校を出た若者には「若者権」によって後期中等教育が提供され，離脱した場合はフォローアップが保証されているということになる。

● 2-2　ノルウェーの後期中等教育制度

　後期中等教育には2種類の課程がある。1つは，高等教育への進学の要件となる「学術資格（studiekompetanse）」が取得できる学術系プログラム（studieforberedende utdanningsprogram）であり，通常3年間の課程である。現在，「スポーツ」「美術・デザイン・建築」「メディア・コミュニケーション」「音楽・舞踏・演劇」「学業特化」の5つのプログラムがある。

　もう1つは，さまざまな職業への道を開く「職業資格（yrkeskompetanse）」が取得できる職業系プログラム（yrkesfaglige utdanningsprogram）である。このプログラムには，2020年度時点で，「建設工学」「電気・データ技術」「美容師・花卉・インテリア・展示デザイン」「健康・育成」「工芸・デザイン・製品開発」「情報技術・

メディア制作」「自然利用」「レストラン・食」「販売・サービス・旅行」「技術・工業」の10がある。職業系プログラムは，基本的に最初の2年間は学校で学び，その後の2年間は企業などにおいて見習い訓練を行うが，プログラムによっては3年次に学校で学ぶものや，見習い訓練に3年間を要するものもあり，教育課程は多様である。

　職業系プログラムに入学した場合も，学術資格への進路変更の機会が保証されている。職業系プログラムの3年目，あるいは職業資格を得たあとで1年間の追加課程（påbygging）を受けることで，学術資格を取得できる。

● 2-3　後期中等教育におけるドロップアウトと修了の定義

　ノルウェーは，EUには加盟していないがヨーロッパ領域のデータ収集には参加している。欧州委員会の統計Eurostatのデータでは，ノルウェーにおける若者の教育訓練からの早期離学者の割合は9.9%（2019年）である（Eurostat 2020）。同データは，18歳から24歳までの人口のうち，最終学歴が前期中等教育で，過去4週間に教育を受けていない，あるいは就労していない人の割合である。ノルウェーでは大多数が後期中等教育に進学するため，この数値が表すのは後期中等教育に入学したが修了資格がないまま教育課程を離れている生徒の割合として見ることができる。つまり18歳から24歳までの人口の中で主に後期中等教育を中退した人の割合だと言える。

　一方，ノルウェー国内ではドロップアウトはより広い概念として捉えられている。

　ノルウェーにおけるドロップアウトと修了に関するデータは，入学した年を起点として5年後（学術系）あるいは6年後（職業系）に生徒がどのような状況にあるかを問題にしている[1]。年数は，プログラムごとに規定された標準的な教育期間に2年を追加したものである。5/6年後の状況は，以下の6つに区分されている（Skoleporten, n.d., Statistisk sentralbyrå 2020）。

　①規定期間内に修了・合格（学術系は3年，職業系は4年）
　②規定期間以上かかって修了・合格（学術系は5年以内，職業系は6年以内）
　③基礎資格の計画的取得（5/6年以内に下位資格である基礎資格を取得）

---

1) 学術系5年，職業系6年という期間の設定は2020年に導入された。それまで，学術系・職業系いずれも5年後の状況がフォローされていた。本章では前者を新集計方法，後者を旧集計方法とし，必要に応じて補足する。

④入学後，5/6年後も教育課程に在籍

⑤課程履修後，試験に不合格（不合格の科目が1つ以上）

⑥中退（修了せずに途中で退学）

このうち，上記の①および②，すなわち入学してから5/6年以内に学術系・職業系の修了資格を取得していることが修了とみなされる。2011年入学コホートでは，2016年時点の修了率が73.6%，それ以外が26.4%であった[2]。後者は教育省の課題意識である30%程度のドロップアウト率に重なる。つまり，教育省は，修了以外（③～⑥）をすべてドロップアウトとして問題視しているということになる。

政策以外の文脈では，⑤と⑥をドロップアウトと定義しているものもある（Lamb & Markussen 2011, Akershus fylkeskommune et al. 2019 など）。しかしながら，いずれも狭義の中退よりは広い定義である。つまり，ノルウェーでは狭義の中退のみならず，課程を履修したが不合格の科目がある場合もドロップアウトとみなされ，教育省はさらに5/6年以上の長期的な在学なども問題視してきたと言える[3]。

● 2-4　修了率の推移と特徴

1990年代以降の推移をみると，修了率は2000年代中盤に入学した学年以降でやや上昇傾向にある。1994年入学コホートの5年以内修了率が68.6%であったのに対し，2013年コホートの5年以内修了率は75.3%となっている[4]。

グループ別にみると，男女別，プログラム別，移民の背景，地域などによって修了率には差がみられる。女子（2013年コホートの5/6年以内修了率82.4%）よりも男子（同74.1%）において修了率が低い。その理由として，女子の方が基礎学校での成績が概して良いことや，労働市場の影響が挙げられている（NOU 2018：15）。

また，学術系（同87.5%）よりも職業系（同67.5%）において修了率が低い。職業系プログラムのなかでも大きな違いがある。プログラム間の修了率の違いは，入学してくる生徒の違いや，見習い訓練の場がどの程度あるか，また教育訓練期間の違いなどから説明される。たとえば，基礎学校卒業時の成績は後期中等教育の修了率

2）2017年の教育省の数値と比較するために，旧集計方法に基づいた数値を採用した。

3）なお，基礎資格の計画的取得（③）という区分は比較的新しく，ノルウェー統計局（SSB）においては2020年にすべてのデータに適用された。

4）新集計方法によると，2013年コホートの5/6年以内修了率は78.1%と若干高くなっている。ここでは，経年比較のため，旧集計方法に基づく数値を記した。

に大きく影響し，成績が低いほど修了率が低くなることが明らかになっている。成績を平均化して十倍にした成績評価値である基礎学校ポイント（grunnskolepoeng）で見ると，同ポイントが「欠如・25 未満」「25 ～ 35」「35 ～ 45」「45 以上」である場合，修了率はそれぞれ 22%，53%，83%，96% と大きな差が出る（NOU 2018：15）。

　職業系プログラムにおいては見習い訓練の場の不足がしばしば指摘され，毎年 10 人の志願者のうち 3 人が見習い訓練になれないともいわれる（NOU 2018：15）。見習い訓練に進めなければ職業資格を得ることができず，修了できないリスクは高い。

　また，移民の背景をもっているかどうかも修了率に関わる。自身が外国から移民してきた生徒（2013 年コホートの 5/6 年以内修了率 61.3%）は，外国人の両親からノルウェーで生まれた生徒（同 75.8%）や，移民の背景をもっていない生徒（同 80.2%）よりも修了率が低い。これは，ノルウェー語の習得度合いにも影響されているとされる。

　男女，学術系・職業系，移民の背景の 3 つを組み合わせたグループでは，修了率が最も高い「女子・学術系・移民背景なし（同 91.3%）」と最も低い「男子・職業系・自身が移民（同 45.4%）」とで約 46 ポイントもの差がある。

　県による修了率の違いも大きい。たとえば，オスロ近郊のアーケーシュフース県の修了率は高い一方で，北部のフィンマルク県の修了率は最も低い[5]。この違いは，県によって学術系と職業系に在籍する生徒数が違うことや，失業率など当該地域の労働や産業の状況にもよると指摘されている（NOU 2018：15）。

● 2-5　基礎学校におけるドロップアウトと修了

　ドロップアウトの問題は主に後期中等教育段階のものとして捉えられており，基礎学校については，ドロップアウトや修了はあまり言及されない。子ども・若者・家族庁は例外的に基礎学校におけるドロップアウトと修了について説明しているが，そこでは，年度開始時に学校に来ない生徒がいることと，ほとんどの生徒が基礎学校修了後に後期中等教育に進学するという 2 点について触れているだけである（Barne-, ungdoms- og familiedirektoratet 2020）。

　2019 年度の開始時に学校に現れなかった生徒は全生徒の 0.03%（218 人）であったこと（Utdanningsdirektoratet 2019a），基礎学校を卒業した同年に後期中等教育に進学した生徒が 97.3% であったことを鑑みると，大多数が基礎学校に就学し，修了後

5）これらの県名とデータは，2020 年の県の再編以前のものである。

は後期中等教育に進学しているということになる。

一方，さぼり（skulk）や不登校（skolevegring）については，特に基礎学校の前期中等教育段階で増えていることが指摘されている（Utdanningsdirektoratet 2019b）。

3 後期中等教育の改革

本節では，1990年代以降の後期中等教育の改革を概観する。後期中等教育がすべての若者に開かれたものになってから初の大規模な改革だった94年改革から四半世紀がたち，現在，再び大きな改革が検討されている。

● 3-1　94年改革

現在の後期中等教育の制度は，1994年前後の改革（Reform 94：94年改革）によって出来上がった。94年改革は権利の改革，構造の改革，内容の改革，そして資格の改革であったといわれる（Markussen 2010）。

80年代末から，知識社会を迎えるにあたって国民の知識基盤を向上させる必要性が提唱され，90年代に教育制度の包括的な改革が断行された（中田 2009）。後期中等教育は知識社会のために不可欠な存在であり，生涯学習を見据えた知識とスキルを提供するものとして構想された。以下，改革の要点を5つ挙げる。

第一に，後期中等教育を受ける権利が初めて法律で定められた。後期中等教育は，60年代以降すべての生徒に開かれたものになったが，このことは希望者すべてに教育を受けさせることを保証するものではなかった（Telhaug 1994）。93年の法改正によって，県には希望者を受け入れるだけのキャパシティを確保する義務が生じた。

第二に，職業系プログラムが大幅に改造された。それまで100以上あったプログラムは13に整理統合された。学校で2年間，企業等の見習い訓練として2年間というモデルが導入され，若者のための見習い訓練の場も拡大した。

第三に，県のフォローアップサービスが創設され，教育・就労から離れている若者に対するフォローアップが県に義務づけられた。

第四に，進路に関するアドバイス，ガイダンスの機能が強化されることになった（Telhaug 1997）。

第五に，高度な知識社会に備えるための高い水準の教育が求められたため，職業系プログラムにおいても，ノルウェー語，英語，社会科，科学・環境，数学などの理論教科（teorifag）が導入・拡充され，追加課程を受けることによって学術資格を

取得する道も開かれた。一方，こうした理論系の教科・内容重視の傾向は，改革プロセスにおいて論争点となり，学力やモチベーションが低い生徒へのプレッシャーが心配された（NOU 2018：15）。

94年改革によって，職業系プログラムの生徒の修了状況は改善された。また，基礎学校から後期中等教育に進学する際の離脱はほぼなくなったといわれる（Markussen 2010）。

● 3-2　2006年の改革：知識向上(クンスカプスロフテ)

2000年代に入ると，加速する国際化，デジタル化を受けて，再び包括的な教育改革が行われた。この改革はクンスカプスロフテ（Kunnskapsløftet：知識向上の意）と呼ばれ，教育の各段階で改革が実行された。

後期中等教育は，94年改革以降依然として修了率が低いことが問題とされたが（Markussen 2010），知識向上(クンスカプスロフテ)によって内容と構造はほとんど変更されなかった（Vibe et al. 2012）。変わった点は，基礎学校から履修する教科のカリキュラムがより一貫性をもつものになったこと，教科横断的な5つの基礎的コンピテンス（口頭表現，読み，書き，計算，デジタル機器の使用）が導入されたこと，学術系と職業系のプログラムがそれぞれ多少変更になったことである。

● 3-3　欠席制限の導入

2016年に，後期中等教育における欠席制限（fraværsgrense）が設けられた（教育法の規則 §3-9）[6]。ある教科の定められた時数のうち10%以上を無断で欠席すると，当該教科の成績を得る権利を失う場合があるというものである。

この規則が導入された翌年には生徒の時間単位・日単位の欠席が減り，欠席制限の効果はあったとされている（Statistisk sentralbyrå 2018a）。一方で，欠席制限の導入により，後期中等教育を修了することがより難しくなった生徒もいるとの指摘もある（Utdanningsdirektoratet 2019b）。

● 3-4　新たな後期中等教育改革

後期中等教育は，2020年現在，再び大きな改革が検討されている。教育省は，94年改革以降，さまざまな施策にもかかわらずドロップアウトが30%程度

6）ただし，見習い訓練生は制限の対象外である。

にとどまっていることを問題視し，2017年に専門家委員会であるリード委員会（Liedutvalget）を立ち上げた。リード委員会は，2019年12月に改革提案の具体を記した最終報告書（NOU 2019：25）を教育省に提出した。

　提案された改革の方針は①権利の拡大，②次の段階への進級要件を満たすこと，③質の高い修了資格の3点であった[7]。

　特に①は報告書のタイトルにも反映されており，提案の柱となっている。委員会は，「後期中等教育を受ける権利」を「後期中等教育を修了する権利」に拡大すべきであると提案した。現行の権利は，3年（あるいは教育課程で規定された期間）という期間に結びついた権利である。ある教科で不合格になったとしても期間が終了すれば権利は失効してしまい，修了できなくなってしまう[8]。

　「修了する権利」を実現させるために，入学後は個々の生徒により適応させた教育を提供し，次の段階に進む際に要件を満たしている状態（kvalifisert）になっていることが重要であるとした。従来通り入学要件は課さないが，入学時点で主要教科（ノルウェー語，数学，英語）の成績が足りていない生徒には入門教科（innføringsfag）の受講を課し，1年を複数のターム（termin）に分けて一度に学習する教科を少なくすることが提案された。各教科の各段階において，確実に学習を修めることを促し，修了資格につなげるということである。

　一方で，修了資格の水準を下げないことが重視された。学術資格は高等教育で学ぶために十分な要件を満たすこと，また職業資格は働く際に必要なコンピテンスを身につけていることを示すものでなければならない。

　報告書を受けて，教育省はさまざまなステイクホルダーから意見を集め，2021年春に具体的な政策提案をすることになる。この改革により，修了率や，修了の捉え方そのものにどのような影響があるか注目される。

4 修了率向上のための施策とその評価

　後期中等教育制度の改革と並行して，2010年以降，修了率を向上させるための複

---

7) NOU 2019：25が教育省に提出された際のRagnhild Lied委員長のスピーチより。〈https://www.liedutvalget.no/news/overlevering-av-hovedutredningen-17-desember-2019/〉（最終確認日：2020年12月20日）
8) 再受験するためには，私人（privatist）として受験する必要があり，受験は有料である（NOU 2018：15）。

数の施策が実施されてきた。本節では，2つの全国的なプロジェクトと，見習い訓練に関する契約を取り上げ，最後に具体的なドロップアウト予防モデルを取り上げる。

● 4-1　「新しい可能性（Ny GIV）」

　教育省は，2010年に全国の県とオスロ市を巻き込んで3年間のプロジェクト「新しい可能性（Ny GIV）」を開始した。目的は，より多くの生徒が後期中等教育を修了できるようにすることで，以下の3つの柱から構成された。

> ①接続プロジェクト（overgangsprosjektet）：基礎学校から後期中等教育への接続に問題を抱える低学力の生徒に補習等をする。
> ②フォローアッププロジェクト（oppfølgingsprosjektet）：後期中等教育を受けておらず就労もしていない若者をフォローする。
> ③修了バロメーター（gjennomføringsbarometeret）：目標と評価を共有するための共通の統計データを整備する。

　「接続プロジェクト」では，基礎学校10年生の学力が低い生徒に対して「読み・書き・計算」の基礎的なコンピテンスに関する集中講義が提供された。このプロジェクトは参加者の実感としては意味があったようだが（NOU 2018：15），修了率への影響はみられなかったという（Huitfeldt et al. 2018）。一方，「フォローアッププロジェクト」を通して，県はフォローアップの対象となる教育・就労から外れた若者についてよりよく把握できるようになったと評価されている（NOU 2018：15）。

　省庁間の連携も行われた。たとえば，子ども・平等・統合省（Barne-, likestillings- og inkluderingsdepartementet）は，3年間の「水先案内人プロジェクト（Losprosjektet）」に関わった。プロジェクトでは，教育や就労から離れるリスクを抱える若者を自治体がフォローすることを支援した。参加した自治体は，14歳から23歳の若者に「水先案内人（Los）」をつけ，学校やその他専門家（児童福祉，保健，心理等の専門家）を活用できるように取り組んだ（Kunnskapsdepartementet 2014）。これは，県ではなく基礎自治体（kommune）が実施し，対象とする若者の年齢がより広いという点で，従来のフォローアップサービスと異なる。

● 4-2　「後期中等教育の修了率向上計画」

　「新しい可能性（Ny GIV）」の後継が「後期中等教育の修了率向上計画（Program

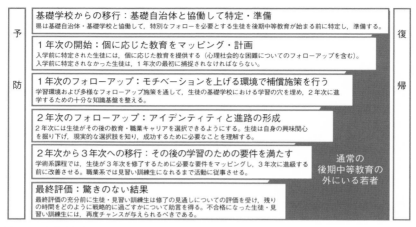

図 10-1　後期中等教育の修了率向上のための枠組み（Kunnskapsdepartementet (2018) より筆者訳）

for bedre gjennomføring i videregående opplæring：PBG．以下，修了率向上計画）」であ
る。この計画では県同士のネットワークで経験と知見を共有することが目指された
（NOU 2018：15）。教育省は県とともに，基礎学校から後期中等教育への移行および
後期中等教育において介入が必要となるポイントについての枠組みを作成し（図 10-
1），県がより体系的な施策を実施できるようにした。

　また，研究機関と県が協働して施策を立ち上げ，その開発・実験・評価を行うた
めの資金を教育省に申請することができた。前期および後期中等教育の生徒を対象
とした集中講義や，学校環境の向上，リスクのある生徒のフォローアップなど4つ
のプロジェクトが資金援助を受けた。

　教育省は国および各県の取り組みを2015 年に一覧にまとめたが，当時の19 の県
すべてにおいて何らかの施策が実施されている（Kunnskapsdepartementet 2015）。県
の多様な取り組みは，4つのカテゴリに分類された。すなわち，①生徒や現場の状
況についての情報収集に関する施策，②質や学習環境の改善活動に関わる施策，③
諸施策や専門機関間のコーディネート・調整に関わる施策，④特定のグループに対
する施策である。

● 4-3　企業における見習い訓練に関する社会契約

　企業における見習い訓練の場の確保は，職業系プログラムの生徒の修了率向上に
とって重要である。2016 年に，教育省や自治体，経済団体が，見習い訓練の受け入

れに関する新しい取り決めを結んだ。目標は，条件を満たす若者すべてに見習い訓
練の場を与えることである（Utdanningsdirektoratet 2017）。全国の関係者が定期的に
進捗と施策について話し合うこと，全国的なリソースネットワークを構築すること，
そして，それぞれの地域の施策を後押しすることなどが盛り込まれた。取り決め以
降，見習い企業として認定されている職場も，実際に見習いを採用している職場も
増加している。

● 4-4　事例：IKO モデル導入プロジェクト

　ここでは，近年のドロップアウト予防・修了率向上の施策の事例として，IKO
モデルを用いたプロジェクトを取り上げる。IKO という名称は，リスクのある
生徒を「特定（identifisering）」し，生徒の背景や介入の必要性を「マッピング
（kartlegging）」し，それを基に一人ひとりに対する個別施策を立てて「フォローア
ップ（oppfølging）」するというプロセスのイニシャルをとったものである。このプ
ロジェクトは以下の３つの点において近年の施策の特徴をよく表している。

　第一に，国レベルの施策と県や学校現場における施策がうまく連携している事例
である。同モデルは 2006 年にアーケーシュフース県の後期中等教育に初めて導入
されたが，その後，「新しい可能性」のもとで県内すべての前期・後期中等教育に拡
大し，「修了率向上計画」の資金援助を得て他の４つの県でも導入された（Akershus
fylkeskommune et al. 2019）。すでに学校現場で導入実績があったものが，国の後押し
により他県にも広がった事例といえる。

　第二に，研究と密接に結びついた体系的なプロジェクトである。IKO モデル自体
が研究に基づいて構築されており，リスクのある生徒を「特定」する際には，研究
の知見から抽出されたリスク要因が指標として用いられている。たとえば，各学年
開始時の診断で，前年度の欠席率が 6% よりも高い生徒はリスクのある生徒とみな
される。他にも，成績や特別支援教育を受けたことの有無，本人が学校生活を楽し
んでいるかなどの指標が用いられる。

　また，2016 年から 4 県に拡大して実施されたプロジェクトにはオスロ・メトロ
ポリタン大学の研究者らが参加し，ランダム化比較試験によって効果検証をしてい
る。実施と評価をセットで行っているという点で体系的なプロジェクトであるとい
えよう。

　第三に，すべての生徒が後期中等教育から学習成果を得られることを目指した取
り組みである。IKO モデルでは，生徒を３つのグループに区分する。すなわち，①

通常の教育から恩恵を受けられる生徒，②特別な教育を受ける必要がある生徒，③期間限定で緊密なフォローアップが必要な生徒の３つである。このモデルが対象とするのは，特別支援教育の対象にはならないがリスクを抱える③のグループの生徒である。彼らは，一時期において緊密なフォローアップを受ければ，通常の教育で学習成果が得られると考えられている。

　なお，オスロ・メトロポリタン大学の研究者らによると，導入して２年たった時点では，IKO モデル導入による目立った効果はみられなかった。わずかな効果としては，欠席時数および日数が多い生徒の割合がモデル導入群の学校において少し減ったこと，また導入群の学校の生徒は，教員からサポートを得られる経験がより多く，学校への適応問題が減っているということが挙げられた（Malmberg-Heimonen et al. 2019）。プロジェクトに参加した全県で IKO モデルが引き続き実施されることになっており，今後の長期的な成果が注目される。

5　諸施策の効果

　以上，ノルウェーにおけるドロップアウトの問題と修了率向上に関する施策をみてきた。ノルウェーの特徴は以下の３点である。１点目は，教育政策上，ドロップアウトの問題は狭義の中退だけでなく，一定期間内に修了資格を取得していない場合を含めた問題として捉えられてきたということである。２点目は，ドロップアウトへの対策は修了率の改善と表裏一体であり，後期中等教育の制度改革として引き受けられてきた面が大きいということである。３点目は，近年の施策においては，国が県や学校の取り組みを体系化しコーディネートする役割を担うようになってきたということである。体系化するにあたって，研究の知見を活かした開発や評価を重視していることも特徴的である。

　それでは，これらの改革や施策は修了率の改善に効果的に結びついているのか。第２節で確認したように，統計上，修了率は 2000 年代中盤のコホート以降，わずかずつ向上している。しかし，さまざまな施策が実施されてきたことを鑑みると，それらの効果については議論の余地がある。なぜ修了率が大きく変わらないのか。

　ひとつには，ノルウェーの社会背景が，修了率向上の必然性をそれほど高めていないことが考えられる。たとえば，教育課程に長くいることは比較的珍しくない。修了率には，規定期間を２年超過した修了までがカウントされており，プログラムを変更することも権利として認められている。この感覚は，後期中等教育以降

の進路が単線的ではないことと関連しているかもしれない。後期中等教育にかかる期間はプログラムによって異なり，修了後もさまざまな進路が開かれている。学術資格をとった場合，高等教育に進学する前にフォルケホイスコーレに入る，就職して実務経験を積む，旅をする，兵役を行うなどのさまざまな進路選択が可能である（Utdanning.no 2020）。

　また，後期中等教育を修了していなくても，職につける可能性が比較的高いともいわれている。ある研究者によると，31歳の時点で，後期中等教育を修了していない若者の7割が職についているという（Grønli 2014）。OECDのデータによると，ノルウェーの若年失業率はOECD諸国全体やEU全体に比べると若干低く，隣国スウェーデンの半分程度である（OECD 2020）。後期中等教育を一定期間以内に必ず修了しなければならないという風土が，それほど強くない可能性はある。

　しかし，リード委員会や教育省は，今後，後期中等教育を修了していることがますます重要になってくると認識している。ノルウェー統計局によると，低い教育レベルの若者が就ける職が減り，その職をめぐる競争も激しくなっているという（Statistisk sentralbyrå 2018b）。今後の社会・経済の変化を見据えたとき，国として修了率を向上させることは政策上引き続き重要な課題なのである。

6　おわりに

　ノルウェーでは，新型コロナウィルス感染拡大に伴って，2020年3月初旬からすべての学校が約2か月弱にわたって閉鎖となり，オンライン授業に移行した。2020年11月現在，学校は感染拡大状況のレベル別感染予防ガイドに従って学習を提供している。閉鎖措置以降，後期中等教育においてはできる限り多くの生徒が教育課程を全うできるよう，時限法の策定を含めてさまざまな措置がとられた。年度末の筆記試験は中止となったが，成績表はつけられた。4月時点で4,000人の見習い訓練生が解雇されたが，最終試験は受けられるような配慮がなされた（Kunnskapsdepartementet 2020）。健康を理由とした欠席には医師の診断書が不要となった。修了できなくなる生徒が増えるのではないかと危惧する声もあったが，統計データが出るまで結論は待つ必要がある。教育省は，新型コロナウィルス感染拡大が学校にどのような影響を与えたかについて研究を立ち上げ，2020年末に結果が出る予定だ。

　一方，教育省は予定通り，2021年春に向けて後期中等教育改革の具体案を準備中

である。ギューリ・メルビー（Guri Melby）教育大臣や，教員組合は「教育を修了す
る権利」を前向きに捉えている。権利の拡大が実現した場合，それが各県や学校現
場における取り組みとあいまって，ノルウェーの若者のドロップアウトを減らすこ
とにどのように貢献するか，注目に値する。

【引用・参考文献】

中田麗子（2009）．「ノルウェー 知識の質と不平等をめぐる教育改革の途上で」佐藤　学・澤野由紀
　　子・北村友人［編著］『揺れる世界の学力マップ』明石書店，117–134．

Akershus fylkeskommune, Hedmark fylkeskommune, Oppland fylkeskommune, Aust-Agder
　　fylkeskommune, Nord-Trøndelag fylkeskommune, & Høgskolen i Oslo og Akershus（2019）．
　　Tidlig innsats når det gjelder - IKO - en modell for systematisk frafallsforebygging.

Barne-, ungdoms- og familiedirektoratet（2020）．Gjennomføring og frafall i skolen.〈https://
　　bufdir.no/Statistikk_og_analyse/oppvekst/Barnehage_og_skole/Gjennomforing_og_frafall_i_
　　skolen/〉（最終確認日：2020 年 11 月 8 日）

Eurostat（2020）．Early leavers from education and training, age group 18-24.〈https://ec.europa.
　　eu/eurostat/web/products-datasets/-/tesem020〉（最終確認日：2020 年 12 月 20 日）

Grønli, K.（2014）．De fleste som dropper ut av skolen får jobb etter hvert. Forskning.no.〈https://
　　forskning.no/pedagogiske-fag-barn-og-ungdom-norges-forskningsrad/de-fleste-som-dropper-ut-
　　av-skolen-far-jobb-etter-hvert/562286〉（最終確認日：2020 年 12 月 20 日）

Huitfeldt, I., Kirkebøen, L. J., Strømsvåg, S., Eielsen, G., & Rønning, M.（2018）．*Fullføring av
　　videregående opplæring og effekter av tiltak mot frafall – Sluttrapport fra effektevalueringen av
　　Overgangsprosjektet i Ny GIV*, Statistisk sentralbyrå Rapporter 2018/8.

Kunnskapsdepartementet（1998）．Lov om grunnskolen og den vidaregåande opplæringa
　　（opplæringslova）（教育法）

Kunnskapsdepartementet（2006）．Forskrift til opplæringslova（教育法の規則）

Kunnskapsdepartementet（2014）．*Prosjektrapport Ny GIV 2010–2013.*

Kunnskapsdepartementet（2015）．*En sammenfatting av det erfaringsbaserte kunnskapsgrunnlaget
　　– Program for bedre gjennomføring i videregående opplæring.*

Kunnskapsdepartementet（2017）．Utval skal sjå på videregående opplæring.〈https://www.
　　regjeringen.no/no/aktuelt/utval-skal-sja-pa-vidaregaande-opplaring/id2569177/〉（最 終 確 認
　　日：2020 年 12 月 20 日）

Kunnskapsdepartementet（2018）．Program for bedre gjennomføring i videregående opplæring.
　　〈https://www.regjeringen.no/no/tema/utdanning/grunnopplaring/artikler/Bedre-
　　gjennomforing-i-videregaende-/id2005356/〉（最終確認日：2020 年 12 月 20 日）

Kunnskapsdepartementet（2020）．Tiltak for permitterte lærlinger.〈https://www.regjeringen.no/
　　no/aktuelt/tiltak-for-permitterte-larlinger/id2697269/〉（最終確認日：2020 年 11 月 8 日）

Lamb, S. & Markussen, E.（2011）School Dropout and Completion: An International Perspective.
　　in S. Lamb, E. Markussen, R. Teese, N. Sandberg, & J. Polesel（eds.），*School Dropout and
　　Completion – International Comparative Studies in Theory and Policy.* Dordrecht, Heidelberg,
　　London, New York: Springer.

Malmberg-Heimonen, I., Sletten, M., Tøge, A. G., Alves, D., Borg, E., & Gyüre, K.（2019）．*Å forebygge frafall i videregående opplæring - en klyngerandomisert evaluering av IKO-modellen*, OsloMet Skriftserie 2019 nr 1, OsloMet – storbyuniversitetet.

Markussen, E.（2010）. Valg og gjennomføring av videregående opplæring før Kunnskapsløftet. *Acta Didactica Norge*, 4（1）, Art. 17.

NOU 2018: 15 *Kvalifisert, forberedt og motivert - Et kunnskapsgrunnlag om struktur og innhold i videregående opplæring*. Oslo: Kunnskapsdepartmentet.

NOU 2019: 25 *Med rett til å mestre - Struktur og innhold i videregående opplæring*. Oslo: Kunnskapsdepartmentet.

OECD（2020）. Youth unemployment rate（indicator）. doi: 10.1787/c3634df7-en.〈https://data.oecd.org/unemp/youth-unemployment-rate.htm〉（最終確認日：2020 年 11 月 9 日）

Skoleporten（n.d.）. Indikatorveiledning.〈https://skoleporten.udir.no/rapportvisning/videregaaende-skole/gjennomfoering/gjennomfoering/nasjonalt/indikatorveiledning〉（最終確認日：2020 年 11 月 8 日）

Statistisk sentralbyrå（2018a）. Karakterer og grunnskolefravær kan påvirke fraværet i videregående.〈https://www.ssb.no/utdanning/artikler-og-publikasjoner/karakterer-og-grunnskolefravaer-kan-pavirke-fravaeret-i-videregaende-2018-08〉（最終確認日：2020 年 11 月 6 日）

Statistisk sentralbyrå（2018b）. Tyngre vei inn på arbeidsmarkedet for unge med lav utdanning.〈https://www.ssb.no/arbeid-og-lonn/artikler-og-publikasjoner/tyngre-vei-inn-pa-arbeidsmarkedet-for-unge-med-lav-utdanning〉（最終確認日：2020 年 11 月 6 日）

Statistisk sentralbyrå（2019）. 11964: Overganger til og fra videregående opplæring, etter overgang（F）. 2015–2019.〈https://www.ssb.no/statbank/table/11964/〉（最終確認日：2020 年 11 月 6 日）

Statistisk sentralbyrå（2020）. Endringer i gjennomføringsstatistikken.〈https://www.ssb.no/utdanning/artikler-og-publikasjoner/endringer-i-gjennomforingsstatistikken〉（最終確認日：2020 年 11 月 6 日）

Telhaug, A. O.（1994）. *Norsk skoleutvikling etter 1945*. Oslo: Didakta Norsk Forlag.

Telhaug, A. O.（1997）. *Utdanningsreformene – oversikt og analyse*. Oslo: Didakta Norsk Forlag.

Utdanning.no（2020）. Veien etter videregående.〈https://utdanning.no/tema/foreldre/veien_etter_videregaende〉（最終確認日：2020 年 12 月 20 日）

Utdanningsdirektoratet（2017）. Samfunnskontrakt for flere læreplasser.〈https://www.udir.no/utdanningslopet/videregaende-opplaring/fagopplaring-utproving-og-satsinger/samfunnskontrakt-for-flere-lareplasser/〉（最終確認日：2021 年 3 月 5 日）

Utdanningsdirektoratet（2019a）. Fakta om grunnskolen skoleåret 2019-20.〈https://www.udir.no/tall-og-forskning/finn-forskning/tema/fakta-om-grunnskolen-2019-20〉（最終確認日：2020 年 11 月 6 日）

Utdanningsdirektoratet（2019b）. Skolemiljø og trivsel, Utdanningsspeilet 2019.〈https://www.udir.no/tall-og-forskning/finn-forskning/tema/utdanningsspeilet-2019/skolemiljo-og-trivsel/#〉（最終確認日：2020 年 11 月 6 日）

Vibe, N., Frøseth, M. W., Hovdhaugen, E. & Markussen, E.（2012）. *Strukturer og konjunkturer - Evaluering av Kunnskapsløftet. Sluttrapport fra prosjektet «Tilbudsstruktur, gjennomføring og kompetanseoppnåelse i videregående opplæring»*, NIFU Rapport 26/2012.

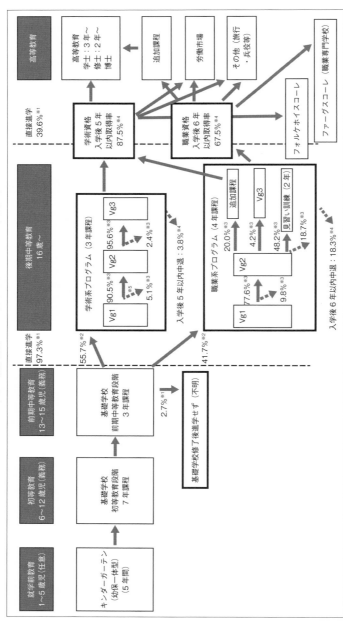

ノルウェー教育制度 （2020 年現在の最新データより筆者作成）

※1 直接進学率：表 11964 (Statistisk Sentralbyrå 2019)。

※2 後期中等教育進学時のプログラム選択率：Forsteinntak til videregående opplæring (Utdanningsdirektoratet 2020) と直接進学率より筆者算出 (Vg1 の各プログラム受入生徒数のうち、「16 歳以下」を直接進学者と仮定)。

※3 年次ごとの進級率：表 11968 (Statistisk Sentralbyrå 2019)。各年次・各プログラムの 2019 年度の人数が母数である。なお進級・中退以外に「課程変更」「留年」「その他の後期中等教育」などがあるため 100% にはならない。

※4 入学後 5/6 年以内修了資格取得率・中退率：表 12971 (Statistisk Sentralbyrå 2019)。母数は 2013 年度各プログラムへの入学者である。修了資格取得・中退以外に「課程履修中」「後試験不合格」「基礎資格取得」「5/6 年後に教育課程に在籍」があるため 100% にはならない。

※5 点線の矢印は教育課程からの中退を意味する。

188

コラム **4**　　フィンランドにおける進路選択

ソフィアの事例から

　フィンランドでは，義務教育である前期中等教育修了後，後期中等教育への進学には普通科または職業科を選択する。普通科では，総合制学校での学習を継続し，大学入学試験に合格することを目指す。職業科では実践的な学習を中心に，基礎職業資格の取得を目指す。この進学先の選択が，多くのフィンランドの学生にとって，最初の進路選択である。

　普通科と職業科に必要な基準の違いは，求められる前期中等教育における成績である。普通科には平均評定 10 分の 7 以上が求められる。しかし職業科でも人気がある学校で競争率が高ければ，高い平均評定が必要である。普通科への進学は大学進学に関わることから，後期中等教育進学後の進路にも大きく影響する。そのため，普通科は大学に行く人が行くもの，または勉強ができる人が行くものというレッテルが貼られている。また進路選択に関しては，保護者や兄弟姉妹の影響が大きく，同じ進路を選ぶ傾向がある。そして，事前に決まっていることが多く，進路が決定される時期が，進学先に入学申請を行う時期の間近になる。しかし普通科と職業科の分岐点は，生徒の将来に強く影響する。そのため，進路指導が総合制学校に取り入れられている。

　このフィンランドの進路選択において一般的には普通科への進学が，学歴を形成するうえでは有利であると考えられる傾向がある。そして，保護者の学歴と類似した進路が選択されるのが典型的である。

　ここでは，これに当てはまらない一人の女性の事例（以下ソフィアという仮名を用いる）を取り上げてみたい。ソフィアの母親は前期中等教育修了後，職業科に進学した。彼女の父親は前期中等教育の修了後，就職した。そのため，ソフィアの家族には，高等教育進学を経験したものはいない。加えて，家族からは進路選択について，具体的なアドバイスはなかった。ソフィアは後期中等教育への進学について，芸術専門の職業科に進学することを希望していた。保護者からは進路については，特別な助言を得ていなかった。また，ソフィアは彼女の友人の多くが普通科に進学することもあって，進路選択で葛藤していた。そのため，進路指導教員に相談に行ったところ，芸術での進路は仕事に必ずしもつながるわけではないという理由で，就職面で安全な進路として普通科への進学を勧められた。ソフィアによると，進路指導教員は地元の普通科の後期中等教育を誇っていて，その高校に進学させることを多くの生徒に勧めていた。この進路指導教員の助言からも普通科への進学が優位とされているような傾向があるようである。その進路指導教員との相談を含め，ソフィアは進路選択において悩みを抱えていた。職業科に進学し，得意で興味のある芸術を専門

に実践的な内容を学びたい希望の方が強かった。しかし，ソフィアは進路指導教員の勧めを退いて，多くの友人と異なる職業科に進学することに恐怖を感じた。そのため，普通科への進学を決め，前期中等教育修了後は普通科の後期中等教育に進学した。

　その後ソフィアは2年間，普通科の後期中等教育に在籍したが，勉学に興味を失ったため退学した。そして，職業案内所のキャリアカウンセラーと相談し，職業科の後期中等教育に入学することになった。その職業科を修了した後は，広告会社に勤めた。そのなかでソフィアは進路選択時からもっていた有名な画家や芸術家になりたいという夢がある。ソフィアは就職してから，目標が明確になった。それはアートディレクターである。そのため，ソフィアは現在，働きながらグラフィックデザインを専攻に専門大学で学んでいる。そうすることで，現在務めている仕事においてより高い職位を目指すことができる。ソフィアは進路選択時を振り返って，進路指導教員から強制的に普通科に進学を勧められたことから，2年間を無駄にしたと感じている。普通科に無理やり勧められたことは，彼女自身にとって好ましくないことであったと現在でも強く不快に感じている。

　このソフィアの事例から見るように，後期中等教育に進学後，中退しても本当に興味関心のある道に進むことで，結果的に高等教育進学まで進むことも可能である。ソフィアの進路指導教員が，進路選択時に助言した普通科が，必ずしも安全策であるとはいえない。職業科の後期中等教育に進学しても，就職後に高等教育への進学や，普通科に進学するより早く専門的な職業に直結し，専門的な技能を高めることができるメリットもある。一方で，学歴社会において普通科進学が優位であると認識されていることは事実である。高等教育進学によって得られるメリットも多くある。しかし，普通科進学のみが成功の道とすると，ソフィアのように進路形成に迂回を生じさせることや，生徒の選択肢を狭める可能性もある。普通科と職業科での進路選択において，高等教育進学の有無に関わる序列だけではなく，多様な進路形成の可能性は看過できない。

（星野　優）

引用・参考文献 ━━━━━━━

Official Statistics of Finland （OSF）（2018）. Discontinuation of education [e-publication].〈http://www.stat.fi/til/kkesk/2018/kkesk_2018_2020-03-12_tie_001_en.html〉（最終確認日：2020年12月6日）

Official Statistics of Finland （OSF）（2018）. Entrance to education [e-publication].〈http://www.stat.fi/til/khak/2018/khak_2018_2019-12-12_tau_001_en.html〉（最終確認日：2020年12月6日）

Official Statistics of Finland（OSF）: Transition from school to further education and work [e-publication].

Ministry of Education and Culture & Finnish National Agency for Education（2018）. Finnish education in a nutshell. Grano Oy.〈https://www.oph.fi/sites/default/files/documents/finnish_education_in_a_nutshell.pdf）〉（最終閲覧日：2020年12月6日）.

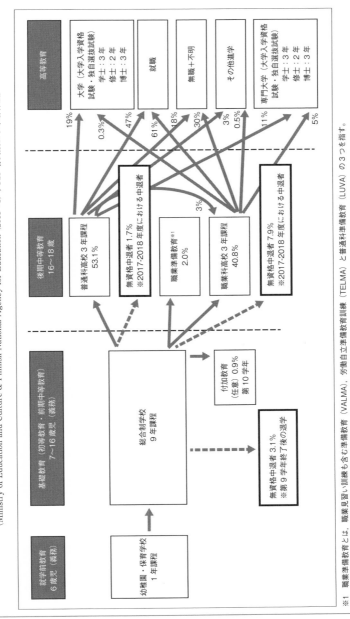

フィンランド教育制度（パーセントは同一年齢に占める比率、2017-2018年度）
（Ministry of Education and Culture & Finnish National Agency for Education (2018：3）．OSF 各文献より筆者作成）

※1　職業準備教育とは、職業見習い訓練も含む準備教育（VALMA）、労働自立準備教育訓練（TELMA）と普通科準備教育（LUVA）の3つを指す。

第1部

第2部

第**11**章 EU 新規加盟国にみる早期離学
の多様性と共通性

柿内真紀

1 はじめに

　本章[1] では，いわゆる EU の東方拡大といわれる 2004 年以降に EU に加盟した
13 か国のうち，EU10 諸国（中・東欧およびバルト諸国など旧社会主義圏の各国で，2004
年加盟のポーランド，チェコ，スロバキア，ハンガリー，エストニア，ラトビア，リトアニア，
スロベニアの 8 か国と 2007 年加盟のブルガリアとルーマニア）に注目し，早期離学状況
の比較考察を試みる。EU10 諸国は 1990 年前後の東西冷戦終結とともに，ソヴィ
エト連邦解体により独立したバルト三国（エストニア，ラトビア，リトアニア）やユー
ゴスラヴィア連邦（旧ユーゴ）解体により独立したスロベニアを含み，旧社会主義
圏から社会体制の転換を経て，2004 年と 2007 年に EU に加盟した国々であり，現
在，独立等から 30 年ほどが経ち，EU 加盟からも 10 年以上が過ぎたところである。
EU15 諸国（EU の東方拡大以前の加盟国）とは異なる歴史的社会的背景をもつ。考察
にあたっては，2016 年（European Commission 2016a），2017 年（European Commission
2017a），2018 年（European Commission 2018a），2019 年（European Commission
2019a）のモニタリング報告書と，各報告書の各国分析（Country Analysis：European
Commission 2016b；2017b；2018b；2019b）を主に用いる。
　ここで EU における早期離学について確認しておく。EU は 2020 年までの新経
済成長戦略「欧州 2020」において定めた教育分野のヘッドライン指標（重点目標）
の 1 つとして，中等教育段階の早期離学率を 10% 未満にすることを掲げた。この
指標は，「教育と訓練 2020（Education & Training 2020：ET2020）」（2009 年策定）に
おいてもベンチマークとして設定されている。なお，ここでの早期離学者とは，18
〜24 歳のうち前期中等教育またはそれ以下で教育・訓練を離れ，その後の教育・訓

1）本章は拙稿（柿内 2018；2019）を基に大幅な加筆により構成されている。

練を受けていない者を指し（Council of the European Union 2011），これはモニタリング報告書の早期離学のデータが Eurostat（EU 統計局）の労働力調査（Labour Force Survey：LFS）を用いていることによる。本章では，Eurostat のデータを用いる場合は上述の定義となる。

2　早期離学率データにみる EU10 諸国の位置

　2019 年 9 月に公表された 2019 年モニタリング報告書[2] で EU のベンチマークである早期離学の目標値の達成状況をみてみよう。2019 年報告書は 2018 年までのデータによる分析がされている。同じ Eurostat のデータセットを用いて，ベンチマークが策定された 2009 年以降について筆者が作成したのが表 11-1 である[3]。EU の目標値（10% 未満）の達成は濃い網掛けで，また EU10 諸国は国名に薄い網掛けで示してある。

　2019 年モニタリング報告書から，EU10 諸国にかかわる主な分析を取り出してみる。まず，早期離学率が高い 3 か国の 1 つがルーマニアであるが，他のスペインとマルタが 2009 年からかなり下がってきている一方で，その傾向にはないこと。2009 年にすでに低率であった国々はおおむねその傾向を維持しているが，スロバキアはそうではないこと。そして，ポーランド，ハンガリー，ルーマニア，チェコは過去 10 年の間，比較的変わらない傾向があることである。ただし，2 年前の 2017 年報告書では，2010，2013，2016 年のデータを比較し，EU 全体では 2010 年の 13.9% から 2016 年には 10.7% と早期離学率は継続的に下がり，かなりよい達成状況にあるとし，この傾向は，ブルガリア，チェコ，ハンガリー，スウェーデン，スロバキアを除いて（これらの国々は 2010, 2013, 2016 年のいずれかで早期離学率が上昇），ほとんどの EU 加盟国にみられると述べている。変わらない傾向にあっても，早期離学率が少しずつ上昇している点には後述するように注意を払いたい。

2）欧州委員会は 2012 年から毎年度モニタリング報告書「Education and Training Monitor」を発行し，ET2020 の進捗についてモニタリングしている。European Commission のサイトから報告書は入手できる。本章で使用した当該報告書もダウンロードしたものである。〈http://ec.europa.eu/education/policy/strategic-framework/et-monitor_en〉（最終確認日：2020 年 4 月 29 日）
3）データセットの各国データには，当該年度にデータ集計方法（定義）などの何らかの変更があったことや信頼度が低いと注が表示されている場合があるが，表 11-1 ではそれらの注は割愛している。たとえば，2014 年からは国際教育標準分類（ISCED）2011 が適用され，それまでの ISCED1997 は後期中等教育の 2 年未満のコースまでを含んでいたのが，前期中等教育までとなったため，すべての国のデータに注が表示されている。

表 11-1　2009～2018 年の早期離学率（%，2018 年降順）(Eurostat 2020a)

	2009	2010	2011	2012	2013	2014	2015	2016	2017	2018
EU28 ヶ国	14.2	13.9	13.4	12.7	11.9	11.2	11.0	10.7	10.6	10.5
スペイン	30.9	28.2	26.3	24.7	23.6	21.9	20.0	19.0	18.3	17.9
マルタ	25.7	23.8	22.7	21.7	20.8	20.9	20.2	19.2	17.7	17.4
ルーマニア	16.6	19.3	18.1	17.8	17.3	18.1	19.1	18.5	18.1	16.4
イタリア	19.1	18.6	17.8	17.3	16.8	15.0	14.7	13.8	14.0	14.5
ブルガリア	14.7	12.6	11.8	12.5	12.5	12.9	13.4	13.8	12.7	12.7
ハンガリー	11.5	10.8	11.4	11.8	11.9	11.4	11.6	12.4	12.5	12.5
ポルトガル	30.9	28.3	23.0	20.5	18.9	17.4	13.7	14.0	12.6	11.8
エストニア	13.5	11.0	10.6	10.3	9.7	12.0	12.2	10.9	10.8	11.3
イギリス	15.7	14.8	14.9	13.4	12.4	11.8	10.8	11.2	10.6	10.7
デンマーク	11.5	11.5	10.3	9.6	8.2	8.1	8.1	7.5	8.8	10.4
ドイツ	11.1	11.8	11.6	10.5	9.8	9.5	10.1	10.3	10.1	10.3
フランス	12.4	12.7	12.3	11.8	9.7	8.8	9.2	8.8	8.9	8.9
ベルギー	11.1	11.9	12.3	12.0	11.0	9.8	10.1	8.8	8.9	8.6
スロバキア	4.9	4.7	5.1	5.3	6.4	6.7	6.9	7.4	9.3	8.6
ラトビア	14.3	12.9	11.6	10.6	9.8	8.5	9.9	10.0	8.6	8.3
フィンランド	9.9	10.3	9.8	8.9	9.3	9.5	9.2	7.9	8.2	8.3
キプロス	11.7	12.7	11.3	11.4	9.1	6.8	5.2	7.6	8.5	7.8
スウェーデン	7.0	6.5	6.6	7.5	7.1	6.7	7.0	7.4	7.7	7.5
オランダ	11.3	10.1	9.2	8.9	9.3	8.7	8.2	8.0	7.1	7.3
オーストリア	8.8	8.3	8.5	7.8	7.5	7.0	7.3	6.9	7.4	7.3
ルクセンブルク	7.7	7.1	6.2	8.1	6.1	6.1	9.3	5.5	7.3	6.3
チェコ	5.4	4.9	4.9	5.5	5.4	5.5	6.2	6.6	6.7	6.2
アイルランド	11.8	11.9	11.1	9.9	8.7	6.7	6.8	6.0	5.0	5.0
ポーランド	5.3	5.4	5.6	5.7	5.6	5.4	5.3	5.2	5.0	4.8
ギリシャ	14.2	13.5	12.9	11.3	10.1	9.0	7.9	6.2	6.0	4.7
リトアニア	8.7	7.9	7.4	6.5	6.3	5.9	5.5	4.8	5.4	4.6
スロベニア	5.3	5.0	4.2	4.4	3.9	4.4	5.0	4.9	4.3	4.2
クロアチア	5.2	5.2	5.0	5.1	4.5	2.8	2.8	2.8	3.1	3.3

※1　本表の Eurostat のデータは 2020 年 2 月 24 日更新データのため，2019 年 4 月のデータによる 2019 年報告書とは EU28 か国とデンマークの数値が一致していない。

　表 11-1 をみると，EU10 諸国はルーマニア，ブルガリア，ハンガリー，エストニアを除いて，早くから 10% 未満である国々が多く，なかでも低率の国が半分を占める。では，EU 全体における EU10 諸国の位置をグループ分けでみてみよう。2017 年報告書では早期離学率の変化を 4 つのグループに分けている。1 つめは，大きく離学率を下げているがまだ目標値には達していない 4 か国（ポルトガル，スペイン，マルタ，イタリア）。2 つめは，常に目標値を上回っている 3 か国（ルーマニア，ブルガリア，ハンガリー）。3 つめは目標値を達成しているか，あともう少しの位置にある 9 か国（イギリス，ギリシャ，ラトビア，フランス，キプロス，ベルギー，デンマーク，アイルランド，ドイツ[4]）。そして，4 つめは，すでに目標値よりも低く，かつ，それを

維持している 10 か国（オランダ，オーストリア，リトアニア，ルクセンブルク，スウェーデン，ポーランド，クロアチア，スロベニア，チェコ，スロバキア）に加えて，一時的に目標値を上回っていたフィンランドである。エストニアはほとんど 10% 前後で変わらないと言及されているのみだが，データをみれば第 3 グループが適当であろう。そうすると，EU10 諸国は，第 2 グループの 3 か国（ルーマニア，ブルガリア，ハンガリー），第 3 グループの 2 か国（ラトビア，エストニア），第 4 グループの 5 か国（スロバキア，チェコ，ポーランド，スロベニア，リトアニア）となる。どちらかといえば，低率グループの半分を占めるなど，高率の第 2 グループ以外は問題がなさそうにみえる EU10 諸国だが，果たしてそうだろうか。次節では，いくつかの国に焦点をあてて早期離学の背景をほりさげてみることにする。

3　早期離学のさまざまな背景

　表 11-1 と同じ Eurostat のデータセットから EU10 諸国の 2009 年から 2018 年にかけての変化を筆者が作成したのが図 11-1 である。

　図 11-1 をみると，ルーマニアが近年改善してきているが，顕著に高い。ルーマニア以外は，2 つのグループに分けることができそうである。10〜15% 前後に収まる中間グループ（ブルガリア，ハンガリー，エストニア，ラトビア）の 4 か国と，5% 前

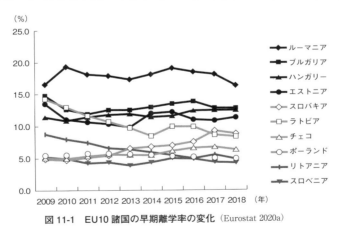

図 11-1　EU10 諸国の早期離学率の変化（Eurostat 2020a）

4）報告書ではこのグループにデンマークが 2 度出てくる。Figure29（p.57）を読みとると，おそらくそのうちの 1 つはドイツのまちがいであると思われるので，ここではドイツとした。

後から 10% 未満を維持している低率グループ（スロバキア，チェコ，ポーランド，ス
ロベニア，リトアニア）の 5 か国である。ここで注目しておきたいのは，2019 年報告
書でも指摘されている顕著に高いルーマニアに加えて，近年上昇傾向がみられる中
間グループのブルガリアとハンガリー，低率グループのスロバキアとチェコである。
ブルガリアは，ここ 2 年は下がってきているが，全体の傾向として上昇傾向に加え
ておく。すべて中・東欧諸国である。そこには何か共通点があるのだろうか。それ
とも，共通要素をもちながら，多様な結果がみられるのだろうか。

　では，早期離学の背景を 2016 年，2017 年，2018 年，2019 年の各報告書の各国分
析版を基に考察してみよう。

● 3-1　ルーマニア

　ルーマニアの早期離学率は近年改善傾向にあるとはいえ，イギリスを含めた
EU28 か国のなかでも 3 番目に高い。2019 年の各国分析では，都市化の度合い（市
部（cities）：人口密集地，町・郊外（towns and suburbs）：中程度の密集地，村落部（rural
areas）：人口の少ない地域）によって差があり，貧困度が高く，教育の質も低くなり
がちな村落部では，4 人に 1 人が早期離学をしてしまうと述べている。この都市化
別格差については，他の年度の各国分析でも言及されている。表 11-2 はルーマニ
アを含む 5 か国の詳細をみるために，Eurostat のデータセットを用いて筆者が作成
したものである。表 11-2 をみると，村落部の早期離学率がたしかに顕著に高く，低
い市部との格差は広がりつつある。また，2018 年の各国分析ではユニセフ（ルーマ
ニア）の 2017 年報告を参照しながら，後期中等教育の就学率から，4 分の 1 が後期
中等教育（15 歳にあたる第 8 学年の後）を継続していないか，義務教育修了（第 10 学
年）後にやめていることがわかるとしている。

　2017 年の各国分析では，FRA（European Union Agency for Fundamental Rights: EU
基本権庁）による 2016 年調査から，ロマの人びと[5]の早期離学率の高さ（77%）や，
学校隔離（全員かほとんどがロマの生徒の学校に 29% が通う），就業率の低さについて

---

5) FRA2016 年調査における「ロマ」とは，調査対象の EU 加盟国に原住の「ロマ」を指し，加盟国
　間を移動した「ロマ」には焦点をあてていないとする。また，「ロマ」の用語解説として 2012 年
　の欧州評議会（Council of Europe）による，ロマ，シンティ（Sinti），ケイル（Kale），トラベラ
　ーズ，東のグループであるドム（Dom）やロム（Lom），ジプシーと自認する人びとなど，関連
　する広く多様なグループを含む，包括的用語としての「ロマ」を掲げている。したがって，この
　調査ではどの国も「ロマ」で一括されている。本章第 3 節で扱う各国の「ロマ」の特色について
　は加賀美（2005）がやや詳しい。

表 11-2　2009〜2018 年の都市化別早期離学率（%）（Eurostat 2020b）

		2009	2010	2011	2012	2013	2014	2015	2016	2017	2018
ルーマニア	全　域	16.6	19.3	18.1	17.8	17.3	18.1	19.1	18.5	18.1	16.4
	市　部	5.4	5.9	5.6	5.0	4.2	5.2	5.9	6.2	4.5	4.2
	町・郊外				14.4	16.7	17.0	19.3	17.4	17.5	14.9
	村落部	24.1	28.3	26.4	31.0	29.0	29.2	27.8	26.6	27.1	25.4
ブルガリア	全　域	14.7	12.6	11.8	12.5	12.5	12.9	13.4	13.8	12.7	12.7
	市　部	7.4	5.7	5.9	5.3	4.0	3.3	3.6	2.8	3.9	5.9
	町・郊外	14.4	11.9	10.6	9.6	11.7	14.4	14.3	15.8	13.8	12.2
	村落部	22.3	20.9	18.9	26.8	27.9	29.2	29.4	30.3	27.9	26.2
ハンガリー	全　域	11.5	10.8	11.4	11.8	11.9	11.4	11.6	12.4	12.5	12.5
	市　部	6.7	6.3	8.1	7.0	5.7	5.7	6.7	7.3	6.8	6.2
	町・郊外	10.4	9.7	10.2	10.3	11.3	10.5	10.4	10.3	11.7	12.1
	村落部	15.3	14.3	14.2	16.7	17.2	16.3	15.9	17.7	17.9	18.4
スロバキア	全　域	4.9	4.7	5.1	5.3	6.4	6.7	6.9	7.4	9.3	8.6
	市　部					3.6		2.8	2.9	4.0	4.6
	町・郊外	5.1	3.9	4.2	3.5	5.8	5.6	4.3	7.2	9.3	6.5
	村落部	6.2	6.5	7.0	7.8	8.0	9.3	10.1	9.1	10.9	11.5
チェコ	全　域	5.4	4.9	4.9	5.5	5.4	5.5	6.2	6.6	6.7	6.2
	市部	5.5	5.5	4.9	5.3	4.6	4.2	5.2	6.6	5.5	5.6
	町・郊外	5.1	4.0	4.6	6.6	6.3	7.6	7.8	7.1	8.2	7.8
	村落部	5.5	4.9	5.1	4.7	5.3	4.7	5.5	6.2	6.3	5.3

も言及している。ロマの人びとの置かれた状況については，他の年度の各国分析でも示されている。2016 年の各国分析では，早期離学は国内の地域間，また都市部（urban）と村落部の間での差がかなり大きいこと，ロマの人びとの早期離学率は非常に高いこと，地域間格差は最も高い北東地域で 25.3%，最も低い西部地域で 8.5%と格差が大きいことが指摘されている。また，早期離学率の高い要因として，18 歳に達しはじめる前の学齢集団に影響を与えた次の 3 つをあげている。①不十分な予防策のために，初等および前期中等教育段階のドロップアウト率（drop-out rate）が高いこと。②後期中等教育（高校系か職業系か）への移行の難しさだけではなく後期中等教育段階のドロップアウト率も高いこと。特に村落部の生徒がそうであること。③セカンド・チャンスのプログラムのような救済的な計画措置が不十分であることである。

　以上をまとめれば，ルーマニアの早期離学には，都市化の度合いや地域間による格差，ロマの人びとの早期離学率の高さ，そして，後期中等教育への移行と補償にあたる救済的な計画措置の不十分さをみることができる。なお，各国分析で参照されているロマの早期離学率は FRA による 2011 年（European Union Agency for Fundamental Rights 2016：Figure14）および 2016 年のロマ調査の結果（European Union Agency for Fundamental Rights 2018：Figure 11）だが，質問方法が異なるため，Eurostat のデータとの単純比較はできない。その点に注意は必要であるが，ロマの早期離学率がかなり高いことは裏づけられるであろう。

● 3-2　ブルガリア

　2019 年の各国分析では，依然として高い状況が続き，早期離学が深刻なのは，ロマの人びと（FRA2016 年調査では 67%）と，村落部（26.2%）であり，そこでは，貧困度が高く，教育の質（同各国分析では社会経済的に不利な生徒の PISA2015 の結果も指摘）も概して低いと述べている。都市化別の早期離学率の格差を表 11-2 でみると，村落部が 2012 年から 2016 年まで上昇傾向にあった以外は，ルーマニアとほぼ同じ傾向である。ロマの人びとにかかわる問題と村落部の早期離学率の高さについては，ほかの年度の各国分析でも触れられている。2017 年の各国分析では，1 年間に学年途中で学校を離れる人数の多さが社会経済的要因や教育困難に，そして人数の過半数を占める国外移住（18 〜 24 歳の早期離学率には反映されていない）にますます関係していること，ロマの人びとの早期離学率の高さや，居住地域による隔離や不均衡な分布による学校隔離（全員かほとんどがロマの生徒である学校に 60% が通うなど）[6] の問題についても触れている。

　また，2016 年の各国分析でも，ルーマニアと同じ状況が述べられている。それは，国内地域間格差，そして都市部と村落部の間の格差であり，マイノリティ・グループによる格差である。たとえば地域間格差については，早期離学率が低いのは 1 地域だけで，首都ソフィアのある南西地域で 5.7%，その他の 5 地域はすべて国平均（13.8%）を上回り，最も高い北西地域は 23.1% になっている。一般的な総括として 2016 年各国分析では，社会経済的に不利なグループの就学率，修了率，教育成果（PISA2012 の結果）は国平均よりもかなり下回っていること，社会経済的状況が教育機会に主たる影響を与えていること，地域間格差および都市部と村落部間格差があること，ロマの子どもたちには言語がしばしば障壁になっていることをあげ，これらが教育パフォーマンスや質の高い教育へのアクセスの低さを招いているとしている。他の障壁として，教育コスト，貧弱な施設・設備，訓練されたスタッフの少なさなどをあげている。ロマの子どもたちの離学率の高さについては，2011 年国勢調

6）ロマの学校隔離（school segregation）のデータは，FRA（2018：28）による。本章で扱う他国の場合も同じく FRA の調査結果を参照している。

査でロマの93%が後期中等教育を修了していない（ブルガリア系は30%）こと，FRAの調査でも16〜24歳のニート率はかなり高く61%であることをあげている。

● 3-3　ハンガリー

　表11-2をみると，ここ数年，市部以外はゆるやかな上昇傾向にある。2019年の各国分析では，ロマの人びとの離学率の高さ（65.3%）[7]や，地域間および都市部と村落部間格差などをあげている（以上は2016〜2018年の各国分析でもおおよそ触れられている）。また，早期離学は地域ごとの教育成果（PISAなどの学力調査結果）と強い相関があり，村落部は成果が低いこと，村落部では質の高い教育を提供する能力（capacity）が限られ，教員不足がより切迫していることを指摘している。加えて，2017〜2019年の各国分析では，2012年に義務教育修了年齢が18歳から16歳に引き下げられた後，17歳と18歳の中等教育の就学割合が2011年の98%から2016年の85%に下降したことを指摘している。2019年の各国分析では，この割合は学校のタイプと地域によって大きく異なるとしている。2017年と2018年の各国分析では14歳（一部の選抜ギムナジウムは前期中等教育の10歳）で始まる後期中等教育への移行段階でのトラッキング（分岐）について，社会経済的に不利な生徒が進む割合の多い職業系の学校の学習成果の低さを指摘している。さらに，2017年の各国分析では，社会経済的に不利な若年者が資格不要の仕事に就くために離学する傾向が増えてきているとする。以上からは，社会経済的に不利な生徒の離学要因が浮かび上がる。OECDのインディケータ（Education at a Glance 2018）のコラムB1.1.（留年者の補完的尺度として「初等教育及び前期中等教育の最終学年における過年齢の生徒の割合（2016年）」を示している）をみると，ハンガリーだけが初等教育（10%弱）が前期中等教育より7%ポイント高く，15〜19歳人口の在学率が顕著に落ちていると分析している。また，ハンガリーのロマの人びとの早期離学を追った研究で，義務教育年齢の引き下げの結果，前期中等教育にいる間に16歳になれば，後期中等教育に進まない生徒が多いことも指摘されている（Van Praag et al. 2018：33-46）。

● 3-4　スロバキア

　スロバキアは，表11-1および図11-1でもわかるように，低率であるが上昇傾向が続いてきた。2019年の各国分析では早期離学率の上昇傾向について，東部スロ

7）このデータの出典は示されていない。FRA2016年調査では68%。

バキアが最も高く13.9%であることや，財務省の貧困や社会的排除に関する報告書から，2017/2018年度では16歳（義務教育修了年齢）の7.8%が前期中等教育の最終学年に進んでおらず，「生活保護支援」(benefit in material need) を受けている世帯では32.6%，周縁化されたロマのコミュニティでは37.2%と，特に高いとしている。低い教育成果は早期離学を悪化させ，低技能者の長期にわたる失業を招くとつづく。またルーマニア，ブルガリア，ハンガリーと同じく，ロマの学校隔離についても触れている（62%のロマが，全員またはほとんどがロマの子どもたちの学校へ通っている）。2018年の各国分析でも，ロマの人びとを特定したデータはないが，Eurostatのデータでは早期離学率はロマの割合の高い東部スロバキアが高いことから，最も顕著な問題はロマの人びとにあるとしている。2017年および2016年の各国分析でも，東部が高く，西部が低いとしている。2016年の各国分析では，ロマの早期離学率はFRA2011年の調査から83%であることにも言及している。また，ロマの子どもたちの教育はスロバキアにとって鍵となる大きな課題であるとして，特に，特別支援学校 (special school) や学習スタンダードの低いクラスにロマの子どもたちが大きな比率を占め，それはこの10年でさらに悪化していることをあげている。このことが後期中等教育や高等教育を修了するチャンスを減らし，労働市場での就労機会を妨げていること，また，教員になって仲間たちのロールモデルになる可能性にネガティブなインパクトを与えているとしている。

都市部と村落部の早期離学率の格差については，各国分析では特に触れられていないが，ここで確認しておきたい。表11-2をみると，早期離学率は全体的に低いが，そのなかでも村落部では上昇傾向が確認でき，市部もデータは少ないが上昇傾向にある。町・郊外はデータの揺れがあるがゆるやかな上昇傾向があるといえる。

● 3-5　チェコ

2019年の各国分析では，早期離学率が上昇傾向にあったが，2018年には6.2%に下がったこと，離学率には地域間で格差があり，北西地域で高く15.6%であること，簡単にアクセスできる賃金をもらえる仕事に魅かれて学校を離れていく若年者がいることなどを指摘している。2017年と2018年の各国分析では，早期離学率は低いが上昇がみられること，ロマの人びとの早期離学率が高いこと（FRA2016年調査では57%）[8]について触れている。2017年の各国分析では，ロマの子どもたちの学校隔離（30%のロマが，全員またはほとんどがロマの子どもたちの学校へ通っている）についても言及している。2016年と2018年の各国分析では，早期離学率の地域間格差

もあげている。

　都市化の度合いによる早期離学率の格差については，チェコも各国分析では特に触れられていなかったが，同じく確認しておきたい。表11-2をみると，チェコには上記の4か国と異なる特徴がみられ，村落部と市部がほとんど同じで，高いのは町・郊外である。また，町・郊外と，村落部と市部との差が小さいこともわかる。

4　多様性と共通性を探る

　さて，以上の5か国の背景には何か共通点があるのだろうか。それとも，共通要素をもちながら，多様な結果がみられるのだろうか，みてみよう。

　ブルガリアでは地方の施設・設備の貧弱さなど経済的な問題，加えて訓練されたスタッフが地方に不足していることがあげられていた。ハンガリーでも村落部での教員不足の切迫をあげていた。村落部で資格をもった教員が不足しているとすれば，教員養成・研修制度や教員給与といった教員に係る政策問題でもある。2019年報告書の第1部では教員に関する分析が組まれている。そのなかで，OECDの2018年国際教員指導環境調査（TALIS）結果から，資格をもつ教員の不足が質の高い指導を行ううえで妨げとなっているとする校長の回答率を参照している。EU10諸国の同回答率では，ルーマニアが32.6%，ハンガリーが29.2%と高かった。ルーマニアは職業教育の教員不足でも33.4%と高い。2019年の各国分析をみると，ルーマニアは村落部などでの資格をもった教員や，支援の専門家（特別支援の教員，スクールカウンセラー，ロマとの仲介者など）の不足について触れている。ハンガリーでは，教員不足は，貧困度が高く，不利な地域，科学と外国語の教科，職業教育・訓練において現在最も厳しいとし，要因の1つは教員給与の低さであるとしている。

　教育環境の経済的課題，資格をもった教員の不足は，5か国のうち少なくとも早期離学率が高い3か国に共通する背景としてあるといえるだろう。それは，国内の地域間格差や，都市化の度合いにみる格差とつながっていく。

　そこで，次に都市化の度合いにみる，特に村落部と市部における早期離学率の格差と，国内地域間格差についてみてみよう。早期離学率の高いルーマニアとブルガリアは都市化の度合いによる格差が大きく，特に村落部の早期離学率が高かった。

8）2017年と2018年の各国分析では，FRA2016年調査を参照して72%としているが，これはFRA2011年調査のデータであることから誤りと思われる。したがって，ここではFRA2016年調査のデータから57%を示した。

早期離学率の低いスロバキアとチェコは村落部も低めではある。ただし，スロバキアは全体的に低いがゆるやかに上昇傾向にあり，なかでも村落部は上昇傾向が確認でき，近年の早期離学率全体の上昇を裏づけている。ここで4か国とまったく異なるのがチェコであり，ほとんど格差がなく，また，村落部が町・郊外よりも低い。一方で，表11-2からもわかるように，5か国に共通点があり，それは市部では早期離学率が低いことである。市部は低いという共通要素にもかかわらず，村落部との格差のあり方にちがいがある。チェコの地理的な要因によるのか，産業構造によるのかどうか。本章では追究できないが，共通性から多様な早期離学の複合的要因がみえてきそうである。

　国内の地域間格差については，ハンガリーには特に記述はなかったが，Eurostatの EU の地域分類コード NUTS2 別でみると，ハンガリーにも格差はみられる。各国とも格差はあるという共通性があると同時に，格差のあり方は多様である。それらの要因には，スロバキアのようにロマの集住地域との関連をみることもできる。先述のように地理的要因や産業構造等との関連から早期離学の複合的要因を探る視点となるだろう。

　最後に，5か国に共通する背景として着目するのは，ロマの子どもたちの離学率の高さが全体の離学率を引き上げていることである。FRA2016年調査[9] では，ロマの早期離学率はルーマニアが77%，ブルガリアが67%，ハンガリーが68%，スロバキアが58%，チェコが57% である。たしかに高いが，一方で，ロマの生活世界や文化，社会化過程そのものがそもそもフォーマルな学校教育制度に位置づかない可能性への留意も必要である[10]。また，ロマの子どもたちは，ヨーロッパでは多くの場合，学校教育において周縁化されてもきた。それは隔離されたクラスや学校での教育であった[11]。

　2011年に出された欧州委員会の政策文書であるコミュニケーション（European Commission 2011）では欧州評議会（Council of Europe）のデータを引用して，ロマの

9）早期離学率は FRA（2018：27）による。FRA2011年調査よりも各国とも下がっているが，FRA2016年調査はサンプリングや解析方法をより改善しているため，2016年調査のほうがより正確に現状を表しているとしている（FRA 2018：44–45）。なお，2016年調査の対象国は，ブルガリア，チェコ，ギリシャ，スペイン，クロアチア，ハンガリー，ポルトガル，ルーマニア，スロバキアの9か国。

10）ハンガリーのロマの人びとの学校教育への消極的な態度についてはモイスブルガー（加賀美 2005：114–118）が詳しい。ルーマニアについてはヴィンツェ（Szalai & Schiff 2014：206）が言及している。

11）たとえば，フレーザー（2002）は第9章で数多くの隔離された教育の例を指摘している。

推計人口をまとめている（European Commission 2011：15–18）。それによると，上記5か国では，ルーマニアが推計平均185万人（人口の8.32%，2010年），ブルガリアが同75万人（10.33%，2010年），ハンガリーが同70万人（7.05%，2010年），スロバキアが同50万人（9.17%，2010年），チェコが同20万人（1.96%，2010年），EU全体では同617万2,800人（1.73%）となっている。国全体の人口に占める割合では，ブルガリア，スロバキア，ルーマニア，ハンガリーの順に高く，これら4か国は突出している。たしかに早期離学率の高い，ルーマニア，ブルガリア，ハンガリーは人口に占めるロマの割合が高いことがわかる。特にルーマニアはロマの推計人口もEUのなかで最も多く，突出している。一方で興味深いのは，早期離学率の低いスロバキアとチェコのちがいである。早期離学率の低いチェコはロマの割合が他の4か国に比べてかなり低いが，スロバキアはロマの割合がかなり高いことである。上述の都市部と村落部の早期離学率の格差と組み合わせて考察すると，チェコはロマの人口割合が低いために格差がほとんどないともいえるが，同様に人口割合の低いギリシャやスペインは都市部と村落部との離学率格差があり，早期離学率も高い。ロマの割合に左右されない，スロバキアとチェコに共通する早期離学率の低い要因を追究したいところである。

　FRA2011年調査[12)]では，貧困と離学の相関を示す結果が出ている（European Union Agency for Fundamental Rights 2016：40）。「なぜ学校に通うのをやめたのか？なぜ学校に通わなかったのか？」の質問に，貧困に関連する理由（「教育にかかるコストが高すぎる」）を回答した割合が，ルーマニア（回答者数1,191人）では回答の多い上位3つのうち1位で特に高く，36%であった。ルーマニアの他に高かったのは，ギリシャ（2位，14%），ブルガリア（3位，19%），ハンガリー（3位，11%），スロバキア（3位，14%）であった。一方，チェコは理由の上位3つには含まれていなかった。また，チェコのみが「入学試験に落ちた」（2位，19%）を理由に挙げていた。チェコは他の4か国と異なり，経済的要因よりも学力要因が離学の背景にありそうである。また，同調査では，調査対象となったロマの集住地域の隣接地区に住む，ロマ以外の人びとも調査対象にしている。その結果には，スロバキアとイタリアを除いて，ロマ以外の人びともEurostatの国平均より早期離学率がかなり高いことが示されている（European Union Agency for Fundamental Rights 2016：33–34）。その理

---

12) 調査対象国はブルガリア，チェコ，ギリシャ，スペイン，フランス，ハンガリー，イタリア，ポーランド，ポルトガル，ルーマニア，スロバキア。サンプルは各国のロマが特に集住する地域（国平均以上）を選び，ロマおよび，隣接地区に住むロマ以外の人びとを無作為抽出。

由として，彼らの居住する地域には後期中等教育のインフラが整備されていないこと，低い教育アスピレーション，特に地方では職を見つけるにあたって中等教育がそれほど意味をもたれていないことなど，多くの要因が関連している可能性を指摘している。ロマの人びとの問題は，そもそも居住地域の置かれた社会経済的要因と関係がありそうである。同時に，果たして，ロマの人びとが居住している地域だからなのか，ロマの人びとがそのような地域に居住するしかなかったのかという問いもそこにはある。それはロマの人びとの来歴，文化，職業にも関係する。また，たとえばハンガリーでは農村地域に多く居住している理由として，経済的に極端に厳しい，放棄された集落や人口が減少した村に転居させられ，空き家に居住するようになったことなどが指摘されている（加賀美 2005：103-108）。

FRA2016 年調査ではロマの学校隔離（6〜15 歳のロマの子どもたちの集中度）の結果が提示されている（European Union Agency for Fundamental Rights 2016：28）。前節の各国分析ではこの調査結果が用いられていた。あらためて 5 か国についてみてみると興味深い。「全員がロマ，ほとんどがロマ，何人かがロマ，ロマはいない」のいずれかでロマの子どもたちが自分の通う学校について回答したものである。「全員」と「ほとんど」の合計回答割合は，ルーマニアが29%，ブルガリアが60%，ハンガリーが61%，スロバキアが62%，チェコが30% であり，ブルガリアとハンガリー以外は早期離学率の高低とは相関はみられない。もちろん，学校のエスニック構成が学校所在地区のエスニック・グループの人口構成を反映している可能性には注意が必要であることは記されている。一方で，各国の学校隔離対策とその結果をみることによって，早期離学を促す要因を明らかにする手がかりにはなるだろう。

以上，ロマの問題を取り上げてきたが，留意しておきたいのは，早期離学の要因がロマの問題だけに焦点化されてしまうことである。早期離学問題をロマの問題だけで回収することはできない。ロマの問題に早期離学を焦点化させることで他の要因が隠されてしまうことは避けたい。そのためには，ロマの問題に左右されない，共通性のもとでの多様な早期離学要因をも同時にすくい取る必要がある。

5 おわりに

以上みてきた早期離学状況の諸背景に加えて，2018 年報告書では早期離学率の内訳を雇用状態別（就業者，非労働力人口，失業者）と性別で分析している。詳細は拙稿（柿内 2019）に譲るが，たとえば，ルーマニアは就業者と非労働力人口の割合が

大きく，特に女性は後者の割合がかなり高いことが指摘されている。ルーマニアと同じ女性の傾向はブルガリア，ハンガリー，スロバキア，チェコ，ポーランド，スロベニアにみられ，新規加盟国に共通する要因がそこにはあるようにみえる。

　日本では後期中等教育である高校への進学や中退後のやり直しに関連して90年代以降の高校改革で多部制定時制高校，チャレンジ・スクールやエンカレッジ・スクールといったセカンド・チャンスの教育にも該当する高校，さらには近年，通信制高校の広がりなどが進んできた。居場所としての学校や図書館カフェ，若者サポートステーションなどもその延長線上にある。この点から，日本の中等教育段階の早期離学（高校中退）課題と相互参照することによって，早期離学要因とその対策への手がかりが今後期待できそうである。

【付　記】

本章は，JSPS科研費15K04361の助成を受けている。

【引用・参考文献】

加賀美雅弘［編］（2005）．『「ジプシー」と呼ばれた人々―東ヨーロッパ・ロマ民族の過去と現在』学文社

柿内真紀（2018）．「EU10諸国における中等教育の早期離学に関する比較考察」『教育研究論集』8，1-14．

柿内真紀（2019）．「モニタリング報告書にみるEU加盟国における早期離学の状況」『教育研究論集』9，1-12．

フレーザー，A.／水谷　驍［訳］（2002）．『ジプシー―民族の歴史と文化』平凡社

Corner, T. (ed.) (2015). *Education in the European Union post-2003 Member States*. London: Bloomsbury.

Council of the European Union (2009). Council Conclusions of 12 May 2009 on a Strategic Framework for European Cooperation in Education and Training ('ET 2020') (2009/C 119/02). *Official Journal of the European Union*, 28.5.2009, 2-10.

Council of the European Union (2011). Council Recommendation of 28 June 2011 on policies to reduce early school leaving(2011/C 191/01). *Official Journal of the European Union*, 1.7.2011, 1-6.

European Commission (2011). *Communication from the Commission to the European Parliament, the Council, the European Economic and Social Committee and the Committee of the Regions: An EU Framework for National Roma Integration Strategies up to 2020. Luxembourg: Office for Official Publications of the European Communities*. Luxembourg: Office for Official Publications of the European Communities.

European Commission (2013). *Reducing Early School Leaving: Key Messages and Policy Support, Final Report of the Thematic Working Group on Early School Leaving, November 2013*. Luxembourg: Office for Official Publications of the European Communities.

European Commission（2016a）. *Education and Training Monitor 2016*. Luxembourg: Publications Office of the European Union.

European Commission（2016b）. *Education and Training Monitor 2016 Country analysis*. Luxembourg: Publications Office of the European Union.

European Commission（2017a）. *Education and Training Monitor 2017*. Luxembourg: Publications Office of the European Union.

European Commission（2017b）. *Education and Training Monitor 2017 Country analysis*. Luxembourg: Publications Office of the European Union.

European Commission（2018a）. *Education and Training Monitor 2018*. Luxembourg: Publications Office of the European Union.

European Commission（2018b）. *Education and Training Monitor 2018 Country analysis*. Luxembourg: Publications Office of the European Union.

European Commission（2019a）. *Education and Training Monitor 2019*. Luxembourg: Publications Office of the European Union.

European Commission（2019b）. *Education and Training Monitor 2019 Country analysis*. Luxembourg: Publications Office of the European Union.

European Commission（2019c）. *Assessment of the Implementation of the 2011 - on Policies to Reduce Early School Leaving, Final report: July 2019*. Luxembourg: Publications Office of the European Union.

European Commission/EACEA/Eurydice（2019）. *Structural Indicators for Monitoring Education and Training Systems in Europe – 2019: Overview of major reforms since 2015*. Eurydice Report. Luxembourg: Publications Office of the European Union.

European Union Agency for Fundamental Rights（FRA）（2016）. *Education - the Situation of Roma in 11 EU Member States: Roma Survey - Data in Focus*. Luxembourg: Publications Office of the European Union.

European Union Agency for Fundamental Rights（FRA）（2018）. *Second European Union Minorities and Discrimination Survey Roma: Selected findings*. Luxembourg: Publications Office of the European Union.

Eurostat（2020a）. Early leavers from education and training by sex and labour status［edat_lfse_14］.〈https://appsso.eurostat.ec.europa.eu/nui/show.do?dataset=edat_lfse_14&lang=en〉（最終確認日：2020 年 3 月 20 日）

Eurostat（2020b）. Early Leavers from Education and Training by Sex and Degree of Urbanisation［edat_lfse_30］.〈https://appsso.eurostat.ec.europa.eu/nui/show.do?dataset=edat_lfse_30&lang=en〉（最終確認日：2020 年 4 月 12 日）

OECD（2018）. *Education at a Glance 2018: OECD Indicators*. Paris: OECD Publishing.（矢倉美登里・稲田智子・大村有里・坂本千佳子・立木　勝・松尾恵子・三井理子・元村まゆ［訳］（2018）.『図表でみる教育―OECD インディケータ（2018 年版）』明石書店）

Szalai, J., & Schiff, C.（eds.）（2014）. *Migrant, Roma and Post-Colonial Youth in Education across Europe*. Basingstoke: Palgrave Macmillan.

Van Praag, L., Nouwen, W., Van Caudenberg, R., Clycq, N., & Timmerman, C.（eds.）（2018）. *Comparative Perspectives on Early School Leaving in the European Union*. Abingdon: Routledge.

| コラム **5** | **エストニアにおける早期離学** |

　エストニアでは，1920 年に 6 年の義務教育制度が導入され，1959 年から 1963 年にかけて 8 年間へ，また 1968 年から 1988 年までで 9 年間（6〜15 歳）へと延長された。ソヴィエト連邦時代においてもエストニア語が教授言語であったが，ソ連崩壊後 1989 年と 1995 年の 2 度にわたる言語法の改正により，エストニア語のみでの教育が確定した。そのため，学校でのロシア語利用は減ったとされるが，国民の約 3 分の 1 がロシア系住民で，実際には今日でもロシア語による教育が展開されている。ロシア系の若者の学業成績が悪いことは一般的に知られており，そのことがエストニアにおける早期離学の課題とつながる。ただし，エストニアにおける早期離学に関する研究は，まだ多くはない。本コラムでは，ヨーロッパの教育情報に依拠しながら，エストニアの早期離学に関する情報を整理する。

　早期離学（Early leaving from education and training：ELET）は，ヨーロッパにおける大きな教育課題の 1 つとされている。欧州連合（EU）で用いられる定義によると，ELET とは 18 歳から 24 歳までで，最終学歴が前期中等教育段階かつその後の教育または訓練を受けていない者を指す（Eurostat 2019）。社会で必要とされる技能や能力が変わる中，最低でも後期中等教育が必要とされ，労働市場に成功裏に参加するには後期中等教育によって上位の教育段階へ進むことが重要となっている（OECD 2019）。

　エストニアにおける ELET 比率は 2000 年の 15.1％ から，2009 年の 13.5％，そして 2018 年の 11.3％ と減少傾向にある（Eurostat 2020）。同時に，エストニア政府は 2020 年までに，それを 9.5％ にすることを目標に掲げている。しかし，この減少傾向は他の EU 諸国に比すると，決して誇れるものではない。たとえば，2018 年には，約 7 万人の 18 歳から 24 歳までの若者（以下，若者）のなかで約 1 万 2,000 人が中学校以上の教育を受ける前に公教育の機会から離れた。このように，エストニアにおいては決して少なくない数の若者が離学している。

　後期中等教育の前に離学することは，学習者個人だけでなく社会にとっても大きなコストがかかる結果になる。多くの場合，離学した者は労働市場へ参入する機会を失うことになり，さまざまな社会経済的不利益を生み出すことになりかねない（European Commission 2014）。エストニア統計局（2020）によると，若者のうち中学校卒業またはそれ以下の学歴の者は，社会的排除のリスクが高い状況にあり，貧困状態をより経験しがちで，彼らの就業率は同年代の高等教育修了者と比べて有意に低い。たとえば 2018 年では，中学卒業以下の若者の 40.2％ しか仕事をしていなかったが，高等教育を修了した同年代の 90.4％ は仕事をしていた（Statistics Estonia 2020）。

　教育・訓練からの離脱は，複雑かつ複合的な問題である。その背景には，個

人だけでなく，社会や教育，さらに制度上の要因が組み合わさっている（Lyche 2010）。平均的に，女子よりも男子の方が高校卒業前に離学する傾向がみられる。2018 年では，若者のうち男子の 16.1%，女子の 6.4% が離学した（Eurostat 2020）。EU 諸国において，エストニアより高い比率を示すのは，スペイン，イタリア，マルタ，ルーマニアのみである。エストニアではエストニア語を第一言語としない者の方が離学しやすいこともわかっている（Kallip & Heidmets 2017）。

それに加えて，エストニアの ELET はへき地の問題として残っている点が挙げられる。2018 年の段階で約 18% の若者がへき地に住んでおり，中学卒業以上には進学せず，若者男子の 5 人に 1 人がへき地に住み，高校段階の修了証をもたないことがわかっている（Eurostat 2020）。しかし他方で，離学したエストニアの男子の就業率は高く，低賃金で雇われることになるが，彼らは労働市場への参加に動機づけられていることがわかる。

現存の EU における研究と統計からは，上位の教育段階への進学の失敗または就職の失敗は ELET 比率に関係すると捉えることができる。エストニアでは，離学者の 90% 近くは小学校から中学校への進学の際に，または高校の最中に離学するという結果が出ている（Kallip & Heidmets 2017）。また，留年もしくは社会・経済的な分離，早期の学校段階（著者注：第 9 学年）での分岐型の制度など，つまり低い社会経済的状況と教育制度も離学比率に悪影響を与えているとの報告もある（European Commission 2014）。

ELET とは，1 つの出来事の結果というより，小学 1 年生からの関わりの薄さが重なった過程というべきである。ELET を追跡する際，包括的な戦略および政策が必要であり，国・地域・地方・学校レベルでの関係者が横断的に関わる必要がある（European Commission 2013）。すべての EU 加盟国は，ELET を確認する多様な政策をもっており，防止や介入，さらに生徒の復学も可能とする。エストニアには ELET に関する包括的な政策は無いが，教育および社会の政策プログラムとして広く捉える戦略や施策が存在する。たとえば，学習進度についていけない者には特別な教育配慮もしくはセラピーおよびカウンセリングを用意している（Basic Schools Upper Secondary Schools Act 2010）。

EU 加盟国の多くでは，ELET 課題の解決に向けて柔軟かつ透明な政策や施策を進めている。現在，質の高い就学前教育（ECEC）へのアクセスを改善すること，および教育とキャリアガイダンスを包括的に行うことが重視されているが，2017 年のエストニア人による ECEC 利用は 92.9% であり，EU28 か国の平均 95.4% を下回る（Eurostat 2020）。同時に，キャリアガイダンス制度が各教育段階でカリキュラムの一部として適用されており，良質なガイダンスとカウンセリングのため，「Pathfinder」と呼ばれるキャリアセンターの全国ネットワークが存在する。「Pathfinder」はエストニア全国で 15 か所に設置されており，26 歳までの人を対象に個人および集団カウンセリングとキャリア情報が提供されている（Kaldma et al. 2019）。退学リスクを抱える生徒やすでに離学した者に対

する教育支援となっているのである。

　さらに，エストニアでは学校教育にオルタナティブな取り組みが統合されており，より柔軟かつインクルーシブな状態にしている。たとえば，いじめや退学を防止・軽減するために設置された「KiVa いじめ無し学校プログラム」では，職場での職業訓練教育も生徒に提供し，成功している（Cedefop 2016）。このような試みから就業経験を得るより効率的な制度に対して，今はより多くの関心が学校から寄せられている。

　ELET リスクを抱える生徒に対する早期の確認と介入が EU 諸国で重視されており，タイミング次第では比較的簡素な介入が若者へ成功の機会を与え，教育資源も節約できることがわかっている（Cedefop 2016）。エストニアでは労働力調査（LFS）の一環で退学や早期離学に関する情報を収集して，エストニア教育情報システム（EHIS）が各生徒の経過や教育に関する情報をまとめている。

　ELET を追跡する際，ホールスクール・アプローチが求められる（European Commission 2013）。というのも，日常的な学校生活において関係者との関わりを考慮する必要があるためである。生徒個人のニーズに焦点をあて，早い段階から自分の子どもの教育に対して保護者に関与してもらい，早期に可能な限り組織的に支援することによって，子どもたちを学校に通わせ続けることができるのである（Naarits-Linn et al. 2012）。ELET 追跡をより効率的に行うことのできる学校とは，エストニアでは学校側だけでなく，子どもの家族に加えて，外部の教育関係者，教育分野とは異なる関係者の間において，前向きな関係性と緊密な連携ができる学校である（Kallip 2019）。

（カドリー・カリプ／丸山英樹）

引用・参考文献 ―――

丸山英樹（2020）．「エストニア共和国」教科書研究センター［編］『海外教科書制度調査報告書』教科書研究センター，259–270.

Basic Schools and Upper Secondary Schools Act（2010）. RT I 2010, 41, 240.

Cedefop（2016）. *Leaving Education Early: Putting Vocational Education and Training Centre Stage. Vol. 1: Investigating Causes and Extent.* Luxembourg: Publications Office of the European Union.

European Commission（2013）. *Reducing Early School Leaving: Key Messages and Policy Support. Final Report of the Thematic Working Group on Early School Leaving.* Luxembourg: Publications Office of the European Union.

European Commission（2014）. *Tackling Early Leaving from Education and Training in Europe: Strategies, Policies and Measures. Eurydice and Cedefop Report.* Luxembourg: Publications office of the European Union.

Eurostat（2019）. Glossary: Early Leaver from Education and Training. 〈https://ec.europa.eu/eurostat/statistics-explained/index.php/Glossary:Early_leaver_from_education_and_training〉（最終確認日：2020 年 11 月 10 日）

Eurostat（2020）. Early Leavers from Education and Training. Statistics. 〈https://

ec.europa.eu/eurostat/data/database〉（最終確認日：2020 年 11 月 10 日）

Kaldma, K., Kiilo, T., & Siilivask, R.（2019）. *Vocational Education and Training in Europe: Estonia*. Cedefop ReferNet VET in Europe Reports 2018.〈https://cumulus. cedefop.europa.eu/files/vetelib/2019/Vocational_Education_Training_Europe_ Estonia_2018_Cedefop_ReferNet.pdf〉（最終確認日：2020 年 11 月 10 日）

Kallip, K.（2019）. Kuidas vähendada väljalangust põhikoolist?. *Õpetajate Leht*, 17, 12.

Kallip, K., & Heidmets, M.（2017）. Varakult haridussüsteemist lahkumine: trendid, mõjurid ja meetmed Eestis. *Eesti Haridusteaduste Ajakiri*, 5（2）, 155-182.

Lyche, C. S.（2010）. Taking on the Completion Challenge: A Literature Review on Policies to Prevent Dropout and Early School Leaving. *OECD Education Working Papers*, 53, Paris: OECD Publishing.

Naarits-Linn, T., Pettai, I., & Proos, I.（2012）. *Koolist väljalangemise ennetamine õpilase sotsiaalse toimetuleku tõstmise kaudu*. Tallinn: MTÜ Mahena.

OECD（2019）. *Education at a Glance 2019: OECD Indicators*. Paris: OECD Publishing.

Statistics Estonia（2020）. Statistica andmebass.〈https://andmed.stat.ee/et/stat〉（最終確認日：2020 年 11 月 10 日）

コラム **6**　映画にみる進路選択

　　　　　　高校における模擬授業や，オープンキャンパスで高校
　　　　　　生とその保護者を前に外国の教育について話をするときに，
なぜ外国なのかと聞かれることがある。私は，映画がきっかけだったと話すよ
うにしている。幸い，近年，フランスでは学校を舞台とした映画が流行ってい
る。日本で話題になったものは，ニコラ・フィリベール監督『僕たちの好きな
先生』（2002 年），ローラン・カンテ監督『パリ 20 区，僕たちのクラス』（2008
年），マリー＝カスティーユ・マンシオン＝シャール監督『奇跡の教室』（2014
年），オリビエ・アヤシュ＝ビダル監督『12 か月の未来図』（2017 年）などでは
ないだろうか。そのほか，ドキュメンタリーとしては，ジャン＝ピエール・ポ
ッツィ監督『ちいさな哲学者たち』（2010 年）やジュリー・ベルトゥチェリ監督
『バベルの学校』（2014 年）などもある。ご覧になられた方も多いのではないか。
　ここで取り上げるのは，グラン・コール・マラードとメディ・イディル両監
督の『スクールライフ：パリの空の下で（La vie scolaire）』（2019 年）である。
上記の多くの映画同様に，教育優先地域と呼ばれる生活の厳しい社会集合住宅
（失業率が高く，生活保護受給者が多く，また移民背景をもつ家庭が多い）地域
であり，両監督の出身地が舞台である。
　パリの郊外サンドニ市の荒れた中学校の生徒指導専門員（CPE）サミア先生の
話である。教師ではない生徒指導の選任教師，生徒監督に光が当てられている。
　上述したようにフランスの学校を舞台にした映画は複数あるが，分業制のヨ
ーロッパにおいて生徒指導専門員を主人公とするところが興味深い。中学生の
生徒指導，生活指導，あるいは教科指導や担任の教師と生徒の関係について理
解するのに参考になる。日本の学校になじみがある人にとっては，教科指導の
教師と生徒指導の教師の関係について知る機会となる。
　サミア先生は，南のアルデッシュ県から異動してきた新任の女性教員である。
この中学校には進路が決まっていない特別（galère）学級（態度，学業に問題の
ある生徒が集められている）を設けている。その学級の学級委員ヤニスくんと
サミア先生の話である。また日本ではあまり知られていない中学校内における
高校の職業課程に向けた準備教育を担う特殊学科（SEGPA）に対する偏見や差別
も描かれている。フランスではおおよそ 4 校に 1 つあたりの公立中学校に配置
された軽度障害者と原級留置を複数回経験した学業困難な生徒のための普通職
業適応教育科である。
　映画ではサミア先生が問題児のヤニスとの関係を通じて郊外の集合住宅地区
の中学生への理解を深めていく。生活が困窮している家族（galère），犯罪経
験者の家族，将来について中長期的に計画を立てることが如何に難しいことか。
同時に，こうした中学校に慣れた先生の態度，姿勢，言葉遣いからも，優先教育

地域の学校文化を窺い知ることができる。フランスの社会集合住宅地区の移民子孫や若者の感情，あるいは 2015 年の暴動を知るには，2020 年のアカデミー賞国際長編映画賞にノミネートされたラジ・リ監督の「レ・ミゼラブル」（2019年）と併せてご覧いただきたい。

　さて映画では，最終的に懲罰委員会にてヤニスの退学処分が決まりそうになるが，本人の反省を下に翌年は SEGPA に原級留置となる。ここに至るまでに，サミア先生が一年かけて進路指導の先生と一緒に彼の関心を引き出して，社会集合住宅団地街の若者にみられる閉塞感から脱し，希望する映画監督への進路の道に向けた努力の報いでもある。この地区出身の両監督だからこそ，この映画の核心に説得力もある。優先教育地域の若者に意図が伝わることを切に願う。

　映画は希望的観測で終わるが，無秩序な中学校における生活困窮下の中学生が，思春期を逞しく生きていることが描かれている。またそこに共感を抱き，この中学校に翌年も残る決心をしたサミア先生にも心打たれる。こうした荒れた学校の教師たちが異動を希望するため，教師の定着率が低いことも，学校の秩序が定着しない理由とされている。日本と違ってヨーロッパでは定期異動がないだけに，この映画の教師・生徒の成長がより感動的である。この点も見逃せない映画の魅力となっている。

　中学校を終えると高校からは普通，技術，職業高校へと分岐していくなかで，その進路選択は学業面に限らないことをこの映画からも感じられる。15 から17 歳という年齢で将来の職業や人生を計画するのは実に難しい。ましてや，生活困窮世帯に生きる子どもにはロールモデルもない。むしろ，非行へとつながる周囲からの誘いの方が多いことは映画からもわかる。先述したレ・ミゼラブルでは，そうした集合住宅地の若者文化が描かれている。「現代の若者が学校という公的機関に何を期待するのか，教師はどれくらい向き合えているのか」，これら郊外地区を舞台に選んだ映画監督はかれらを代弁している。本書では，政策と制度に注目したが，今後の研究では，声なき声に耳をどれだけ傾けられるか挑戦したい。各国の映画や小説，あるいはラップなど若者文化にも耳を傾けることでかれらの気持ちに少しでも近づき，現代の学校の課題を浮上させることが目標である。

　なお，本映画は，フランスで最も知られた集合住宅地区の 1 つであるサンドニ市集合住宅「Francs-Moisins」地区が舞台であることと，そこで 1991 年 12 月28 日のバイク事故で亡くなったマルセル・ゴミスへのオマージュも兼ねた映画である。同地区が舞台となり，ヤニスの親友として描かれているバイクで事故死する青年フォデとの関係も，こうした地区の若者特有の文化であることを背景として理解しておく必要がある。監督の一人グラン・コール・マラードは，スラム歌手であり，このサンドニ市出身でもあり，映画で流れる歌詞からも地元愛が伝わる。ちなみに同地区は，2004 年のアブデラティフ・ケシシュ監督の『身をかわして（L'Esquive)』の映画の舞台ともなっているため，併せてご覧に

なられることを勧めたい。

　さて本映画で多用されるガレールだが，郊外の若者や移民の経験の聞き取りをしてきた社会学者フランソワ・デュベの本のタイトル La galère の言葉であり，移民とフランス人を分断する見方を改め，むしろ80年代を機に60年代世代との違いに，特に戦後の経済成長を経験した黄金期とその後に中等教育が大衆化するにもかかわらず，不景気の郊外の労働者の社会的格下げを経験する世代を指す言葉を当事者が多用している点は興味深い。特に映画では2015年の「暴動」世代の後継者が対象となるだけにどのような意味づけがされているのか考えさせられる。郊外，就職，失業，貧困，差別，闇経済，非行，家庭，移民，労働者，紐帯などを鍵に複層的な社会課題を各時代の不易流行を通して学校現場は解を見出すことが肝要となる。

　同じくガレール世代を象徴した研究は，1980年代から90年代にかけてピエール・ブルデューらが実施したパリ郊外の生活者や教師などへのインタビューを収めた『世界の悲惨』（藤原書店）が邦訳されたため，映画と併せて一度味読いただければ映画で描かれている若者や教師への理解も深まるだろう。

　これらに共通しているのは，親の労働者文化遺産から自尊感情を与え，その歴史に敬意を示す，社会的承認が肝となるということである。1997年に公開されたヤミナ・ベンギギ監督による『移民の記憶』や，上述した『奇跡の教室』にあるようにその負の遺産から何を学校が教え，差別や偏見を取り除かせ，如何に生徒に誇りをもたせるようなエンパワメント教育が可能なのかが求められる。学力保障も，このエンパワメントなくしては成立しないのではないだろうか。進路決定には不可欠な要素である。周囲にロールモデルが不在な家庭の子どもには，より重要である。ときには保護者に代わって教職員が道筋を描くこと，期待することがどれだけ進路選択に勇気を与えるか，物質や情報であふれる今だからこそ，考えてみたい。フランスでは，1968年の大学紛争以来，進路決定の民主化を促し，学校と保護者および生徒の意見を尊重するような仕組みに改革されてきたが，自立的な判断や選択には，学校制度に関する情報をもつものともたぬものの差が反映されることに学校はより自覚的にならないといけないということが上記の複数の映画の主張といえる。少なくないフランスの教育社会学者が，元進路指導専門員のキャリアをもっていることも偶然ではないだろう。また今映画という娯楽において，フランス社会の関心が学校制度の構造的な不平等にある点も，偶然とはいえない。その映画監督や俳優の多くが郊外地区出身で，公立学校出身者である。他のヨーロッパ諸国でも進路選択と社会階層の相関については同様の結果がみられるだけに，学校教育の公正さの根幹をなす重要な指摘を映像や歌詞を通じて表現している。こうした表現活動も，研究者としてぜひ受け止めていきたい。

（園山大祐）

補　章　「離学」の意味をノンフォーマル教育から問いかける

丸山英樹

1　はじめに

　本章では，学習の継続が求められる今日の学習社会において，「離学」とは何を指すのか，「ノンフォーマル教育（Non-formal Education：NFE）」という概念から捉える。これによって「離学」を，通学を止めることではなく，学習からの離脱であることとして捉え，学習機会の担保が極めて重要であることを描く。NFE 研究と生涯学習論を参照にしながら学習を幅広く扱うことによって，特に学校が提供する教育の他にも多様な学習機会が存在すること，個人の学習成果についても認証できる制度があり得ること，また，日本におけるそれらの可能性もヨーロッパ諸国などの NFE 研究を参考にしながら記す。

2　問われる通学と学習の意味

● 2-1　教育機会の権利

　教育は学校でのみ行われるものなのだろうか。教育を，学習者以外の誰かによってパッケージ化された学習サービスの提供として捉えるならば，たしかに学校は効率的な仕組みをもっている。グローバル経済へ参加し金銭的に豊かになる，家族を養うことのできる職業に就く，あるいは卒業後には勤勉な納税者となるなど，学校を通過することによって個人に対する教育投資への回収が期待できる。

　または，教育を基本的人権とするならば，いかなる条件下であろうと教育機会の保障が求められ，形式的には子どもを義務教育段階の学校へ通わせる，または登録させることによって達成したと見なすこともできる。そのため，100% の就学率を前提としてきた先進国や国際機関は，いわゆる発展途上国に対して学校の建設と就学率の向上を長年求めてきた。世界のすべての子どもたちに義務教育を提供するこ

とを目標に掲げた 1990 年からの「万人のための教育（Education for All：EFA）」国際キャンペーンは，基本的人権としての教育機会を重視していた[1]。その後 25 年かけた EFA キャンペーンにより，途上国は 90% 以上の初等教育就学率を達成した。その間，就学率向上のための重要な要因の 1 つとして教育に対する保護者の理解や支持が挙げられた。つまり，子どもたちを通学させるには，保護者に対する教育も重要だとされた。

　子どもの教育に対する保護者の理解や支持は，当然のことながら，先進国においても重要である。パットナム（Putnam 2015）は今日の米国社会において同様のことを示し，経済協力開発機構（OECD 2018）は特に母親の学歴が移民の子どもの教育に強い影響を与えるとする。また，OECD（2011）やヘックマン（2015）は，途上国・先進国とも幼児期への教育投資が重要であると主張する。これらの研究から，貧困の連鎖を断つ，経済的に豊かになることを主眼とした社会上昇を教育によって達成するには，就学前教育から始める学校教育が重要で，それを支える保護者の理解も重要であると解釈されるようになった。

　日本は他の東アジア諸国同様，教育熱心な保護者の多い国といわれるが，不登校の課題も抱える国である。近年，日本でもフリースクールをはじめとするオルタナティブ教育が注目されるようになり，法案の段階では多様な教育機会を掲げていた教育機会確保法（法律第 105 号）を 2016 年に日本政府は成立させた（文部科学省 2016）。これにより，一部のフリースクールでの学習歴を通学の代替とすることが認められるようになった。しかし，教育機会は多様な文脈によってさまざまな場面で提供あるいは獲得されるにもかかわらず，現実には通学しない者の異端扱いはまだしばらく続くだろう。ベイカー（Baker 2014：31）は「人権としての教育は，学校化された社会の文化に深く根を張る価値とされている」と指摘し，また教育とは技能習得だけではなく，人間の完全なる開発を含むことを示す。そのうえで，彼は就学前教育から高等教育のシステムが構築していく社会を学校化された社会としている。退学（dropout）は学校化された社会によって作られる（Baker 2014：227）と述べ，本研究における「離学」という表現には「就学していない者は学んでいない」という価値がすでに内在するとも考えられる。

1）実際には，就学率向上や学力向上に着目した教育の内部効率性よりも，教育への投資効果が国際機関によって検証された結果，社会的収益率の高さといった教育の外部効率性への関心が EFA を牽引した（丸山 2019）。

● 2-2　フォーマルな学校制度外での教育機会

　先進国では通学している状態を当然とするが，途上国に焦点を戻すと，もとから通学が成り立っていなかった場所も多いため，ほぼ自動的に悪い状況だと理解されがちである。学校の建物が古くて使えない，学校が設置されていても教師がいない，通学路が遠距離で危険，家族が授業料を払えないなどで未就学者が多いことは，たしかに教育環境として大きな困難を抱えた状況である。すぐに環境整備ができればよいが，途上国ではそれがかなわない分，公教育の代わりとなるノンフォーマル教育（NFE）への理解・認知は一般的に大きい。たとえば，学校が存在しないなら地元地域で学習できる場を設けたり，学校カリキュラムと同等の内容を速習するスケジュールを組む，そこでの学習歴を同等の知識をもつ者と見なす試験を用意する。そして，それらの試みがうまく機能することも多い（Ohashi & Abid 2020）。

　グローバル化・越境化が自明となっている現在，しかし同時に人の物理的な移動が制限される時，途上国の教育開発における試行錯誤によって蓄積された学校教育以外の教育（NFE）の経験は，教育保障の議論において大きな示唆をもつ。本章の議論では，国連教育科学文化機関（UNESCO）が示す，およそ小学4年までの学習を終えた水準同等のリテラシーを想定する。すなわち，「所属する集団を効果的に機能させるため，また自己の成長と集団の発展のために読み書き算の使用を自分自身で継続させるため，あらゆる活動に参画できる人」[2] のもつ「機能的リテラシー」の獲得を，今日の社会における教育・学習の前提とする。そのため，長年 EFA でも課題とされる，学校教育へのアクセスが一切無い状態は本章の議論には含めない。UNESCO（1975）が示したように，リテラシーを，人びとが暮らす社会の矛盾に対する批判的意識を獲得できる条件を作り出すこと，世界に働きかけ，変容させ，真正の人間開発の目的に参画することを刺激し，それ自体を目標で終わらず，普遍的な人権であると捉えるためである。

● 2-3　学習が強要される時代の学習

　ところで，教育に対するグローバル化の影響には，EFA にみられたように基本的人権としての教育普及といった正の面もあれば，国際調査などによって過度な競争が強まる負の側面も挙げられる。なかでも影響が大きいのは一元化・標準化の強い

---

2) UNESCO の定義〈http://uis.unesco.org/en/glossary-term/functional-literacy〉（最終確認日：2021 年 2 月 10 日）。

圧力で，新自由主義も背景に国家単位ではなく周縁化するさまざまな空間を生み出し，人びとの間に格差を生み出す点が挙げられる（丸山 2019）。情報化社会，グローバル化社会，知識社会と呼ばれる現在を中央と周縁の構造から捉えると，中央には最新テクノロジーに支えられたグローバル経済があり，そこへアクセスできる度合いによってそれぞれの副次システムの位置づけが決まる。そのアクセスの度合いを左右するのが，情報と知識となる。

　ある情報を個人が学習すると，その情報は知識と呼ばれ，その個人にとって意味をなす。他人にとって，その知識は単なる情報のままだが，知識が急速に変化する今日の社会は私たちに学び続けることを求める。社会で生じる変化がより広範囲で激しくなるほどに，その社会は学習社会と見なされる。なぜならば，構造的かつ仕事を基盤とした社会変化に追いつくためには，人びとは学ばざるをえないためである（Jarvis 2010：29）。そうした変化に対応するには学校教育だけでは不十分であるため，個人が学校システム外において，学ぶことが強いられる。デューイも，学校とは，複雑な社会の資源や達成したすべてを伝えることを可能とする未熟な者への対応の1つであると同時に，学校だけが唯一の教育モードでもなく，インフォーマルとフォーマルな教育のバランスが重要であるとした（Dewey 1951：3-8）。しかも多くの場合，学校システムの外での学習は学校が提供できる内容ほど構造化されておらず，しかしながら個別化された内容が求められる。急激な変化へついていく者だけが生存可能であるとする社会では膨大な学習が個人に強要されがちで，社会との関わりを捨てることが学習の回避となりうる。現実には，「離学」という選択は，その人の状況によっては人生の最適解といえる可能性は否定できない。

　教育を「学習者の学びと理解の醸成を目的とし，人間性を基礎に計画され，組織化されて提供される一連の出来事」（ジャーヴィス 2020：73）と定義するならば，学校は唯一の教育空間ではありえないうえに，学校においてさえも学習者の背景により注意を払う必要があるといえる。ただし，今日のように教育より学習に重きをおくべきという主張が多いなかであっても，学習者は自分自身の学習ニーズを認識できており，また教育は学習市場の一部であるという前提を忘れてはならない（Biesta 2006）。では，学習とは何なのか。

　学習は，意図的なものだけではとどまらない。脳を高度なコンピュータに模して理解できても，人間の判断は常に合理的であるとはいえず，人間は感情によって行動する存在である。また，他人がみてわかる行動のみを追いかけても，人間は本来の意思とは真逆の行動を取ることもあるため，その人の思考活動を確実に把握

できるわけでもない。本人にとっては日々の生活が学習の連続ともいえる。つまり，「人生とは成長を意味する。生存する生き物はどの段階においても，同じ内発的な充実感をもち，また同じように絶対的な主張をもって，真に能動的に生きている。それゆえに教育とは，年齢にかかわらず，成長や人生が適切な状態にあることを保障するための条件を提供する取り組みを意味している」（Dewey 1951：48）。

　そして，学習を，その人が所属する集団への「社会化」とすると，すでに他者の模倣や役割モデルから学ぶこと，どのような状況にあっても自分が埋め込まれたなかで模倣しながら学習する（Lave & Wenger 1991）ことが指摘されている。ただし，その社会化には2つの段階があることにも注意すべきだ。最初の段階では半ば自動的に内在化されるが，第2段階は具体的な教育技術によって個人のものとなる（Berger & Luckmann 1991：Loc 2570）。すなわち，産業革命以前では幼少期に地域社会において学習されるという第1段階の社会化さえ経れば，生涯における社会化は可能であった。だが，変化の激しい現代においては，社会成員である個人を新たな領域に参入させる継続的な学習が必要となり，そこには具体的な方法が必要となる。そのため，学習社会においては，学校など構造化されたシステムの外で求められる，学習の構造化が意識される必要がある。その意識によって，学習機会を確保できない「離学」の状態を避けることができ，今日その学習は生涯学習に含まれる。

③ 生涯学習とノンフォーマル教育の関係

● 3-1　ヨーロッパでいわれる早期離学者とノンフォーマル教育

　他の地域と同様に，ヨーロッパにおいても早期離学は重要な教育課題の1つである。かつて「早期学校離学者（early school leaver）」と呼ばれていたが，現在の欧州連合（EU）による早期離学者は，最終学歴が前期中等教育段階かつその後の教育または訓練を受けていない18歳から24歳までの者を指す（Eurostat 2019）。また，欧州議会調査局（European Parliamentary Research Service：EPRS）は，15～19歳の若者のうちEU平均では6.1%（女子5.6%；男子6.5%）が非就業または教育・訓練の状況下にないNEET状態にあり，離学の共通要因には社会経済的背景，移民の背景，障害の背景がみられると示す。早期離学者を抱える現場を支援する対策として，離学問題に対応できる人員の加配と専門性の高い教職員の配置を挙げている。同時に，金銭的困難を抱える家族に対しては，奨学金等のサービスを準備している。通学できない者のなかには，学校の外での教育を活用することがある。EUではそれをノ

ンフォーマル教育（Non-formal Education：NFE）と呼ぶ。

　ヨーロッパでの NFE の定義は次のようなものだ。欧州評議会（Council of Europe n.d.）は，「NFE とは，計画され，かつ構造化された，個人的・社会的な教育プログラムである」としており，フォーマル教育のカリキュラムの外で若者が技能や能力を改善できるようにデザインされている教育である。また，EPRS（n.d.）は「NFEとは，教育を提供する者によって組織化された，意図的かつ計画的な教育を指し，生涯学習の一部であるフォーマル教育へ追加・代替・補完するものである」とする。そして，欧州職業訓練開発センター（Cedefop n.d.）によると，「ノンフォーマル学習（non-formal learning）の定義は，目的・学習時間・学習支援など明確に学習として指定されていないが，計画された活動のなかに埋め込まれており，しかしながら，重要な学習要素が含まれているものである。ノンフォーマル学習は学習者視点で意図的であり，資格取得にはつながることはあまりない」とされる。

　どの説明においても，NFE はある程度の構造化・組織化された教育・学習活動で，教育・学習の意図をもっており，次項で扱う生涯学習の一部として学校教育とは相互に補完かつ強化し合う。NFE は，学校というフォーマルな教育システムでは満たすことのできない個人のニーズに対応し，多様な教育期間や小さな強制力を特徴とする一方で，必ずしも資格や公的認証へつながらない活動も含む。NFE の実施機関として，ヨーロッパ諸国ではデンマークやスウェーデンの民衆大学，2020 年で設立 70 周年を迎えるドイツ民衆大学（Deutscher Volkshochshul-Verband：DVV）などがよく知られる。

● 3-2　生涯学習の範疇

　高齢化社会でもある今日の学習社会において重要となったのは教養主義的な成人教育の発展と高齢者の教育であるといえよう。だが，前項の NFE の定義において職能開発を含むことからも，NFE の主要な発展は人的資源開発論を背景にもつといえる。人的資源の議論は 1960 年代のシュルツの人的資本論と企業活動で盛んになされるようになり，類似の多くの用語は 1990 年代なかばまでに生涯学習に統合された（European Commission 1995）。職業と結びついた生涯学習の特性を重視する OECD のアプローチから，仕事に関連する学習はノンフォーマルとされ，成人教育の多くは各地の文化などに結びついた余暇活動とみなされるようになった。

　生涯学習は，EU では「就学前から退職後の学習を包括し，フォーマル，ノンフォーマルならびにインフォーマルな学習の全体を含む」と定義され，「個人として，市

民としての立場から，社会のためと雇用のための両方もしくは一方の立場から，知識，技能，能力の向上を目的とする，生涯にわたり行われるあらゆる学習活動として理解されなければならない」[3]とする（The Commission of the European Union 2002）。また，欧州統計局（Eurostat）によると，生涯学習は個人的・市民的・社会的・職業的観点で知識，技能，能力を高める目的をもつ生涯を通したすべての学習活動を含む。学習の意図や目的の有無が重要な点で，学習を意図していない文化活動やスポーツなどは，学習に含まれない。

　もともと生涯学習という用語は，第二次大戦後にフランスの教育哲学者ポール・ラングランらの影響を受け，UNESCO によって提唱された概念である（Jarvis 2010：44-45）。UNESCO が 1972 年に発刊した『存在のための学習（Learning To Be）』（フォール報告書）では，教育は普遍的かつ生涯にわたるもので個人の社会参加を可能にするものという意味で使われ，さらに教育は経済成長より優先すべきで，人間の成長に不可欠とも述べられている。また，UNESCO の 1996 年『学習―秘められた宝（Learning: the Treasure Within）』（ドロール報告書）では，学習の 4 本柱（知ることを学ぶ，なすことを学ぶ，ともに生きることを学ぶ，人間存在として生きることを学ぶ）が主張された。これら報告書は 2030 年の達成を掲げた持続可能な開発目標（Sustainable Development Goals：SDGs）においても継承されている。

　以上のことから，生涯学習とは学校で提供される教育より広範な概念であることがわかる。ただし，近年では生涯教育のもつ方向性は，かつて重視された「学習者の人間性のための生涯教育」から，「仕事のために必要な生涯教育」へと変化している。本来，伝統的に学校教育で獲得できるように設定されていた仕事のための技能が，学習社会の出現によって学校教育では不十分となり，生涯学習によって獲得されることになっているのである。NFE の背景にあった人的資源開発へ生涯学習が近づいているともいえるのは，ある種の皮肉ともいえよう。

　なお，日本で使われる成人の再教育を意味するリカレント教育は，「様々な理由からフォーマル教育を修了できなかった成人が，正規学生として教育を再開すること」と 1971 年に定義され，1980 年代まで OECD が頻繁に使った用語である。1980 年代の経済不況と新保守主義な政治の到来により，リカレント教育の理想は，政治と教育のアジェンダから消し去られた過去をもつ。

3）澤野（2013：42）による訳を一部参照した。

● 3-3　ノンフォーマル教育とは

　ここで，NFE 研究を振り返ってみよう。NFE という用語は，クームスら（Coombs et al. 1973；Coombs 1974）が最初に教育をフォーマル・ノンフォーマル・インフォーマルと 3 つに分類したことで使われるようになった。それらの定義は，順に「階層的に構造化された年齢段階に応じて等級分けされた，小学校から大学までの教育システム」，「制度化されたフォーマルなシステムの外で行われる，組織化された教育活動」，「個人が日々の経験や環境のなかで教育的作用や支援を受けながら態度や価値，技術，知識を獲得する生涯にわたる過程」であった（Coombs et al. 1973：10-11）。その後，NFE という用語は 1980 年代に UNESCO や世界銀行などの国際機関で最も頻繁に使われた。1990 年代になると使われる頻度は下がったが，実践は今も継続している。

　NFE の実践では，通学できない子どもを対象とし，学校や教室に準ずる場所で提供される教育が多く見られる。学校が無い場合は仕方なく，学校が信用できない・安全でない場合は優先的に NFE が選ばれる。たとえば，学校が存在する場所でも不登校の子どもとその家族が NFE を選ぶ他，学校制度が特定の学習者を就学対象外とする場合，異なる価値観による家庭での教育や宗教ニーズなどが求められる場合において NFE は学校より適切な教育を提供できる。

　ただし，現実には通学圏に学校が存在しないとき，NFE が上位の学校段階への橋渡しを担う。国の政策として学校建設を目指すものの，東南アジアや南アジア諸国では，この状況を前向きに捉えて制度化し，それを「イクィヴァレンシー制度」と呼ぶ。NFE 実践による学校・教室の設置者は非政府組織（NGO）のことも多く，教える者は元学校教師や教員資格をもつ者もいれば，村の有志のこともある。フォーマル学校に比べると，教育の質は担保されていないことも多いのが欠点として挙げられる。それでも，通学できない子どもたちの学習機会を NFE で担保する。

　今日の学習社会において NFE は重要であることを，ここでは 3 つの研究上の動きから記す。第一に，学習に関する柔軟な捉え方が NFE にはある。従来，フォーマルか否かと区分することが多かったが，議論の中心が教育から学習へとシフトするとともに参加型教育が重視されるようになった時期，ロジャーズ（Rogers 2004）がフォーマル教育と NFE は連続体にあると主張した。ある教育において学習者の抱える背景や学習環境の状況などを文脈とすると，NFE は高度に文脈化した教育から一般化した教育の間における教育を意味する。これは，特定の教室や同質性の高い学習者集団においては標準化された学習が成立しても，多様な状況下では同じ

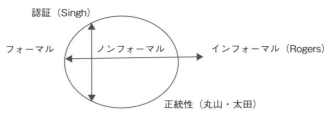

図1　NFE の３つの研究

学習が成立しないことを説明する。ただし，これを教育として捉えるには，学習内容の定着・内在化の確認が必要となる。

　第二に，NFE では教育提供側の論理だけではなく，学習者の多様な背景と個別ニーズへの対応を捉える点が重要となる。シン（Singh 2015）は UNESCO の扱う NFE の重要な側面として，学校の代わりとして認証されること，学習内容の妥当性を検証すること，そして学習成果を公式に検定する重要性を挙げる。彼女は，公的認証の他に，学習者による社会的な意味を見出すことも認証のように捉える。ここでは，認証の制度と政策，教育・経済・社会の各開発との接合，それらの一般化を行う公平な仕組みが必要となる。

　そして第三に，NFE によって学校教育の相対化ができることである。これは，ロジャーズ（Rogers 2004）の一般化と文脈化の横軸に，シンの認証にもつながる，正統性（legitimacy）という縦軸を加えた丸山と太田（2013）および丸山（Maruyama 2020）による研究からいえる（図1）。たとえば，パレスチナ人のディアスポラについて記したフィンジャム（Fincham 2013）は，NFE がアイデンティティ形成や文化継承を生み出すことを示す。つまり，学校教育を提供する側にとって重要な内容は，提供者（現世代）が学習者（次世代）に継承させるために優先的に選別したものであるが，学習者の優先順位はそれとは異なる可能性を認めることになる。シンは学習者自身の認証も含めるが，第三の研究は，その認証が無い，または選ばない背景および公的に認証された教育（フォーマル教育）と NFE の関係性や動態を捉える。

　極端な例として，グローバル経済へのアクセスを最も重視するために非効率な学校教育や国民教育を選ばない場合や，近代教育を拒否し特定の教義による教えのみを求める場合，いずれも学習者にとっては学校からの「離学」は問題にならない。NFE 研究は，これらの教育ニーズと近代学校教育の関係を捉えることを可能とするのである。

4　NFE からみるオルタナティブ教育と遠隔教育

● 4-1　NFE のもつ可能性

　離学の回避，つまり学習機会の担保を NFE からは，どう捉えられるのか。学習の認証と学校との関係，世界で展開されるオルタナティブ教育，遠隔教育の視点から順に模索する。

　まず，EU で離学の要因としてしばしば挙げられるのは，移民の子どもたちの抱える複合的な課題・背景である。それらに対応するため学校と行政は，よりインクルーシブな環境を整備すべきとなる。たとえば，教授言語の習得にはじまり，中長期的には社会統合を前提とした保護者と学校の協力関係を構築すべきと OECD（2017）は指摘する。ドイツにおける学校，家庭，青少年援助などの学校外にある関係性において（布川 2018）も，社会的統合に向けてムスリムの母親による参画（丸山 2016）でも，伝統的な役割分担の維持よりも関係者が連携・協働することを重視する。学校教育に関する政策だけではなく，保護者の教育とコミュニティを含む福祉政策であるため，NFE のもつ柔軟さと教育の相対化から捉えられるのである。

　また，ノンフォーマルおよびインフォーマル学習の増加により，EU 内では認証手続きは単位を伴う部分的または完全な資格の授与として動いており，その先に学校や大学への進学が認められることも多い。ただし，認証においては課題も多く，たとえば短縮されたコースを受講しただけでは資格として不十分な事態も生じている。これは，池田（第 1 章）も指摘するが，EU のように人びとが自由に行き来できる域内では，特定の国の中だけで通用する技能や資格では今や意味をなさないためである。そうした課題への対応として，EU では Erasmus+ の一環として「Youthpass」証明書が，ユースワーク活動などで得られた学習成果を認証している（Youthpass n.d.a）。これはまだ社会的認証にすぎず，上位の学校への進学を保証するものではないが，活動によって獲得した生涯学習に向けた 8 つの能力[4]を示すことができ，就業可能性（employability）の根拠となっている。2007 年から始まったこの試みでは，2008 年には約 2 万人，2019 年には約 16 万人の証明書が発行された。累計で 2.7 万の団体による 6.8 万件のプロジェクトが 100 万人以上の証明書を発行している（Youthpass n.d.b）。

---

[4] 技能・知識・態度の組み合わせとなる 8 つの能力：多言語能力，能力について個人的・社会的に学ぶ，シティズンシップ能力，起業家能力，文化意識と表現能力，デジタル能力，数学的能力と科学技術・工学の能力，リテラシー能力。

古くはドーア（1976）が日本の教育開発などを事例にしながら「学歴病」と記したように，卒業証書による学校歴の証明は社会的に意味をもつ。しかし今日の学習社会において，学校は産業界から期待されるニーズとは乖離した技能を子どもたちが習得した状態に陥らせるリスクを生み出すことがある。また，より上位の教育段階へ進学することが目的化し，学歴インフレーションが生じ，試験のための学習を強化してしまうこともある。日本の大学生が行う就職活動においては，志望する企業へのエントリー段階で「学歴フィルター」が存在するとまことしやかに囁かれ，それを知った保護者や高校生は，いかなる専攻でもよいので知名度の高い大学へ進学することを正当化する。このような学校の仕組みに，今の情報化社会・グローバル化社会を意識する学習者や保護者が違和感を抱いても不思議ではない。

　では，EU でみられる認証を含めた NFE 実践は，学校への通学が規範化している日本では援用できないのであろうか。NFE からみた「離学」に対する現実解の例として，オルタナティブ教育を次にみていこう。

● 4-2　NFE の現実解としてのオルタナティブ教育

　日本でも近年ではオルタナティブ教育が認知されている。市民を中心としたアソシエーションによる教育活動は，たとえば，シュタイナーの思想に基づいたシュタイナー学校やオランダのイエナプランなどで，日本の各地で除々に数を増やしている。「唯一最良のシステム」では満たされない特別のニーズに応えようとするのがこれらの教育に共通した特徴である（永田 2019）。

　また，示唆深いのは「オルタナティブ」の意味である。吉田（2019：86-90）は，その３つの意味を次のように整理している。第一に「多様性」であり，教育機会には選択が１つしかないという状況に対して多様な選択肢を生み出す運動ないし制度としてオルタナティブ教育を捉えることができる。第二に「代案性」で，新たな選択肢を作り出すことを指す。第三に「別様性」で，もう１つの何かを意味し，既存のものとは違う何か新たなもの，一般的なものとは異なる少数のユニークなものという意味合いがある。主流・多数派・正統派のような優勢（ドミナント）なものが前提にあって，それとは異なる何か別のものを，その内容は問わずに，もう１つ（オルタナティブ）と総称する。これは，別様でもありうる可能性を提示し，普通や当たり前とされるものに対して，問い直す機能をもつ。

　NFE は「フォーマル教育ではない」という元来の表現から代案性を指していた時代もあった（Rogers 2004）が，現在は多様性と別様性を正統化している（丸山・太田

2013）。たとえば，ホームスクーリングの導入と運用には，保護者の希望，政策・政治，文化・宗教が複雑に絡み，NFE として学習保障する（Tulay 2020）。デンマークのフリースクールでは権利としての自由（フリー）を指すため，公立学校へ通わない子どもも自由学校群に進学することで「離学」したことにはならない（鈴木 2019）。ドイツは宗教教育を学校で扱い，義務教育は通学のみとしているため，ホームスクーリングを法的に認めていない（Spiegler 2003）ことから，ドイツでも通学への圧力は強い。そして，日本でも「一条校」へ学童を戻すことがフリースクールに求められる（Maruyama 2020）ことから，通学と「離学」が相反関係にあることがわかる。

● 4-3　遠隔教育の経験を NFE から正当化

　2020 年の新型コロナウイルス感染拡大による日本の学校の臨時休校と遠隔教育は，全国の子どもが強制的に通学できない状況を生んだ。石井（2020）は，授業を進めることや授業時数を回復することが学ぶ権利を保障する意味ではない点，またそれ以前の状況に復旧することのみを目的とせず，公教育の大幅な更新の可能性を示す。彼は履修主義と修得主義の二項対立を乗り越えてインクルーシブな学習保障を行うべきと述べる。NFE では形式主義と実質主義で同様の議論を行うが，すでに参加型教育という形で学校教育と NFE を連続体として示す（Rogers 2004）ことから，遠隔教育という世界中で得られた類似の経験を共有することが重要となる。

　その一例として，テクノロジーの活用が挙げられる。現在，世界中の教師はオンラインで教える方法を自ら開発し，共有しているためである。すでにデジタル・トランフォーメーション（Digital transformation：DX）は産業界や行政ツールとして注目されているが，教育ツールとしては DX の可能性はこれから認識されるだろう。若者が夢中になる動画配信サービスでは，ある程度構造化された情報提供が存在し，動画へコメントすることで利用者同士が学習交流を深める。

　NFE からいえることは，DX が通学しなくても学習保障を潜在的に可能とする点である。たとえば，1990 年代に教育のデジタル化を進めてきたエストニアでは学校現場の電子教材や教師の職能開発は全国的に展開されている（丸山 2020）。2019 年秋に来日した同国のカリユライド大統領も「教育分野においても DX が多様な学習ニーズに対応し，不登校の子どもや学習意欲の低い者の学習動機を高める可能性がある」と述べ[5]，離学者だけでなく女性などの社会的弱者のエンパワメントにつな

5）女性の起業に関するセミナーにおける筆者との質疑応答（2019 年 10 月 21 日）。

がることを示した。近代社会を支えてきた学校教育からの「離学」が学習社会においては正解であるとすれば，社会的コストは膨大なものになる。それを避けるためにも，NFE の観点から学校と社会の連携をより強化する方向が求められる。日本においても，遠隔教育によって不登校の子どもは「通学」できるようになり，学習を深めることができた点も決して忘れてはなるまい。

5　おわりに：形式としての通学か，実質的学習との連携か

　新型コロナウイルス感染症による学校閉鎖は，世界の多くの子どもたちの通学を不可能にさせ，社会・家庭背景によっては「離学」を余儀なくさせた。だが，それは物理的な登校をあるべき姿として私たちが価値づけしているためでもある。移民の社会統合において指摘されたように（丸山 2016），学校へ通うという形式的側面を，今日の学習社会における学習者にとって意味のある学習を重視する実質的側面よりも優先させるのであれば，学校教育の正統性は今後より薄れ，「離学」は増加するかもしれない。

　学習社会から逃れることができないならば，いつでも・どこでも・誰でも学習を継続できる状態を担保し，特にテクノロジーによる費用軽減を重視し，アジア諸国のイクィヴァレンシー制度や EU の Youthpass 制度のような NFE がもつ強みを組み込むことができるだろうか。すなわち，柔軟性に基づく認証の工夫や教育の相対化を強く認識し，実際に応用することができるだろうか。今の日本において，子どもに課題があるから不登校であるという捉え方や，対面式授業を保障できない大学を公表することが安全性確保より重視される態度は，形式主義に陥っていないだろうか。学習者の学習ニーズを柔軟に捉え，学習の実質的な保障を目指す国内外のNFE から，私たちの教育観を相対化できるように思われる。

【引用・参考文献】
石井英真（2020）．『未来の学校―ポスト・コロナの公教育のリデザイン』日本標準
澤野由紀子（2013）．「アクティブ・シティズンシップとヨーロッパ」近藤孝弘［編］『統合ヨーロッパの市民性教育』名古屋大学出版会，41-77.
ジャーヴィス，P.／渡邊洋子・犬塚典子［監訳］（2020）．『成人教育・生涯学習ハンドブック―理論と実践』明石書店
鈴木優美（2019）．「デンマークにおけるフリースクールの意味と役割」永田佳之［編］『変容する世界と日本のオルタナティブ教育』世織書房，235-255.

ドーア, R. P. ／松居弘道［訳］（1990）．『学歴社会―新しい文明病』岩波書店

永田佳之［編］（2019）．『変容する世界と日本のオルタナティブ教育』世織書房

布川あゆみ（2018）．『現代ドイツにおける学校制度改革と学力問題』晃洋書房

ヘックマン, J. J.／古草秀子［訳］（2015）．『幼児教育の経済学』東洋経済新報社

丸山英樹（2016）．『トランスナショナル移民のノンフォーマル教育』明石書店

丸山英樹（2019）．「比較教育学―差異化と一般化の往復で成り立つ」下司　晶・丸山英樹・青木栄一・濱中淳子・仁平典宏・石井英真・岩下　誠［編］『教育学年報 11 号―教育研究の新章』世織書房, 315–337.

丸山英樹（2020）．「エストニア共和国」教科書研究センター［編］『海外教科書制度調査報告書』教科書研究センター, 259–270.

丸山英樹・太田美幸編著（2013）．『ノンフォーマル教育の可能性』新評論

文部科学省（2016）．義務教育の段階における普通教育に相当する教育の機会の確保等に関する法律の公布について（通知）〈https://www.mext.go.jp/a_menu/shotou/seitoshidou/1380952.htm〉（最終確認日：2020 年 11 月 10 日）

吉田敦彦（2019）．「「オルタナティブ」の三つの意味合い」永田佳之［編］『変容する世界と日本のオルタナティブ教育』世織書房, 82–107.

OECD／星三和子・首藤美香子・大和洋子・一見真理子［訳］（2011）．『OECD 保育白書―人生の始まりこそ力強く』明石書店

OECD／布川あゆみ・木下江美・斎藤里美［監訳］（2017）．『移民の子どもと学校』明石書店

OECD／木下江美・布川あゆみ・斎藤里美［訳］（2018）．『移民の子どもと世代間社会移動』明石書店

Baker, D. (2014). *The Schooled Society: The Educational Transformation of Global Culture*. California: Stanford University Press.

Berger, P. L., & Luckmann, T. (1991). *The Social Construction of Reality: A Treatise in the Sociology of Knowledge*. New York: Penguin.

Biesta, G. J. J. (2006). *Beyond Learning: Democratic Education for a Human Future*. New York: Paradigm Publishers.

Cedefop (n.d.). Glossary of Key Terms. 〈https://www.cedefop.europa.eu/en/events-and-projects/projects/validation-non-formal-and-informal-learning/european-inventory/european-inventory-glossary〉（最終確認日：2020 年 11 月 10 日）

Coombs, P. H., Prosser, R. C., & Ahmed, M. (1973). *New Paths to Learning for Rural Children and Youth*. New York: ICED.

Coombs, P. H., & Ahmed, M. (1974). *Attacking Rural Poverty: How Non-Formal Education can Help*. Baltimore: John Hopkins Press.

The Commission of the European Union (2002). Council Resolution of 27 June 2002 on Lifelong Learning (2002C 163/01). *Official Journal of the European Communities*, 9.7.2002, 1–3.

Council of Europe (n.d.). Non-Formal Education. 〈https://www.coe.int/en/web/european-youth-foundation/non-formal-education〉（最終確認日：2020 年 11 月 10 日）

Dewey, J. (1951). *Democracy and Education*. New York: the Free Press.

European Commission (1995). *Teaching and Learning: Towards the Learning Society*. Brussels: Author.

European Parliamentary Research Service (n.d.). Lifelong Learning in the EU. 〈https://www.europarl.europa.eu/thinktank/infographics/lifelonglearning/〉（最終確認日：2020 年 11 月 10 日）

Eurostat（2019）. Glossary: Early Leaver from Education and Training. 〈https://ec.europa.eu/eurostat/statistics-explained/index.php/Glossary:Early_leaver_from_education_and_training〉（最終確認日：2020 年 11 月 10 日）

Fincham, K.（2013）. Shifting Youth Identities and Notions of Citizenship in the Palestinian Diaspora. in D. Kiwan（ed.）, *Naturalization Policies, Education and Citizenship*. London: Palgrave Macmillan, 150–177.

Jarvis, P.（2010）. *Adult Education and Lifelong Learning: Theory and Practice*, 4th edition, London: Routledge.

Lave, J., & Wenger, E.（1991）. *Situated Learning: Legitimate Peripheral Participation*. Cambridge: Cambridge University Press.

Maruyama, H.（ed.）（2020）. *Cross-Bordering Dynamics in Education and Lifelong Learning: A Perspective from Non-Formal Education*. London: Routledge.

Ohashi, C., & Abid, H. A.（2020）. Equivalent to Formal Education or Rethinking Education through a Lens of Non-Formal Education. in H. Maruyama（ed.）, *Cross-Bordering Dynamics in Education and Lifelong Learning: A Perspective from Non-Formal Education*. London: Routledge, 29–47.

Putnam, R. D.（2015）. *Our Kids: The American Dream in Crisis*. New York: Simon & Schuster.

Rogers, A.（2004）. *Non-Formal Education: Flexible Schooling or Participatory Education?* Hong Kong: Springer.

Singh, M.（2015）. *Global Perspectives on Recognising Non-Formal and Informal Learning: Why Recognition Matters*. Hamburg: UIL.

Spiegler, T.（2003）. Home Education in Germany. *Evaluation and Research in Education*, 17, 179–190.

Tulay, K.（2020）. Alternative Education by Homeshooling in the USA. in H. Maruyama（ed.）, *Cross-Bordering Dynamics in Education and Lifelong Learning: A Perspective from Non-Formal Education*. London: Routledge, 62–74.

UNESCO（1975）. *Declaration of Persepolis*. Paris: UNESCO.

Youthpass（n.d.a）. Welcome to Youthpass. 〈https://www.youthpass.eu/el/〉（最終確認日：2020 年 11 月 10 日）

Youthpass（n.d.b）. Youthpass Statistics. 〈https://www.youthpass.eu/el/about-youthpass/statistics/〉（最終確認日：2020 年 11 月 10 日）

終　章　## ヨーロッパから俯瞰してみた日本の学校社会

園山大祐

1　はじめに

　終章では，ヨーロッパ各国の状況を国際比較することで，その特長から日本への示唆について検討することにしたい。ただし，あくまでも簡易的な横断比較であることを先にお断りしたい。各国の詳細については各章の執筆者に譲る。

2　ヨーロッパの教育動向

　本書が扱ったヨーロッパでは，1980年代から不況が長らく続き，若者の構造的失業や就職難，不安定雇用が問題となってきた。そのため，日本やアメリカに倣って中等教育の進学率，職業資格の取得率を上げ，さらに高等教育への進学を4割にする教育の大衆化が目指された。戦後から複線型を見直し，総合制中等学校制度に大きく舵を切った教育改革を実施してきたが，長らく伝統とされてきた大学及びそれにつながる普通高校のエリート教育機関としての聖域には踏み込んでこなかった。他方で，職業教育訓練という分岐制度によって労働者層の教育の延長化を目指してきた。

　しかし，欧州共同体から欧州連合とより強い政治連合として，また単一市場という経済圏として発展させるための人材養成を担う学校と職業訓練機関の資格の相互承認を施すことが20世紀末から実施された。共通市場の実現は同一資格同一賃金に向けた各職業資格の教育課程の調整が必要となった（コペンハーゲン・プロセス）。最も早く実行されたのは高等教育の学士，修士，博士課程の年数及び単位互換制の調整であった（ボローニャ・プロセス）。それと並行して後期中等教育をはじめとした職業資格水準の調整（欧州資格枠組み：EQF）である。単一労働市場においてはEU出身者の国籍による差別を認めず，自由移動が保障されているため，同一の資

格水準を用意し，同一の賃金規程を定める必要があり，そのことによって国家の人材養成の競争原理が導入された。OECD の PISA や PIACC のコンピテンシー調査はこうした人材能力（技能）の基準を画一化し，順位づけ，競争を煽る道具として機能するリスクもあることを忘れてはいけない。第 2 章の斎藤で取り上げたように，国際機関の指標づくりは，労働市場の要求を満たす一指標であって教育成果の質を示すものではないとしているが，指標による国家別数値の高低が独り歩きし，政治利用されることのないように注視しなければならない。

　第 3 章の小山の分析にあるように，EU はアメリカや日本に対抗する大規模経済圏の構築に向けた連合体であり，教育も経済力向上の達成に必要な道具である。そのため教育経済学的な視点から，教育分野にも裁量的政策調整方式（OMC）による数値達成目標を設定した。その 1 つに早期離学率の 10% がある。この数値目標には，コインの裏表の関係ともいえる高等教育の進学率などもセットになっている。社会保障の経費を最小限にするためには，教育水準の底上げが必要であり，企業にとって必要な人材を少しでも多く養成することが教育政策の使命となっていく。また世界経済の GDP のトップの国の高等教育修了率が高いこともあり，これまでのヨーロッパの伝統的な大学の学術主義から，大学も世界ランキングに適った成果主義と大学経営的観点から費用対効果に見合う人材養成機能を強調する改革へと走ることになる（園山 2021）。

　その結果，ヨーロッパでは，多くの国が後期中等教育の進学率を上昇させ，義務教育年齢まで延長化し，多くの若者の進路選択をフォーマルな教育訓練機関に留めようとしている。さらに大学までも大衆化し，広く労働市場に向けた教育課程（職業学士・修士）の設置や定員拡大を実施した。

3　早期離学のヨーロッパ比較と各国の教育制度の変遷

　ここで，再度 EU 加盟国の早期離学率をご覧いただきたい（表 1）。2000 年度からの約 20 年間で目標値を達成した国を濃い網掛けにしている。2019 年時点では，イギリスを含めた 28 か国中 19 か国が 10% 未満である。なかでもアイルランド，ギリシャ，クロアチア，リトアニア，ポーランド，スロベニアは 5.2% 以下と低い国であり，その多くは 2000 年代初めから低率国である。これらに東欧や南欧が多いのも特徴である。また目標値前後の近くを推移している国が，デンマーク，ドイツ，フランス，ハンガリー，オランダ，オーストリア，スウェーデンである。これらの国

表1　EUの早期離学率の変遷と移民の状況（％）（Eurostat（2020a）より作成）

国名・年度	2000	2005	2010	2015	2019	女性2019	目標値	移民2019	女性移民2019
EU（28国）	:	15.7	13.9	11.0	10.3	8.6	10.0	25.3	20.5
ベルギー	13.8	12.9	11.9	10.1	8.4	6.2	9.5	21.0	17.3
ブルガリア	:	20.4	12.6	13.4	13.9	13.3	11.0	:	:
チェコ	:	6.2	4.9	6.2	6.7	6.8	5.5	8.2 (u)	8.6 (u)
デンマーク	11.7	8.7	11.5	8.1	9.9	7.6	10.0	18.3 (u)	: (u)
ドイツ	14.6	13.5	11.8	10.1	10.3	8.8	10.0	27.0	23.4
エストニア	15.1	14.0	11.0	12.2	9.8	6.9	9.5	: (u)	: (u)
アイルランド	:	12.5	11.9	6.8	5.1	4.3	8.0	: (u)	: (u)
ギリシャ	18.2	13.3	13.5	7.9	4.1	3.2	10.0	23.8	18.9
スペイン	29.1	31.0	28.2	20.0	17.3	13.0	15.0	42.7	28.7
フランス	13.3	12.5	12.7	9.2	8.2	6.9	9.5	15.0	16.9
クロアチア	:	5.1	5.2	2.8	3.0	3.0	4.0	:	:
イタリア	25.1	22.1	18.6	14.7	13.5	11.5	16.0	39.1	33.7
キプロス	18.5	18.2	12.7	5.2	9.2	7.5	10.0	27.3	23.0 (u)
ラトビア	:	15.4	12.9	9.9	8.7	6.8	10.0	:	:
リトアニア	16.5	8.4	7.9	5.5	4.0	2.8	9.0	:	:
ルクセンブルク	16.8	13.3	7.1	9.3	7.2	5.5	10.0	14.6	9.3 (u)
ハンガリー	13.9	12.5	10.8	11.6	11.8	10.9	10.0	:	: (u)
マルタ	54.2	33.0	23.8	20.2	16.7	14.8	10.0	24.4 (u)	34.9
オランダ	15.4	14.3	10.1	8.2	7.5	5.5	8.0	17.5	13.8
オーストリア	10.2	9.3	8.3	7.3	7.8	6.1	9.5	20.4	16.9
ポーランド	:	5.3	5.4	5.3	5.2	3.6	4.5	: (u)	: (u)
ポルトガル	43.7	38.3	28.3	13.7	10.6	7.4	10.0	: (u)	: (u)
ルーマニア	22.9	19.6	19.3	19.1	15.3	15.8	11.3	:	:
スロベニア	:	4.9	5.0	5.0	4.6	3.8	5.0	15.4 (u)	: (u)
スロバキア	:	6.3	4.7	6.9	8.3	7.9	6.0	: (u)	: (u)
フィンランド	9.0	10.3	10.3	9.2	7.3	6.0	8.0	:	:
スウェーデン	7.3	10.8	6.5	7.0	6.5	5.5	7.0	19.8	19.9 (u)
イギリス	18.2	11.5	14.8	10.8	10.9	9.4	:	12.2	10.3
ノルウェー	:	:	17.4	10.2	9.9	8.1	:	: (u)	: (u)

※1　: = 不明，u = 信頼性閾値を下回る。

の一部は本書でも扱っているが，国策として積極的に関与した国もあれば，そこまで深刻な問題として政策の重要課題とはしていない国もあるなど温度差がある。背景には学校の位置づけ（就学義務の有無）や，普通教育と職業教育の関係（進路選択の仕組み）や労働市場（若年失業率の高低）があるだろう。他方で，スペイン，イタリア，マルタ，ポルトガル，ルーマニア（太字）においては，この間最も数値を下げたにも関わらず，目標値を達成できていない。しかし，こうした極端な下げ幅には，どのような教育制度改革が行われたのかに注意が必要であり，前期中等教育終了時の資格の新たな導入などが考えられる（スロベニアの事例について以下参照：園山2015）。

下線を引いたギリシャやリトアニアにおいても今後注視が必要である。目標値達成そのものが早期離学の新たな生成にならないのか，学校内部における画一的な評価の導入にならないのか，どのような副作用（いじめ，不登校，長期欠席，学校不適応，教師の多忙化，精神疾患，離職など）が起きているのか見届ける必要がある。

　表2にみるように，20〜24歳の高等教育（短期課程含む）の修了率はこの約20年で確実に上昇している（なお，ヨーロッパでは25歳以降も学業を継続する人が多いため，30〜34歳の年齢ではEU平均は4割を超えている。ここではEUの早期離学の18〜24歳に合わせた数値を示している）。特に網掛けの国々は，顕著に増加している。また男女比でも女性が統計上有意に高い国も網掛けにしている。24歳までの若者を対象にみることでこの間に若年層に急激な学歴インフレが生じていることがわかる。この中等及び高等教育改革は，高等教育の機能を変えたといってよいだろう。当然ながら職業参入において学歴のインフレが起きているとみて間違いない。同時にこのことは，頭脳流失も避けられないため多様な評価がありうるが，高等教育資格が労働市場に求められるようになり，かつてのように一部の領域（医者，弁護士，建築士，教師など）に限定されず，中間層以上の職業従事者の必須労働条件となり，職業文化にも影響を与える大きな社会変革である。先述した職業学士・修士の普及が拡大する理由がここにある。

　日本のように大卒者がサービス業や事務職に就くことが稀であったヨーロッパでは，大学及び就職や職種に文化変容をもたらしている。

　後期中等教育段階においても高校修了率はEU平均65％であり，最も高いクロアチアの85％から最も低いスペインの50％まで開きもある。男女差はEU平均ではほとんどないが，多くの国では男性が女性より多く修了している傾向がある。女性が男性を上回る国はデンマーク，ドイツ，エストニア，スペインである。なお，2018年度に普通課程の高校生が総高校生の6割以上を占める国は，アイルランド，ギリシャ，スペイン，フランス，キプロス，ラトビア，ハンガリー，マルタ，ポルトガル，スウェーデンであった。その逆に職業課程の高校生が6割以上の国は，チェコ，クロアチア，ルクセンブルク，オランダ，オーストリア，スロベニア，フィンランドである。ちなみにこの15年で，多くの国で高校生数は出生率の低下から減っている傾向があるにもかかわらず，大幅に増加傾向にある国は，普通課程の高校生の場合，スペイン，イタリア，オランダ，スウェーデン，ノルウェーである。職業課程の高校生においては，アイルランド，スペイン，オランダ，ポルトガル，フィンランド，スウェーデンである。スペイン，オランダとスウェーデンは，普通高

表2　高等教育及び高校修了率，高校生の校種別割合と男女率（%）（Eurostat（2020b）より筆者作成）

国名・年度	高等教育 (ISCED5-8)				高校（2019） (ISCED3-4)			普通高校生 (2018)		職業高校生 (2018)	
	2000	2019	男子	女子	2019	男子	女子	割合	男子	割合	男子
EU（28国）	:	18.9	15.7	22.2	65.0	65.7	64.2	52.7	46.0	47.3	56.8
ベルギー	18.6	27.8	22.3	33.5	57.8	60.2	55.3	43.2	44.6	56.8	49.3
ブルガリア	5.6	6.3	5.3	7.3	78.2	78.2	78.1	47.1	44.9	52.9	59.3
チェコ	3.5	10.4	7.7	13.2	78.0	80.4	75.4	28.7	41.5	71.3	55.0
デンマーク	3.9	8.9	8.0	9.8	66.7	62.8	70.8	62.3	45.8	37.7	59.4
ドイツ	4.0	8.8	7.5	10.3	68.6	67.5	69.9	53.5	46.9	46.5	64.2
エストニア	11.2	14.8	11.4	18.1	70.0	68.6	71.4	59.9	43.9	40.1	58.7
アイルランド	21.6	27.3	24.4	30.3	66.8	69.2	64.4	64.3	49.8	35.7	38.8
ギリシャ	5.7	10.4	5.8	15.1	84.1	87.6	80.5	71.5	47.7	28.5	64.6
スペイン	24.7	23.6	19.8	27.5	50.4	48.7	52.2	64.2	48.0	35.8	53.7
フランス	26.0	32.4	28.5	36.2	56.2	57.9	54.4	60.7	46.3	39.3	57.8
クロアチア	:	11.7	6.2	17.4	85.6	91.3	79.7	30.8	37.4	69.2	55.6
イタリア	1.4	10.1	8.1	12.4	71.9	71.6	72.1	46.4	39.1	53.6	62.9
キプロス	21.2	29.3	13.5	43.0	63.0	77.9	50.0	83.3	47.0	16.7	76.9
ラトビア	7.3	10.8	7.8	13.9	76.4	77.7	75.0	61.1	46.3	38.9	58.7
リトアニア	19.8	18.9	13.9	24.2	73.6	77.2	69.9	73.2	48.2	26.8	65.3
ルクセンブルク	17.4	21.9	17.8	26.1	55.6	60.6	50.6	38.4	45.9	61.6	52.0
ハンガリー	5.2	7.7	5.2	10.4	78.8	80.5	77.1	62.0	46.5	38.0	59.3
マルタ	6.9	22.5	18.9	26.6	56.1	57.7	54.3	71.5	48.2	28.5	56.0
オランダ	7.8	21.0	16.8	25.3	61.2	62.1	60.3	32.5	47.6	67.5	50.8
オーストリア	:	28.9	25.2	32.5	58.4	59.2	57.7	31.6	45.3	68.4	56.8
ポーランド	3.1	12.8	7.9	18.0	78.0	80.5	75.2	47.9	41.8	52.1	61.6
ポルトガル	5.0	22.0	16.4	27.8	60.8	62.3	59.4	60.3	46.4	39.7	56.7
ルーマニア	2.8	7.2	5.4	9.1	76.2	78.4	73.9	43.8	42.9	56.2	56.9
スロベニア	3.0	10.7	9.7	11.8	81.7	81.7	81.7	29.1	39.4	70.9	55.5
スロバキア	3.3	15.8	11.9	19.9	74.1	78.0	70.0	:	:	:	:
フィンランド	8.8	6.5	3.7	9.5	81.7	84.1	79.1	28.4	42.5	71.6	49.3
スウェーデン	20.0	19.1	14.9	23.7	65.5	66.5	64.4	64.6	49.2	35.4	48.7
イギリス	23.2	30.5	28.0	33.1	55.4	56.0	54.8	56.1	50.3	43.9	48.6
ノルウェー	23.9	19.3	14.2	24.7	61.5	63.1	59.8	50.6	44.8	49.4	61.5

※1　濃い網掛けは早期離学率13%以上の国

校も職業高校においても，つまり高校の総生徒数が大幅に増加していて，後期中等教育の普及拡大が起きていると考えられる。普通課程の高校生の拡大が高等教育の大幅な増加と連動しているのはマルタ，オランダ，ポルトガルである。

　それでは，早期離学率の高い国（13%以上）であるブルガリア，スペイン，イタリア，マルタ，ルーマニアの高等教育及び後期中等教育の状況に共通点はあるだろうか。1つは高等教育修了率の低い国（ブルガリア，イタリア，ルーマニア）が多い。この3か国は伝統的な一次産業と中小企業，あるいは観光業を中心とした経済のため

かもしれない。スペインはこの20年23〜24%とほとんど変化がなく決して低くもない例外国となる。だがスペインの高校修了率は5割と低く，普通高校進学者が3分の2を占めるなか高等教育に進学する人が少ないか，留年や未修了者が多い国となる。スペインは若者の失業率も高いにもかかわらず，早期離学者を大幅に減らしてはいるものの，高校進学後の進路変更あるいは不本意入学による退学者が多い可能性が推測され，本書第8章の有江の考察にも一致する課題がこの表からもうかがえる。

逆に早期離学率の低い国（アイルランド，ギリシャ，クロアチア，リトアニア，ポーランド，スロベニア）はどうだろうか。ギリシャ，クロアチア，ポーランド，スロベニアは高校修了率が高いが高等教育修了率は低い傾向にあるため，どのようにして早期離学率を低く抑えているのか興味深い。これら4か国の産業構造が中等教育修了資格を中心とした労働市場においていまだ飽和していない可能性がある。特に観光産業やサービス業を中心としている国では，義務教育の延長と後期中等から労働への移行が一致できている可能性が高いため，高等教育進学の必要性がなく，むしろ後期中等教育修了資格の方が仕事を見つけやすい。特に大都市以外の労働市場で大卒資格に見合った求人がないことが予測される。つまり高学歴化によって失業率が高まるリスクを回避するための自己制御による進路選択と推測される。地方都市の高校の進路指導における安全で確実な進路保障として考えられがちな対応である。フランスの進路研究では，こうしたリスク回避が社会階層（家庭環境，保護者の学歴）によって異なり，庶民階層において不利に働く結果となっている（園山 2018）。

表2で今後さらなる分析が必要なのが，職業課程の高校生が後期中等教育の7割近くを占めている国々（チェコ，クロアチア，オランダ，オーストリア，スロベニア，フィンランド）における低早期離学率との関係である。ここでも中等教育段階の職業資格水準のレリバンスが高い社会であることが推測される（☞コラム4）。

他方で普通高校の普及拡大を目指した国では，もともと大学進学の準備機関として伝統的に位置づいていた普通高校は卒業後，大学に進学しない限り，若者世代の7〜8割が高卒時代の今や，修了書の価値が格下げとなり，中間労働者（事務職，公務員，中間管理職など）の学歴インフレによって高等教育資格が必須となったこと，さらにそうした中間労働者の就職競争が激しくなっていると推測される。またこうした中等教育の普通教育拡大路線と比較的多くの移民の受け入れや旧植民地からの移住者，国際結婚による流入が重なり合って早期離学率を高めている可能性がうかがえる。普通教育の普及拡大と高等教育進学（専攻分野の選択）や労働市場のマッチン

グ分析，あるいは移民の背景をもつ生徒の学校規範への適応，進路指導の課題について より詳細にミクロな分析を慎重に実施する必要がある。

　以上に加えて，ヨーロッパの深刻な若者の失業問題が絡んでいる。EU（28 か国）の 20-24 歳の平均失業率は 14.0% であり，チェコの 5.6%，ドイツの 5.7%，オランダの 5.6% など例外を除くと，大多数は 10% 台であり，高い国はギリシャの 38.6%，スペインの 31%，イタリアの 29.5%，クロアチア 21.8% などがある。25-29 歳でみると，失業率が下がる。平均 9.1% になり，最高のギリシャも 28.5%，スペインも 20.4%，イタリアも 19.7%，クロアチアはなんと 12.9% である。29 か国中 23 か国は 10% 未満である。つまり 20 代前半に資格を取得することで失業のリスクを減らすことができるのである。この 10 年で失業率は改善されてきたとはいえ，経済の低成長率が維持されるなか，若者の就業は厳しい状況が長期に続いている。日本同様に，より厳しい経済状況は貧困層の世代間連鎖や移民の背景をもつ人に集中していて経済格差が拡大しているともいわれる。次に図 1 は，2018 年度 25〜29 歳の数値を基に，最終学歴（ISCED）別に示している。初等段階レベル（ISCED0-2）の場合失業率が高まり，高等教育段階レベル（ISCED5-8）ではかなり抑えられていることがわかる。また中等教育段階（ISCED3-4）でも失業率が低い国が多い中，高い国（ギリシャ，スペイン，イタリア）もある。これら 3 か国は，どの修了資格を取得しても

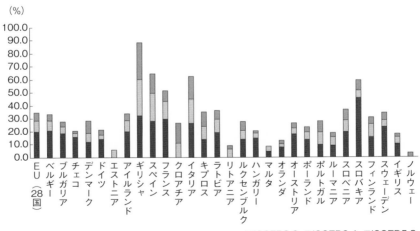

※1　一部の国はすべての教育段階の数値がない。

図 1　最終学歴と 25〜29 歳の失業率（2018 年度）（Eurostat（2018）より筆者作成）

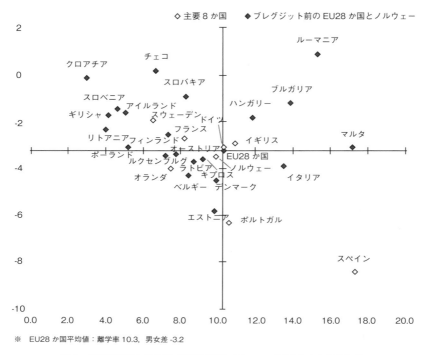

※ EU28 か国平均値：離学率 10.3，男女差 -3.2

図2　早期離学率と男女差（2019 年度）（Eurostat（2020c）より筆者作成）

高い失業率を示している点は，若者の深刻な経済状況を表している。

　その意味で，本書の各国編でもみられた移民の背景をもつ早期離学者の多さはさ
らに気になる点である。表1の右から2列目の「移民 2019」に示されているように，
移民の早期離学率は 25.3％ と EU 平均の 2.5 倍近い高さであり，なかでも非 EU 圏
生まれの離学率が高い。本書で扱ったドイツ，スペイン，フランス，オランダ，ス
ウェーデンのいずれもが平均値同様に移民（外国生まれ）とネイティブ（国内生ま
れ）との間には大きな隔たりがみられる。女性移民の早期離学率が男性より有意に
高い国（フランス，マルタ）は，エスニックな文化，進路選択，職業分野や就業状況
（失業・無職）と重ねてみる必要がある。同表の 2019 年の平均値と女性の値を比べ
てわかるように，一般的に早期離学率は男性が女性よりも高い。図2は本書でみて
きた主要8か国（◇）とブレグジット前の EU28 か国（◆）の 2019 年度の早期離学
率の男女比の数値を図にしたものである。最初に言えることは，チェコとルーマニ

ア以外のすべての国では，女性より男性のほうが離学率が高いというヨーロッパの特徴がある。EU28か国平均でも女性が − 3.2 ポイント低い（男性 11.9，女性 8.7）。次に，離学率が高い国としてスペイン，マルタ，ルーマニアが位置づくが，この 3 か国の男女差に共通点は見いだせない。ルーマニア同様に，ブルガリアとハンガリーなど比較的高離学率であるが，男女差は抑えられているような国もある。こうした差異については，今後のミクロな地域研究が必要となる。逆に離学率が低い国はクロアチア，ギリシャ，リトアニアがあげられる。これらは，男女の差も小さい国である。4 象限で最も固まって多いタイプは，左上の象限で，比較的男女差が小さく（± 2），そして早期離学率が EU 平均以下を達成している国である。この 20 年間の EU 各国の政策の成果とも評価できる（表 1）。本書で取り上げた主な国では，フランス，ドイツ，オランダ，スウェーデン，ノルウェー，フィンランドである。イギリスも，平均値が 10.9 であるが，男女比では − 2.9 とほぼ EU 平均にある。この点，スペイン，ポルトガル，エストニアは，今後男女の格差縮小に向けた政策が目指されるだろう。なぜならスペイン，ポルトガル，イタリアなど南欧に共通したインフォーマルセクター（地下経済）に従事する男性が多かったことが，このような早期離学を誘引するプル要因と推測されるからである。同様に，この点は，ジェンダー以外にも，移民背景を持つ子孫たちについても存在する指摘であり，今後の調査で確認したい点である。特に男女における違いは，学校の進路指導におけるジェンダー観による周縁化ないし排除するプッシュ要因と，労働市場における格差や，さらには家族構成にみられるジェンダー役割意識によるプル要因の背景があるのか，今後の各国調査で追跡したい点の 1 つである。

4　本共同研究における主要 8 か国の特徴

　ここからは，次の主要 8 か国（ドイツ，スペイン，フランス，オランダ，ポルトガル，スウェーデン，イギリス，ノルウェー）についてまとめる。各章末の各国の教育制度を示した学校系統図も適宜ご覧いただきたい。

　早期離学率が高いスペイン，ポルトガルはこの 20 年間で大きく数値を改善することに成功した。その両国は，普通課程の高校生の割合は 6 割程度で後期中等教育の修了率はスペインの 5 割に対しポルトガルが 6 割で，高等教育修了率はともに 2 割程度となっている。

　EU の平均値 10% に近い国がドイツ，イギリス，ノルウェーであり，最初の 2 国

は教育制度史上異なっていて，ドイツの分岐システムとイギリスの総合制システムという特徴があるなか，ドイツは普通課程の高校生の割合をこの間増やし，イギリスと数値上は変わらない。ただし，高等教育への進学及び修了率には大きな違いがあり，近年急伸中のドイツではあるが相対的には進学率が低く，学術志向の強い大学を維持している。イギリスは，ヨーロッパのなかではフランスに次いで高い高等教育修了率であり，大学の大衆化が進んでいる。ただし，中等教育段階で大学に進学するか，職業専門学校に進学するか分かれているため，後期中等教育の修了率はEU平均より低い結果となっている。中等教育段階における選抜が実施されているためであろう。

　他方，非EU加盟国ノルウェーであるが，興味深いことに普通高校と職業高校の生徒の割合が半々となっている。また高校も高等教育修了率もほぼEU平均である。ある意味で優等生であるが，本書第10章の中田の分析にもあるように，早期離学への政策関心は高く，多様な取り組みが始められていて，一部の事業で成果もみられ，よりミクロな調査分析が待たれる。

　早期離学率を着実に下げて，目標値を達成したフランスとオランダは，早くから教育の公正から早期離学には高い関心をもって政策を実施してきた国といえる。また移民の背景をもつ生徒の学力格差にも課題があり，旧植民地出身者と長らく社会的包摂に向けた取り組みを実施してきた国である（園山2016b）。ただ普通高校重視のフランスと職業高校に重点が置かれているオランダという対照的な後期中等教育制度である。同時に両国の若者の失業率も対照的である（図1）。オランダは先述したように，近年後期中等教育生徒数も増加している。フランスは人口減少もあり生徒数は横ばい状態にある（園山2016a）。

　最後に8か国のなかで最も早期離学率の低かったスウェーデンだが，高校修了率はEU平均にあり，普通高校が3分の2を占め，高等教育修了率は2割でほほこの20年間変わっていない。しかし，本書第9章の林と本所の考察からは，後期中等教育改革及び，2015年のアフリカと中東からの難民の受け入れなど課題も多い。それでも若者の失業率をはじめ，高福祉社会としてより高水準な包摂社会を目指している。他方ではストックホルム市を中心に難民・移民，貧困，治安問題が特定の市や地区に集中していることから異なる問題を単純化してメディア化し，現在の自国中心（第一）主義やポピュリスム政治に都合よく利用されているのかもしれない。少なくともマクロな数値における横断比較においてスウェーデンは依然として早期離学問題に関する教育政策の結果が高結果な国の1つである。

　今回十分ではないがコラムとして取り上げたエストニアやフィンランドも早期離学率を低く抑えている国々であり，今後も追跡調査対象国にあげたい。さらにクロアチアやスロベニアなどバルカン諸国の各国分析も言語的な限界はあるものの魅力的な国が多いだけに，離学者を少なく抑える要因分析ができないか挑戦したい。特に第11章の柿内の指摘にもあるように，ロマの人びとの登校拒否や早期離学問題は，スペインのロマの人びとへの対策と併せてノンフォーマル教育の可能性（第1章，補章）を含めて検討していきたい対象でもある。

5　EU 及び主要 8 か国の政策動向からみえてきたこと

　早期離学との闘いは，人類，社会，経済にとって優先課題であり，社会的つながり（社会結束，社会連帯，社会統合，社会包摂）の構築に向けた政策である。本書の序章に書いた西鉄バスジャック事件の少年の例や青砥（2020）の引用にもあるように，居場所がないこと，つまり人との関係性がないこと，あるいは過去のいじめ体験，家庭内暴力，育児放棄のように，自尊感情を形成すること，最低の生活保障といった子ども時代の生活健康環境，人間形成における精神的環境と早期離学に相関がある。

　そうしたなかで学校教育に何ができるのか，あるいは学校以外には何ができるのか，その両者の連携はどのようにしたらよいのか。

　学校においては，特別なニーズ教育に代表されるように，生徒一人ひとりのニーズを発見すること，ニーズに応じた教授法，教材作成，教師教育，保護者との連携，地域の活動団体との連携が求められるだろう。特にヨーロッパでは学校と家庭・地域との連携は発展途上にあるため，今後さらなる連携のあり方が模索される。

　もう1つは，進路指導のあり方が課題とされている。進路選択はおおむね，中学から高校への進学時に悩むことになるが，入学試験を課す国はほとんどなく，一般的に成績（平常点）を加味したうえで生徒及び保護者の同意のもと進学先の学校を決める。その意味でも，15〜16歳くらいで将来就きたい職業選択に向けた資格取得のための課程を選ぶ必要があるが，十分なキャリア教育が実施されている国は少ない。またこうした将来計画が定まらない生徒の特徴の1つに家庭環境も不安定な場合，身の回りに相談できるロールモデルの不在，さらには学校から離れる誘惑要因（スラム団地街のギャング組織とのつながり）がみられることがある。こうした生徒には特別な進路支援プログラムを用意する必要がある。早期に職業体験（インターン）

をすることで将来目標を明確にすることが重要とされている。ヨーロッパでもキャリア教育を正規授業時数に組み込んだ教育課程の導入が急がれている。加えて，インターン先の開拓を生徒自身の自己開拓とする国が多いが，その場合も保護者の人脈を中心とするため，より本人の希望が叶えられるよう，校区あるいは自治体に窓口を設け，インターネット上に生徒自身が選択できるサイトを用意することが課題となる。スラム街から抜け出す道筋が必要となることもある（園山 2017）。

　さらに，高校から普通，職業教育課程に分岐する国が多いが，さまざまな教育課程間の移動を認めるよう制度設計することで，進路変更によって中退を防ぐことが可能となる。加えて，これまでは高校最終年度に大学進学なり，就職に向けた国家試験を受験する際に，一部の教科の及第点でも全教科を次年度に受け直す必要があったが，これを及第点の教科のみに制度変更し，その高校に留め，原級留置ではない形で必要な科目のみ学び直し，習学リズムを維持する施策をとっている国がある。

　そのほか，教師教育や現職教育における早期離学，高校での中退のリスク回避のためのプログラムを整備することがあげられる。また進路・キャリア指導や，生徒指導の教師も不足しているため，強化する必要がある。あるいは，学校，地域，家庭の連携のための研修も必要である。これまで教科指導をメインに養成されてきたヨーロッパの教師には，保護者とのコミュニケーションの取り方や，生活困窮家庭を理解するための研修，他の専門家（精神科医，社会福祉士，警察官，地域ボランティア，学童等）との調整など分業体制を改める必要がある。特に家庭と学校の峻別がはっきりしていたヨーロッパでは，保護者にも学校に関心をもってもらい，教師も家庭環境に理解を示す必要があり，双方が協力する関係を構築するための接点を用意する必要がある。日本ほど定期的に保護者と学校が情報を共有する機会（学級通信，授業参観，学校行事）はないと考えてよい。ヨーロッパでは学校が保護者と情報交換するときは，保護者を学校に呼び出すか，連絡帳に問題行動について書いて伝えるというマイナスなイメージである。学級生活の出来事や，学校行事の連絡，あるいは生徒の行動を褒めるために保護者と連絡を取って，呼び出すことは日本のように定期で慣習化されていない。保護者にとって学校からの連絡というのは稀であり，呼び出されるときは，むしろ問題行動や成績不振による場合である。そのため，より定期的な情報交換の場を設定することで生徒及び保護者のニーズにも対応しやすくなり，生徒 - 教師 - 保護者関係が友好になるだろう。

　最後に，義務教育を18歳まで延長している国が多いが，近年ではさらに20歳あるいはそれ以上の24歳くらいまでの，無資格で離学した若者のための学び直し

の教育訓練機関や相談窓口の設置を実施している。先述したように，無資格離学者のニートや失業リスクが高くなることはさまざまな調査データが裏づけているため，学齢期後の資格取得に向けた対策が喫緊の社会政策課題である。特に家族からも見放されている場合，経済的に自立した生活を営むためにも住宅の保障と職業訓練がセットになることが大事となる。

　EU モニタリング報告書においては次のような 6 つの柱による提言が 2015 年以降注目されている。第一に早期離学データの収集，第二に就学経路の柔軟性と透過性（permeability）の拡大対策，第三に教授言語と異なる母語話者の生徒のための言語支援，第四に教師教育と現職教育における早期離学についてプログラムを用意する，第五に中等教育におけるキャリア教育の充実策，第六に早期離学者の復学支援策となっている。

　同報告書（European Commission/EACEA/Eurydice 2019：18–21）によれば，第 1 の柱では，ハンガリーが 2016 年 11 月より初等から中等までの欠席児童生徒の把握を学校，市町村，地方，国の各段階でできるようなシステムを導入している。現在ほとんどの国で，こうした生徒の登録がされている。主要 8 か国では，ドイツの連邦制，スペインの自治州国家では国レベルのデータ管理ができていない。

　第二の就学経路の柔軟性と透過性とは，特にオルタナティブ学校と職業教育の分野を指している。これらの教育機関と普通学校との転校が柔軟にできる制度を用意することで通学をあきらめずに生徒一人ひとりに合った学校を照会し，進路変更を生徒によりわかりやすく提示することができる。このような職業高校を 2016 年に設置して成功しているのがギリシャとされている。ほとんどの国でこうした対応がされ始めているが，課題はそうした転校先で職業資格を取得できる国は全体の半数にとどまるということである。主要 8 か国においても，オルタナティブ学校や職業課程への転校はすべての国で可能とされているが，獲得できるスキルや資格が認定されていない国（ドイツ，オランダ，イギリス，ノルウェー）が半数ある。

　第三の母語教育であるが，外国生まれの移民に早期離学率が高いとされる要因でもあるため，早期の導入が待たれる。特に移民背景の生徒が多い，職業教育における母語教育の普及が必要とされている。たとえばオーストリアは 2016 年，スロベニアは 2018 年からパートタイム職業教育機関にまで母語教育の保障を実施している。あるいは，キプロスとイタリアでは，2015 年から家族が同伴していない未成年の外国籍者（unaccomapanied foreign minors）や未成年の庇護申請者に対する母語教育支援が行われている。主要 8 か国すべてで，母語教育は施されている。

第四の教師教育であるが，エストニアの「教師とスクールリーダーシップ教育プログラム 2017–2020」におけるインクルーシブ教育が，現職教育の優先課題とされた取り組みを評価している。障害のある生徒の離学対策を，教師と学校管理職の研修プログラムに据えているのが特徴であり，本書のコラム①のフランスの事例にあるように，ヨーロッパの国では障害者が通常学校で学ぶ権利は保障されているが，教育段階が上がるにつれて特別支援の教育課程に追いやられ，ときには離学し，あるいは福祉領域の機関に移動することを強いられる例は少なくない。第 7 章オランダでは，すでに障害者の早期離学対策支援についても検討が始められている。その意味でも教育訓練機関を担う教師と学校管理者の研修において，特別ニーズに応じた教授法や教材作成の働きかけは現場のニーズに合った有効な対策といえる。主要 8 か国において早期離学を教師教育のプログラムに導入していないのはイギリスとノルウェーである。

　第五のキャリア教育は，2017 年度からポーランドの中等教育段階の教育課程に正規授業時数として組み込まれたとしている。またマルタでは，2018 年度から小学校から高校までのより早い段階からカリキュラムが組まれている。主要 8 か国すべての国でキャリア教育（進路指導）は取り組まれている。

　最後の第六の若者復学支援策は，ベルギーのフランドル圏の場合，「隠れたニート（hidden NEET）」に対してフランドル雇用サービスと職業訓練局（VDAB）に登録され，定期的に若者と連絡をとり，青年保証計画（Youth Guarantee Plan）のもと雇用先につなげる活動をしている。本書でもフランス，スペイン，ポルトガルにみられたセカンド・チャンス・スクール，あるいはスウェーデンのイントロダクション・プログラムがこうした職業訓練や雇用に向けた機関として位置づいている。イギリスとノルウェー以外にはこうした復学支援策が講じられている。

　以上が報告書からみられる EU の共通政策指標評価となるが，個別の国のなかには地方分権化ゆえに国策とはならないため，政策がないと評価されている場合もあることを注意する必要がある。その意味でも，本書の各国の政策状況の詳細は各章において確認いただきたい。

6　稀有な日本の低退学高欠席率

　最後に，日本への示唆について一言述べて本書を終えたい。序章で触れたように，日本もヨーロッパも極めて共通の教育課題を抱えている。ただ，その内実は異なっ

ているのではないだろうか。日本の不登校や長期欠席は，生徒の問題として認識されることが多い。そこには，学校は通学するのが当たり前で，皆勤が生徒の人間性まで評価するように，日本の学校教育とは教科学習指導以外に生活指導も含めた全面発達が目指されるためである。極端な話ではあるが，出席さえすれば学業成績はさほど重要ではなく，卒業できる。見なし（形式）卒業という表現があるように，教育課程の習得は絶対ではない。しかし，ドイツを例外としたヨーロッパの場合は，就学しないでも学ぶ権利は認められる。そのドイツもオルタナティブな選択を一部認めつつあり（第6章：注25），日本でも2016年12月に公布された「義務教育の段階における普通教育に相当する教育の機会の確保等に関する法律」（平成28年法律第105号）は教育支援センターやフリースクールなどのような一条校以外の多様で適切な学習活動を推進する代替機関を認める方向にある（ただし，課題もある。☞第1章18頁）そのため教育課程の習得方法は多様であってよい。またヨーロッパでは障害児童生徒にも合理的な配慮の下に厳格な評価が同一教育課程を基本に実施される所以でもある。学び方や場所は非学校様式でも良く，学習者に適切な学習活動の時空間を選択する権利がある。

　日本の学校で授業中に寝ていたり，携帯をいじっていたりしても注意されず，出席扱いされ卒業できるのは，生徒，教師，保護者にとって好都合となる。それは日本的な学校文化である。また長期欠席の扱いが30日以上というのもヨーロッパ諸国では聞いたことがなく，おおよそ3日から5日が正当な欠席の理由なしに認められる日数である。さらに長期欠席に経済的理由は含まないのも日本の特徴である。こうした違いは，ヨーロッパの学校は教科学習に限定されるからと解釈できる。教師と生徒の関係も生徒同士の関係も日本と比べればドライである。あくまでも，教科指導は行うが生徒指導は限られてきたのがヨーロッパの特徴であり，日本のようないじめ，体罰，隠れ不登校，などは就学選択がないためといってよいだろう。ヨーロッパの年間の授業時間数は教科指導という制約があるが，生活指導としての子どもの居場所は学校以外にもあり，家庭や地域の活動を通じて人間形成が育まれる。ヨーロッパの子どもにとって学校は生活の一部でしかないため，日本より保護者も生徒も教師ももう少し責任を分散できているのではないか。

　ただ，序章でも書いたように，ヨーロッパにも教育の普及拡大の波は確実に押し寄せているため，早期離学を学校教育の課題とする認識は高まっている。ドイツやフランスでも教師の責務が教科指導に限定できずに，生活面に至ることも耳にする。またドイツで終日学校が導入されるのも，学力向上と生活指導が密接な関係に

あるからである。とはいえ，ヨーロッパは分業体制であり，教科指導の教師と生活指導を担う専門家（心理士，精神科医，社会福祉士，生徒指導専門員，進路指導専門員など）は別であることが多いのは日本と異なる点である。ポルトガル，ドイツ，フランスなどで早期離学者をインタビューしてみると，均しく中学校から欠席し始めて，徐々に通学するのが怖くなったり，ひきこもったり，薬物依存や非行に走ったりするなか退学してしまうという。あるいはドイツやオランダの研究者からは，家庭要因（暴力，ヤングケアラーなど）による長期欠席や離学の話も聞いた[1]。その後，何らかの人とのつながりが復学へ導いていることが多いが，インタビューした若者は異口同音に中学・高校時代の退学，登校拒否を肯定化し，自身の人生には必要な時間で，自分を知ることができたという[2]。そのため自身で選んだ新たな学びの場所として「学校」（オルタナティブなタイプあるいはノンフォーマル教育）に就学することができている。また一部の若者は，セカンド・チャンスの場で修了書を取得するための国家試験に向けた準備に励むことができている。より主体的で計画的な学習ができている若者が多い。こうした居場所で働く大人も教師である。教師たちは，共通して画一的な学校様式に違和感を示し，そこから抜け出したくなる生徒に対して共通理解があり，自身の教え方に疑問を感じ，オルタナティブ学校に異動してきた人でもある。ポルトガルでみたセカンド・チャンス・スクールも，フランスでみた職業系のミクロ・リセやオルタナティブ学校も，公的な機関ではあるが，一部の教師は免許をもたない，さまざまなキャリアの持ち主であり，学習指導要領や教科書に沿って教授するのではなく，生徒の学びたいことを一緒に考えて，内容も調べ方も生徒たちに議論させながら進めていた。「学校」という名のもとに，生徒主体の学習計画と学び方に伴走する大人（教師）がいる。こうしたまったく異なった「学校」を教育行政が認可し，資格に向けた準備を手伝う居場所がヨーロッパには普及しつつある。卒業証書授与が目的ではなく，そこで自尊心を取り戻し，願わくば資格を取得するために，居場所と支援者の大人や仲間（生徒）が必要なのである。その意味で，本書が取り上げてきたヨーロッパのいずれの国でも早期離学の定義は，無資格退学者で，前期中等教育課程を修了または未修了の18から24歳の若者であることを再度確認したい。24歳までの6年間，ライフチャンスを保障する期間が重要と考える。

---

1) ポルトガル（2017年9月），ドイツ（2020年2月），オランダ（2020年2月），フランス（2019年3月，2020年2月，3月）の調査時によるものである。
2) フランス調査（2018年9月，2019年3月，6月，2020年2月，3月）による。

　むろん，ここでインタビューできた若者は，復学という目標をもつことができた（資格や試験という近代学校の枠組みに再適応できた）人であるが，同時にかれらはこのセカンド・チャンスを獲得すれば，次の将来計画に向けたステップアップにつながる確信があるからでもある。それは進学にしろ，就職にしても国家資格という過去の自分の寄り道を軌道修正してくれる保障があるからでもある。資格は具体的な能力を証明する道具であり，公正なものとして認識されている。インタビューした若者は，企業に勤めることを目的にしているというよりは自営業や職人を将来像として描いているが，それでも国家資格がないと社会で等しく評価されないという発言が印象に残っている。また若者に寄り道の時間を与える余裕を社会がもつことが大切である。北欧の学校系統図にあるように，高卒後ストレートに進学や就職しない若者が一定程度いるのは，こうした猶予期間を社会が認めているためと思われる。この期間，さまざまなことにチャレンジすることを認める社会風土を積極的に評価したい。セカンド・チャンス教育の位置づけは，新たな学校様式の模索と併せて若者の進路選択の時期の延長化という課題がヨーロッパからは感じられる。

　この点，日本の不登校や退学者にとって学校の卒業証書がどこまで人生のやり直しに役立つのか明言するのは難しい。年齢主義の制度のなか，一斉卒業，集団就職が一般的な社会常識とされるなか，高校卒業程度認定試験が就職活動にどれくらい公正に判断してもらえるのか確信のもてる人はどれくらいいるのだろうか。ヨーロッパは国家資格すら，単一市場において相互認定している。そこでは，理論上は出自（就学経路と年数，国籍，障害）など問われない公正さが保障される。

　これまで日本の学校文化の特長とされた，全面発達を支える教師の役割，専門性の高さ（教科と生徒指導の両面）を活かしつつも，福祉領域との協働も検討する時期にある。また多様な働き方がコロナ禍で普及する中，学校様式も新たに多様化する必要があるだろう。諸外国の学校あるいはノンフォーマル教育も含めたあり方をヒントに今後の教育行政の取り組みに期待をしたい。生徒－教師－保護者の負担を共有し分散させながら，今後早期離学者の社会包摂をめざす学校・家庭・地域の教育を一緒に考えたい。

【引用・参考文献】
青砥　恭（2020）.「格差社会の今，学校と教育は子どもの貧困を克服できるか」『Journalism』，2020 年 3 月号, 34-41.

園山大祐（2015）.「フランス教育制度における周縁化の構造—早期離学者にみるエリート主義の伝統からの離脱・抵抗」中野裕二・森千香子・ルバイ, H.・浪岡新太郎・園山大祐［編著］『排外主義を問いなおす: フランスにおける排除・差別・参加』勁草書房, 127–150.

園山大祐［編］（2016a）.『教育の大衆化は何をもたらしたか』勁草書房

園山大祐［編］（2016b）.『岐路に立つ移民教育』ナカニシヤ出版

園山大祐（2017）.「フランスにおける社会統合と女性移民の地区外逃避—リヨン市郊外にみる女性移民の成功モデル」杉村美紀［編］『移動する人々と国民国家—ポスト・グローバル化時代における市民社会の変容』明石書店，99–118.

園山大祐［編］（2018）.『フランスの社会階層と進路選択』勁草書房

園山大祐［編］（2021）.『フランスの高等教育と進路選択』明石書店

European Commission/EACEA/Eurydice（2019）. *Structural Indicators for Monitoring Education and Training Systems in Europe: 2019: Overview of major reforms since 2015. Eurydice Report*. Luxembourg: Publications Office of the European Union.

Eurostat（2018）. Unemployment Rates by Sex, Age and Educational Attainment Level（%）[lfsa_urgaed].〈https://ec.europa.eu/eurostat/databrowser/view/tepsr_wc140/default/table?lang=en〉（最終確認日：2020 年 5 月 15 日）

Eurostat（2020a）. Table_t2020〈https://ec.europa.eu/eurostat/databrowser/view/t2020_40/default/table?lang=en〉（最終確認日：2020 年 5 月 15 日）

Eurostat（2020b）. Eurostat Population by Educational Attainment Level, Sex and Age（%）- main indicators [edat_lfse_03].〈http://appsso.eurostat.ec.europa.eu/nui/show.do?dataset=edat_lfse_03&lang=eng〉（最終確認日：2020 年 5 月 15 日）

Eurostat（2020c）. Early leavers from education and training by sex and labour status [edat_lfse_14].〈https://ec.europa.eu/eurostat/databrowser/view/edat_lfse_14/default/table?lang=en〉（最終確認日：2020 年 5 月 15 日）

執筆者によるコロナ禍での本書完成の《舞台裏》

　2020年度は世界中がコロナ禍（COVID-19）に見舞われ，本書の執筆陣にとっても外国調査はおろか国内での調査さえ難しい状況になりました。本書は，このような特殊な時代状況のなかで刊行されました。そこに至るまでには，通常とは異なる執筆陣での推敲の過程があったため，「本書完成の《舞台裏》」として記録しておくことになりました。

　まず，本書の原稿が完成間近となった2020年3月は，コロナ禍がまさに世界中に拡大した時期でした。日本では首相の要請による全国一斉休校など，大きな混乱が生じました。実は，この時期に原稿の最終検討を行う研究合宿が予定されていましたが，中止せざるをえませんでした。

　そして迎えた新年度，2020年4月に緊急事態宣言が出され，さらなる混乱や戸惑いが社会の中で広がりました。執筆陣が勤める各大学でもオンライン・遠隔授業などの対応に追われることになりました。これまでの授業形態を大転換しなければならず，くわえて感染防止が教育・研究のあらゆる面で求められ，大学の業務も多忙化していました。本書の原稿が出版社に入稿されたのは，こうした混乱期の4〜5月でした。さらに，出版社もコロナ禍の混乱が甚大で，思うように編集体制が組めない期間が続きました。

　暗中模索の中を駆け抜けた大学の前期が終わり，8月にようやくオンライン研究会を開催することができました。入稿後いまだ編集途上だったことから，執筆陣からいわば自然発生的に「各章を読み合うオンライン読書会をやりませんか」という声が上がりました。これが後に本書のユニークな完成作業となるとは誰も考えていませんでしたが，すぐに開催の運びとなりました。

　オンライン読書会は，いざ始まってみると，8〜10月に毎月2〜3回のペースとかなりの頻度での開催となりました。毎回1つないし2つの章を議論することになり，結果的にすべての章について議論ができました。執筆陣の多くは，これまで研究合宿などを重ねてきた気心の知れた関係があったため，オンライン読書会は意外なほど忌憚のない議論を楽しむことができる会になりました。そして何よりも，読書会での意見交換が各章の執筆者とは異なる意見を統合するかたちで内容改善に活かされることになりました。出版社が，改訂稿を入稿し直すことを認めてくだった点も大きな転機となりました。

読書会の発起人（敬称略）だった小山（第3章担当），菊地（第4章担当），二井（コラム3担当），園山（編著者）にオンライン座談会（2020年11月19日開催）で読書会を振り返ってもらいました。以下はその一幕ですが，本書完成の《舞台裏》を象徴しています（一部抽出・再編）。

菊地：ヨーロッパの視点と各国の視点とが本当に噛み合っているのかという疑問が読書会につながっていったのかなと思います。

二井：参加や発表が強制じゃないところが良かったよ。出ても出なくてもどっちでもよくて，でも一回参加したらまた次に顔だそうと自然に思える会になったもんね。原稿を読んで自分がいろいろ思ったことを執筆者に直接ぶつけたら答えてもらえるんだよ，そんな貴重な機会はなかなか無いよね。

小山：私，自分が最初だったから，まさか自分が一人で2時間もやると思ってなかったの。3〜4回で全部やるくらいのペースだと思ってた。

二井：私も一番最初のときは，質問して筆者に回答してもらおうというつもりはなかったのね。誰か知っている人が答える，みたいなイメージだったんだけど，小山さんがちゃんと根拠に基づいてどんどん答えてくれたので，だんだん読書会の雰囲気ができあがっていったんだと思う。

菊地：読書会は，各国の専門家の話が聞けるので，あらためて良いコミュニティだったなと感じました。

二井：やっぱり，研究者が成長し続けるためには，お互いに忖度せずに意見を言い合うリベラルな議論の場が必要だと思う。

小山：途中から参加した方も，普段は見ない人の笑顔とかコメントする姿とかを見ることになって，今までにない雰囲気も感じられたんじゃないかなって。

園山：対面の研究会だと，どうしても発表資料の方に目がいきがちなんだよね。読書会は，発表せずに事前に読んでくる前提だったので，それも良かったんじゃない？　もうひとつは，原稿を寝かしたということもあると思うよ。自分の原稿を新鮮な自分の目で読み直すことができたんじゃないかな。

　ちなみに，読書会に途中から参加した斎藤（第2章担当）は，研究会メーリングリストでの読書会案内を見て，「皆さんがあんまり楽しそうなので私もと。大学院生時代に戻ったような気分になりました」と，自身担当章の読書会で感想を述べています。

　一般に，こうした複数の研究者が集まっての書籍刊行では，執筆前には議論を尽くそうとするものの，いったん完成した論稿について推敲を続けることは，時間的制約からも出版事情からも難しいのが実際です。しかし，コロナ禍がもたらした偶然の空白期間が，読書会を楽しむアカデミズムとも相俟って，さらには出版社の許容力にも支えられて，異色の書籍完成の経過を歩むこととなったのです。

　実際，毎回の読書会は，一回当たり2時間程度となっていたのですが，いつも時間超過して議論を楽しむ雰囲気がありました。もし対面であれば，地理的にも時間的にも多くのメンバーが参加するということは難しかったと思います。特に，読書会の自由な雰囲気もあり，参加者もそれぞれの都合にあわせて，ときに子育てをしながら，ときに停車中の車内から，という具合に自由に参加していました。また，マイク機能をオフにしつつ参加者の話は聞いておきたい，といった参加形態も含めてオンラインの良さが生かされたと思われます。

　もちろん，オンラインの良さというのは，これまでの対面の研究合宿などの積み重ねがあったことの上に引き出された長所だったと考えます。気心が知れた関係性の中で相互批判的な研究討議を続けてきた経験から，オンラインとなっても短所より長所の方が引き出された，と見るべきでしょう。なお，もともと本書の各章は，別の各章担当者がピア・レビューする体制をとっていましたので，オンライン読書会ではピア・レビューアーのコメントも加えるかたちで，多角的で双方向的に議論を深めることができたことも付記しておきたいと思います。

　以上のようなオンライン読書会が，本書完成の《舞台裏》となりましたが，これらはあくまで結果論で，当初はもっと気楽な座談会のような想定だったわけです。蓋を開けてみると，意外なほど頻繁に開催されることになり，最終的にはすべての章とコラムについて議論できたことは喜ばしい想定外でした。全国に散らばっている執筆者たちが頻繁に集い，議論を楽しむことができたのは，コロナ禍が物理的にも精神的にも人間の生活を抑圧したことの反作用だったのかもしれません。社会に平穏が早く戻ることを願いつつ，当面の制約の中でアカデミズムの新しいあり方を模索していければとの思いを強くしています。

　　　　　　　　　執筆者および読書会の一員として　辻野けんま

あとがき

　ヨーロッパにおける早期離学についての共同研究は，2017 年から取り組み始めた。前書である『岐路に立つ移民教育』（ナカニシヤ出版，2016 年）では，日本とヨーロッパにおける外国籍児童生徒の学習権の保障と，エスニックグループごとの学業達成の違いを明らかにし，それに対する各国の施策について国際比較した。そのなかで，移民の背景をもつ生徒の進路の特徴，国際学力調査などにおける低学力層の課題から，経済・文化・社会資本が低い階層に共通する課題として捉え，学校様式に馴染めない，不適応，学校嫌悪，あるいは中途退学に至るリスク要因を考察し，要因を少なくするための政策について分析することになった。なかでも，ヨーロッパに特長的なものは何か，日本との異同点は何かを明らかにすることに関心がある。これまで愛知教育大学と筑波大学で研究会を開催し，2020 年 3 月に本書の原稿を長崎大学に持ち寄って研究を深める予定でいた。ところが，周知のように新型コロナウィルス対策のため研究会を延期しなければならなくなった。あるいは，2020 年 2 月，3 月の海外調査を延期することが求められた。新年度もどうなるかわからない。このような中，執筆者には想定外のさまざまな大学内外の対応が日々起きるにも拘わらず原稿を仕上げていただいたことにまずは感謝する。大学生においても経済的な理由，対面式の学習支援や就職支援なしには学業継続が難しくなり中途退学が起きかねない状況にあり，心配は日々増すばかりである。すでに，新型コロナウイルスの感染拡大の影響を受け，2020 年 10 月までに大学・大学院を退学したり休学したりした学生が少なくとも計 5,238 人（うち，1,033 人は中退）いることが，文部科学省の調査で分かっている（朝日新聞 2020 年 12 月 18 日付）。

　本共同研究「欧州における中等教育の生徒が早期離学・中退・進路変更する要因と対策に関する国際比較」は 5 年間のため，前半の研究成果として 2018 年度の日本比較教育学会研究大会のラウンドテーブル及び，2019 年度の自由研究発表を基に国際機関と各国の政策動向についてまとめたものである。今後は日本を含めたヨーロッパ各国のグッド・プラクティスとされる事業計画，学校，社会復帰に向けた居場所等を比較検討する予定である。特に，日本では定時制高校，夜間中学校，フリースクール，居場所カフェなど多様な視点から調査してみたいと考えている。新型コロナウィルスの一日も早い収束を期待しつつ，同時にウィルスとの共存生活が強

いられる中，学校のあり方も転換点を迎えているかもしれない。日本以上に海外では，急速な，そして迅速なデジタル教育，オンライン教育が遂行されようとしている。本共同研究でも，緊急性の高い課題と考え，一部成果をホームページ（http://educational-policy.hus.osaka-u.ac.jp/19H00618/index.html）に掲載し，日本教育行政学会の第55回大会（2020年10月）にて報告した。

　しかし，スマホの普及によるネットサイトの監督も，生活困窮者の家庭では行き届かないことが推測でき，子どもの成長に悪影響を及ぼしかねない。新型コロナウィルス感染予防のために休校が長引くと，家庭環境の経済・文化・社会関係資本の格差が学力格差に直結しかねない。特に生活困窮世帯の子どもの発達への悪影響が危惧され，今後数値が悪化しないよう早急な対策が講じられなければならない。教師たちの力量，存在価値が改めて認識される機会でもある。この数年後に不登校，自殺，虐待，児童労働，非行，薬物依存等々，社会病理の側面が悪化しないためにも，教育と，家庭，地域，福祉，医療，警察などの連携がより一層求められる。人類のあらゆる差別を乗り越えた社会的なつながりが急務である。

　最後に，前書に引き続きお世話になることになったが，このような経済危機のなか，そして緊急事態宣言のなか，出版に向けてご快諾いただき，かつ丁寧な編集を心がけていただいたナカニシヤ出版の由浅啓吾氏に深く感謝申し上げる。

編者　園山大祐

【付　記】
　本書は，日本学術振興会，科学研究費基盤研究（A）（19H00618）「中等教育の生徒が早期離学・中退・進路変更する要因と対策に関する国際比較研究」の研究成果の一部である。

事項索引

国名索引

人名索引

略　語　表

執筆者紹介（章・コラム執筆順，＊は編者）

園山大祐＊（そのやま　だいすけ）
大阪大学人間科学研究科教授
執筆担当：はしがき，序章，学校系統図（フランス），コラム⑥，終章，あとがき
主要著作：『フランスの社会階層と進路選択—学校制度からの排除と自己選抜のメカニズム』（編著，勁草書房，2018年），『岐路に立つ移民教育—社会的包摂への挑戦』（編者，ナカニシヤ出版，2016年），『フランスの高等教育改革と進路選択—学歴社会の「勝敗」はどのように生まれるか』（編著，明石書店，2021年）など

池田賢市（いけだ　けんいち）
中央大学文学部教授
執筆担当：第1章（総論）
主要著作：『フランスの移民と学校教育』（単著，明石書店，2001年）など

斎藤里美（さいとう　さとみ）
東洋大学文学部教授
執筆担当：第2章（OECD）
主要著作：OECD/EU編『図表でみる移民統合—OECD/EUインディケータ（2018年版）』（監訳者，明石書店，2020年）など

小山晶子（おやま　せいこ）
東海大学教養学部准教授
執筆担当：第3章（EU）
主要著作：「EUの移民統合政策」（臼井陽一郎編著『変わりゆくEU—永遠平和のプロジェクトの行方』，明石書店，2020年）など

菊地かおり（きくち　かおり）
筑波大学人間系助教
執筆担当：第4章，学校系統図（イギリス）
主要著作：『イングランドのシティズンシップ教育政策の展開—カリキュラム改革にみる国民意識の形成に着目して』（単著，東信堂，2018年）など

島埜内恵（しまのうち　めぐみ）
白鴎大学教育学部講師
執筆担当：第5章（フランス）
主要著作：「フランスにおける「出身言語・文化教育（ELCO）」プログラムの実態—二国間協定締結国に焦点をあてて」（『比較教育学研究』第60号，2020年）など

辻野けんま（つじの　けんま）
大阪市立大学文学研究科准教授
執筆担当：第6章，学校系統図（ドイツ），執筆者によるコロナ禍での本書完成の《舞台裏》
主要著作：「ドイツの学校は国家とどう付き合ってきたか」（末松裕基編著『現代の学校を読み解く—学校の現在地と教育の未来』，春風社，2016年）など

布川あゆみ（ふかわ　あゆみ）
東京外国語大学世界言語社会教育センター特任講師
執筆担当：第6章，学校系統図（ドイツ）
主要著作：『ドイツにおける学校制度改革と学力問題—進む学校の終日化と問い直される役割分担のあり方』（単著，晃洋書房，2018年）など

見原礼子（みはら　れいこ）
長崎大学多文化社会学部准教授
執筆担当：第7章（オランダ）
主要著作："School for their Own: Experiences of Ethnic and Religious Minorities in Japan and European Countries"（H. Maruyama（ed.），*Cross-Bordering Dynamics in Education and Lifelong Learning: A Perspective from Non-Formal Education*, Routledge, 2020年）など

有江ディアナ（ありえ　でぃあな）
世界人権問題研究センター嘱託研究員
執筆担当：第8章，学校系統図（スペイン）
主要著作：「スペインにおける外国人生徒の教育の現状と課題—教育に対する権利の視点から」（園山大祐編『岐路に立つ移民教育—社会的包摂への挑戦』，ナカニシヤ出版，2016年）など

林　寛平（はやし　かんぺい）
信州大学大学院教育学研究科准教授
執筆担当：第9章，学校系統図（スウェーデン）
主要著作："Education Export and Import: New Activities on the Educational Agora"（C. E. Mølstad, & D. Pettersson（Eds.），*New Practices of Comparison, Quantification and Expertise in Education: Conducting Empirically Based Research*, Routledge, 2019年）など

本所　恵（ほんじょ　めぐみ）
金沢大学人間社会研究域准教授
執筆担当：第9章，学校系統図（スウェーデン）
主要著作：『スウェーデンにおける高校の教育課程改革—専門性に結びついた共通性の模索』（単著，新評論，2016年）など

中田麗子（なかた　れいこ）
東京大学大学院教育学研究科特任研究員
執筆担当：第10章，学校系統図（ノルウェー）
主要著作：「ノルウェー—知識の質と不平等をめぐる教育改革の途上で」（佐藤学・澤野由紀子・北村友人編著『揺れる世界の学力マップ』明石書店，2009年）など

柿内真紀（かきうち　まき）
鳥取大学教育支援・国際交流推進機構准教授
執筆担当：第11章（EU新規加盟国）
主要著作：『生活世界に織り込まれた発達文化—人間形成の全体史への道』（共編著，東信堂，2015年）など

丸山英樹（まるやま　ひでき）
上智大学総合グローバル学部教授
執筆担当：補章，コラム⑤（エストニア）
主要著作：*Cross-Bordering Dynamics in Education and Lifelong Learning: A Perspective from Non-Formal Education*（編者，Routledge, 2020年）など

梅田まや（うめだ　まや）
大阪大学人間科学研究科博士前期課程
執筆担当：コラム①（フランス）
研究テーマ：フランスの障がい児教育

福田紗耶香（ふくだ　さやか）
九州大学人間環境学府大学院博士後期課
程
執筆担当：コラム②，学校系統図（オラン
ダ）
主要著作：「オランダの補償教育（VVE）
プログラムが就学前教育に与える影響に
関する研究」（『九州教育学会研究紀要』第
45巻，2017年）

二井紀美子（にい　きみこ）
愛知教育大学教育学部准教授
執筆担当：コラム③，学校系統図（ポルト
ガル）
主要著作：「ポルトガルの移民と教育―
早期離学問題を考えるために」（『愛知教
育大学研究報告　教育科学編』第67巻1
号，2018年）など

星野　優（ほしの　ゆう）
元大阪大学人間科学研究科大学院生
執筆担当：コラム④，学校系統図（フィン
ランド）
主要著作：『フィンランドの前期中等教育
における出身階層と進路選択』（大阪大学
大学院修士論文，2020年3月）

カドリー・カリプ（Kadri KALLIP）
タリン大学大学院教育科学研究科博士後
期課程
執筆担当：コラム⑤（エストニア）
主要著作："Kuidas vähendada
väljalangust põhikoolist?"（Õpetajate
Leht, 17. 2019年）

学校を離れる若者たち
　　ヨーロッパの教育政策にみる早期離学と進路保障

2021 年 3 月 31 日　　初版第 1 刷発行

　　　　　　　　編　者　園山大祐
　　　　　　　　発行者　中西　良
　　　　　　　　発行所　株式会社ナカニシヤ出版
　　　　　　　　☎ 606-8161　京都市左京区一乗寺木ノ本町 15 番地
　　　　　　　　　　　　　　Telephone　　075-723-0111
　　　　　　　　　　　　　　Facsimile　　075-723-0095
　　　　　　　　　　Website　http://www.nakanishiya.co.jp/
　　　　　　　　　　Email　iihon-ippai@nakanishiya.co.jp
　　　　　　　　　　　　　　郵便振替　01030-0-13128

印刷・製本＝ファインワークス／装幀＝白沢　正
写真提供＝園山大祐
Copyright © 2021 by D. Sonoyama.
Printed in Japan.
ISBN978-4-7795-1529-3 C3037